우리 기도를 들어주소서

증보판 우리 기도를 들어주소서

초판 발행 2011년 5월 25일
증보판 4쇄 발행 2017년 9월 10일

지은이 김차생
발행인 한동인
펴낸곳 (주)기독교문사
등 록 제1-c0062호
주 소 서울 종로구 율곡로 19가길 5
출판부　T. 741-5184~5　F. 744-1634
특판부　T. 744-1633~4　F. 744-1635
도매부　T. 741-5181~3　F. 762-2234
직영서점 기독교문사
서울 종로구 종로5가 412-2
T. 2266-2117~9　F. 2266-6397

책값은 뒤표지에 있습니다.
ISBN 978-89-466-2183-1

Web　www.kclp.co.kr

기독교문사는 독자와 함께 기독교 출판문화를 이끌어 가겠습니다.
공급처 기독교문사 도매부　T. 741-5181~3　F. 762-2234

우리 기도를 들어주소서

김차생

기독교문사

추천사

정통 개혁신앙에 입각한 은혜로운 기도문

오늘 날까지 70평생을 개혁신앙을 지니고 살아오시고 모든 공직에서 은퇴하신 김차생 장로께서 저서 주일예배 대표 기도문 『우리 기도를 들어주소서』를 출판하게 된 것은 한국 교회를 위하여 뜻깊은 일이라 생각합니다.

김차생 장로님은 한국에서 보수 교회를 대표하는 충현교회(당시 김창인 목사님 시무)에서 38세에 최연소 장로로 피택을 받아 은퇴하시기까지 충성스레 봉직하신 독실한 신앙인입니다. 장로님은 학교법인 웨스트민스터신학대학원대학교의 이사장으로서 오래 봉직하신 교육자이자 행정가이면서 나라를 살리기 위한 여러 신앙과 시민운동을 주도하셨으며, 한국 교회가 사회를 향하여 소금과 빛의 역할을 다하여야 한다는 개혁신앙의 비전을 가지고 실천과 더불어 항상 기도하시는 하나님의 사람입니다.

기독교 전통이 오래된 독일이나 영국 그리고 미국 등지에서는 절기에 따라서 신자들이 드려야 할 교회가 펴낸 공(公) 기도문(祈禱文)이 있습니다. 이 공기도문은 신자들이 어떻게 기도드려야 할지를 알려 줌으로써 기도의 지침을 제시해 왔습니다. 그리하여 구미(歐美) 교회에서는 여러 가지 종류의 공기도문이 있습니다. 우리 한국 교회에서는 130년의 개신교 역사를 통해서 장로님들이 교회의 관습에 따라 목회 기도를 대표하여 주일 공예배 시에 기도하는 것이 일반적인 관례입니다. 그런데 한국 교회에서는 아직도 교회가 작성하여 지침으로 하는 공기도문이 많지 않으며 특히 신자가 직접 작성한 기도문도 극히 소수에 불과합니다. 이것은 2천 년의 역사를 지닌 서구 교회에 비하여 볼 때 이제 130년 정도 되는 한국 교회의 전통과 신앙의 연조가 짧아서 그런 것이라 볼 수 있습니다. 장로님의 기도문집은 이제 1세기와 30년이 되는 한국 교회의 신앙의 성숙 과정에서 자연적으로 나온 직분자의 숙성된 기도문으로서 하나의 보탬이 된다고 생각합니다.

이번에 펴낸 김차생 장로님의 기도문집의 특색은 그의 영혼의 소리를 전달하며 자신이 직접 작성하고 드린 기도문을 통해서 공기도의 기본적인 범례를 제시하며 각종 절기 및 헌신예배의 기도와 우리가 꼭 기도해야 할 특별 기도문을 제시하고 마지막에는 우리 제헌 국회와 맥아더의 기도문을 소개해 주고 있습니다.

첫째, 이 기도문집은 장로님의 신앙이 오랫동안 성숙되어 나온 영(靈)의 기도문이라고 볼 수 있습니다. 그렇기 때문에 형식적인 기도문이 아니며 독실한 신앙의 소유자인 저자 자신이 지닌 하나님에 대한 경건한 신앙을 매 문장마다 느낄 수 있습니다. 이 기도문집은 저자가 한국 보수 개혁신앙을 대표하는 충현교회의 시무장로로 시무하시면서 체험적으로 드린 기도문을 우리에게 제시해 주고 있습니다. 이 기도문에는 구구절절이 하나님을 향한 장로님의 깊은 신앙과 민족을 향한 그의 깊은 관심과 염려가 배어 있습니다.

둘째, 이 기도문집은 교회의 대표기도를 해야 하는 직분자들이 어떻게 공기도를 할 것인가에 대해 장로님 자신이 드린 모범적인 기도문을 제시해 주고 있습니다. 이 기도문집은 경배(adoration), 자기고백(confession), 감사(thankgiving), 간구(supplication)라는 기도의 기본 틀을 유지하고 있습니다. 장로님은 기도문이 신학적으로 어떠한 내용을 갖추어야 하는가 하는 이론을 제시하는 것이 아니라 신학적 성찰의 꽃인 기도문의 내용 자체를 실제적으로 제시해 주고 있습니다.

셋째, 이 기도문집은 1년 52주 그리고 절기(節期)에 맞추어 드린 기도문을 우리에게 제시하고 있습니다. 신년예배 및 성찬식, 3.1절, 종려주일, 고난주간, 부활주일예배 및 성찬식, 부활절 지난 첫 주일, 어린이주일, 어버이주일, 스승의 주일, 성령강림주일, 현충일, 6.25사변, 맥추감사주일, 제헌절, 광복절, 종교개혁주일, 추수감사주일, 성서주일, 성탄절, 송구영신예배의 기도문을 장로님이 실제로 하신 내용으로 제시해 주고 있습니다.

그리고 부록으로 남녀전도회, 청년부, 찬양대 헌신예배에서 본인이 직접 드린 기도문을 제시함으로써 헌신예배 때에 어떻게 기도해야 할 것인가에 대한 지침을 주고 있습니다. 이 기도문은 장로님 자신의 신앙고백이며 그 영혼의 시(詩)라고 말할 수 있습니다. 이 기도문이 교회의 절기와 사회의 절기를 총망라한다는 것은 그의 신앙이 단지 개인적인 경건에만 기인하는 것이 아니라 개혁신앙적으로 우리 사회를 향한 깊은 관심과 봉사와 헌신으로 정향(定向)되어 있음을 보여 주는 것입니다.

넷째, 이 기도문집은 단지 영혼의 내면의 소리만을 전달하지 않고 저자 자신이 신앙인으로 지내왔던 역사적인 격동기에 대한 신앙적 성찰과 간구를 담고 있습니다. 그리하여 단지 성경적인 절기 때의 기도만이 아니라 한국 역사 속에 우리가 지켜 온 3.1절, 현충일, 6.25사변, 제헌절, 광복절 기념예배 시의 대표 기도문을 제시하고 있습니다. 그럼으로써 그의 신앙은 단지 개인의 구원에만 도취하는 그런 신앙이 아니라 이웃과 사회와 국가를 위하는 사회 봉사적이고 역사적 책임성을 감지하는 개혁신앙에 입각한 기도문을 제시해 주고 있습니다.

다섯째, 이 책은 말미에 "제헌 국회 기도문"과 믿음의 장군 맥아더의 "자녀를 위한 기도문"을 수록하고 있습니다. 이 두 기도문도 나라와 자녀를 위하여 기도하는 성도들에게 큰 은혜와 지침을 주고 있습니다. 제헌 국회의 기도문은 대한민국 초대 국회의 지도자들이 하나님을 경외하는 신앙으로 국정을 이끌어 가고자 하였던 신앙의 정신을 보여 주고 있습니다. 이것은 신앙을 지닌 지도자들에게 귀감이 될 것입니다. 맥아더의 "자녀를 위한 기도문"은 신앙의 부모들이 자녀들을 위하여 어떻게 기도해야 하는지 모범을 보여 주고 있습니다.

이 귀하고 값진 기도문을 내신 김차생 장로님의 교회와 사회를 위한 헌신에 깊은 감동을 받습니다. 일반 성도 직분자 신학생 목회자는 물론 신학자들까지도 이 기도문집은 새벽이나 정오나 저녁이나 밤에 읽을 때 하나님에게로 더 가까이 다가갈 수 있는 아름다운 영적 독서(lectio divina)가 될 것을 확신합니다. 따라서 이 책을 한국 교회 앞에 추천합니다.

2011년 4월
김영한
숭실대 기독교대학원 초대 원장

편집자 주-김영한 박사는 서울대학교 문리대 철학과를 졸업하고 국비생으로 독일에 유학하여 하이델베르그 대학에서 철학박사, 신학박사 학위를 취득하였다. 미국 프린스턴 신학대학원 연구교수와 숭실대학교 교수로 초대 숭실대 기독교대학원 원장, 기독교학술원장, 한국개혁신학회 초대 회장을 지내면서 많은 저서를 출판했고, 현재 한국 개혁신학계를 주도적으로 이끌어 가고 있는 학자이다.

책머리에

내 영혼이 무릎을 꿇고

제가 이 기도문집을 내고 싶다는 생각을 갖게 된 것은 시무장로와 모든 직책에서 은퇴한 후 미국에 거주하게 되다 보니 자연스럽게 제 자신을 객관화시킬 수 있는 기회가 되었고 평소에 한 번 가 보고 싶었던 서울의 대표적인 여러 교회 주일예배 등에 참석하게 되면서입니다.

예배란 전능하신 창조주 하나님께서 베푸신 구속(救贖)의 사랑에 대한 인간의 응답으로서의 하나님께 대한 경외의 표현이요 인격적인 관계 의식(關係儀式)이라고 생각합니다. 즉 하나님께서 주도적으로 주님의 백성을 예배로 초청하셔서 계시로 보여 주시는 복음의 선포(Kerygma)와 그 선포된 말씀의 가시적 표현인 성례(Sacrament)인 세례(Baptism)와 성찬(Eucharist)으로 임하시는 하나님의 무한한 사랑에 인간이 찬양(Praise)과 기도(Prayer)와 헌상(Consercration)으로 응답함으로써 '오직 하나님께 영광을'(Soli Deo Gloria) 돌리는 순환적 행위가 예배라고 할 때, 특히 예배위원인 장로로서 수많은 교우들 앞에서 공기도가 얼마나 막중한 순서였던가를 새삼 절감할 수 있었습니다.

왜냐하면 우리의 신앙은 기도 응답의 경험에 의존하는 것이 아니라 기도를 들으시는 하나님과의 친밀한 관계와 말씀에 의존한다는 것을 예배의 공동기도를 통해서 공감했기 때문입니다.

다시 말해서 기도는 인간이 하나님께 원하는 것을 얻어 내는 수단이 아니라 감추어진 하나님의 계획을 이루어 가는 수단이라는 평소 저의 기도관을 가지고 예배의 공기도에 동참할 때, 때로는 순서가 있으니까 담당할 뿐 그 기도에서 긴장감도 힘도 없고 응답은 더욱 기대할 수 없는 영적 공허감을 느꼈던 것은 비단 저만의 반응은 아니었으리라 생각합니다.

우리가 말로는 기도의 능력과 놀라움을 서로 감탄하면서도 실제로는 개인 기도에 소홀하거나 형식에 머물러 고작 자신의 소원을 충족시켜 줄 것을 아뢸 정도의 수준에서 오는 무력함의 결과가 공기도로 이어질 때 공예배가 공허감으로 확산된다는 것은 명약관화(明若觀火)한 일입니다. 이것은 한마디로 기도의 패배입니다.

언필칭 기도는 가장 어려운 영적 활동 가운데 하나라는 이유가 여기에 있습니다. 기도는 창조주와 구속주 되신 하나님 아버지와 구원받은 백성 간의 영적 호흡이요 진실한 대화인 것입니다. 그래서 야고보는 '의인의 간구는 역사하는 힘이 많다'(약 5:16)고 했습니다.

예배 중의 공기도는 매 주일 거의 같은 내용으로 기도하게 된다는 것은 누구나 공감할 것입니다. 그런 의미에서 1년 동안 매 주일 기도한 내용을 글로써 표현한다는 것이 얼마나 어려운지를 느낍니다. 이번에 펴낸 저의 기도문집은 중복된 내용도 있습니다.

그럼에도 오직 저의 소박한 소망은 유대교도들의 쉐마(Shema, 신 6:4-9) 교육처럼 나의 자녀들의 아버지와 그 자식의 할아버지되는 사람이 어떤 신학과 신앙으로 하나님을 사랑하고 나라와 옷을 사랑했는지를 이 기도문집을 통해서 가슴 깊이 각인시키고자 하는 교훈 전수에 있습니다.

이 기도문은 제가 시무장로로 섬겼던 서울의 충현교회에서 김창인 목사님이 은퇴하시기까지 주일예배 때에 드렸던 대표기도이기 때문에 현실적 감각에 비추어 다소 격세지감이 있음을 인정합니다.

그러나 절대 진리인 그리스도의 십자가와 부활과 재림 신앙이 점점 상대화되어 가는 종교다원주의(Religious Pluralism) 사상이 교회 깊숙이까지 스며들어 오는 추세를 단호히 배격하고 개혁주의 신앙을 반듯하게 계승시켜 주고자 용기를 내어 책으로 엮어 출판하게 되었습니다.

첫째, 편집상 이 기도문은 1978년부터 2005년까지 주일예배 때에 하였던 공기도이지만 이를 연대기적으로 묶지 않고 1년 52주를 월별 절기 중심으로 한 편씩 편집하였습니다. 따라서 시제가 맞지 않는 점이(예를 들어 예배당 건축 과정 등) 있음을 밝힙니다.

둘째, 이 시기는 정치적 경제적 사회적 변혁기로 특히 민주화의 국민적 욕구가 분출되는 격동기였습니다. 한편 교계는 해방신학과 토착화신학 민중신학의 영향으로 신학적으로 혼란한 때였습니다. 따라서 오늘의 상황과는 맞지 않는 부분도 있어 약간의 수정과 내용 순서를 바꾸었음을 밝힙니다.

셋째, 진정한 기도는 하나님이 하나님 되심의 정체성(identity)과 철저한 자기고백과 회개 그리고 순종에서 비로소 기도의 능력은 역동적 행동(Acts)을 갖는다고 믿습니다. 따라서 이 기도문은,

① 하나님 경배(Adoration) : 삼위일체 하나님의 창조와 구속의 은혜를 찬양함으로 시작하며,
② 자기고백(Confession) : 허물과 죄를 고백하고 참회하는 기도를 한 다음,
③ 감사(Thanksgiving) : 그럼에도 불구하고 의롭다 칭하시고 사랑을 베푸시는 하나님의 구속의 은혜에 감사하고,
④ 간구(Supplication) : 교회의 신앙 공동체로서의 기도와 가정과 이웃과 국가 및 세계를 위한 간구의 순서로 짜임새를 갖추었습니다.

이 기도문집을 출판하는 데 50여 년간 우정을 나누면서 평소 필자를 아

겨 주고 매사에 마다하지 않으신 교회음악에 탁견(卓見)의 학자 이성재 박사(일본 동경기독교개혁신학원, 웨스트민스터신학대학원대학교 예배학, 찬송가학 교수)께서 감수하여 주시고 출판을 머뭇거렸던 저에게 용기를 주심에 대하여 깊은 감사를 표합니다.

그리고 대학 시절부터 지금까지 개혁주의 보수 신학과 신앙문제와 한국교회가 나아갈 길에 대해 대화를 나누고 있으며 추천사를 써 주신 김영한 박사께 진심으로 감사하는 바입니다. 또한 출판을 허락해 주신 기독교문사 대표 한동인 장로님과 편집에 수고한 직원들에게 감사의 마음을 여기에 담아 드립니다.

그리고 무엇보다도 오늘의 제가 있기까지 사랑의 수고와 일년 내내 하루도 빠짐없이 새벽마다 기도로 믿음을 받혀주며 묵묵히 내조해준 아내 한영옥 권사에게 감사하며 딸 은경 내외 아들 은국 내외 그리고 손자 성천(MAXWELL SAMUEL KIM), 성민(ALEXANDER SAMUEL KIM), 성현(NIXON SAMUEL KIM)에게 기도의 유산으로 이 기도문집을 전하고 싶습니다.

그동안 기도한 내용을 교회 방송실에서 녹음한 테이프와 기도 내용을 메모하여 모아 두었던 것을 미국에 거주하면서 틈틈이 정리하느라 많은 시간이 걸렸습니다. 녹음한 것을 들으면서 수많은 교인들이 이 기도를 듣고 과연 공감을 하였을까 하는 마음을 가져 보기도 합니다.

저 자신 이 기도문과 함께 하나님 아버지의 사죄의 은총을 힘입으며 새롭게 구원의 은혜를 체험하는 귀한 열매가 있기를 기도합니다.

2011년 3월
미국 캘리포니아 주
오렌지카운티 가든그루브에서
김차생

증보판 출간에 즈음하여

　출판계의 불황이 날로 깊어지는 이 때에 저의 기도문집이 독자 여러분의 성원에 힘입어 증보판을 내어 놓게 되었습니다. 그동안 애독하고 조언을 아끼지 않으신 여러분들에게 진심으로 고맙다는 말씀을 드립니다.
　저의 주변과 독자들 중에 애정어린 조언을 하신 분들이 있습니다. 그 내용을 종합해 보면 기도문 내용이 너무 길다는 것과 정치색이 짙은 데가 있으며 내용을 너무 나열했다는 지적이었습니다. 이 점에 대하여 모든 면에 있어서 저의 부족함을 충분히 인정하고 겸허히 수용합니다.
　이는 서문에 밝혔듯이 이 공기도를 드렸던 당시 우리나라의 정치 경제학원 사회적 상황이 민주화의 욕구가 최고조로 분출했던 시기였으며 어느 한 군데도 성한 데를 찾아볼 수 없는 나라 전체가 혼란한 때였습니다.
　교회적으로는 실용주의적 번영신학으로 대체되면서 세속적 직위와 재물의 번영이 신앙의 기준이 되었고 주일을 거룩히 지키고 회개하기를 호소하며 죄를 책망하는 설교는 점점 들어보기 힘든 때가 되어 가고 있었습니다.
　일부 목회자들의 설교는 말 끝마다 "축복합니다", "축원합니다", "믿으면 아멘 하세요"라는 말을 너무 남용하고 요즘은 마이크를 입에다 바짝 대고 떨리는 음성으로 큰 소리로 "주여" 삼창을 외치며 하나님 말씀보다 어떤 이

상한 체험을 강조하는 부흥집회와 돈 벌고 부자 되고 병 낫고 출세했다는 설교와 간증이 환영을 받는 열광주의 신앙이 대체되는 시기였습니다.

한편 교회의 수적 성장을 위해서라면 물불을 가리지 않고 성공지상주의에 빠져 경건의 능력도 모양도 상실했으며 교회 직분자는 양산되고 값싼 복음의 남발로 성경의 권위와 교회의 능력을 잃게 하는 시기였다고 할 수 있습니다.

그래서 말씀을 통해 밝히 드러내시는 하나님 말씀만으로 충만하여 예수 그리스도의 진리가 진정 자유케 하신다는 확신 하나로 간구했던 기도였다는 점을 말씀드리고 싶습니다.

교회가 십자가와 부활 신앙으로 영성을 추구하고 그 역할을 성실히 감당해야만 나라가 살고 교회가 영원히 하나님께 영광을 돌리는 "소금과 빛의 사명"(마 5:13-16)이라는 저의 변함없는 신앙고백이 담겨 있음을 밝힙니다.

하나님을 섬기며 그 앞에 엎드리며 부르심에 응답하는 행위가 예배라면 기도는 사심 없이 진솔하고 진지해야 할 것입니다.

그러므로 기도는 나의 뜻이 아니라 하나님의 뜻에 따르겠다는 신앙고백이기에 막연한 행운을 바라는 이기적이고 욕망의 우상에게 소원을 비는 주문은 더더욱 아니라고 생각합니다.

구약성경에 거대한 앗수르 제국이 이스라엘을 침공해 오는 긴박한 위기 상황에 처했을 때 이스라엘 왕 히스기야는 여호와의 전에 올라가 무릎을 꿇고 기도하기를 "하나님 여호와여 주는 천하만국에 홀로 하나님이시라 주께서 천지를 만드하셨나이다"(왕하 19:5-19)라고 하였습니다.

나라를 구하기 전에 먼저 창조자이시며 주권자이신 하나님의 권세와 위대하심을 높이는 히스기야의 기도야말로 참으로 올바른 기도의 진수라고 생각합니다.

초판의 일부분을 수정하고 부록 부분에 있어서 앞부분에 같은 내용이 있음에도 몇 편의 기도문을 정리해 보았습니다.
　이 기도문집을 읽는 독자 여러분에게 조금이라도 도움이 되었으면 하는 마음으로 다시 한 번 내어 놓습니다.
　감사합니다.

2012년 10월 20일
김차생

Contents 차례

추천사 _ 정통 개혁 신앙에 입각한 은혜로운 기도문 / 김영한 4
책머리에 _ 내 영혼이 무릎을 꿇고 / 김차생 8
증보판 출간에 즈음하여 / 김차생 12

1 part

1월의 기도

첫째 주일(신년 성찬식) 23
둘째 주일 28
셋째 주일 33
넷째 주일 38
다섯째 주일 43

2 part

2월의 기도

첫째 주일 51
둘째 주일 56
셋째 주일 61
넷째 주일 65

3 part

3월의 기도

첫째 주일(3.1절) 73
둘째 주일 78
셋째 주일(종려주일) 82
넷째 주일(고난주간) 87

4 part

4월의 기도
첫째 주일(부활주일 및 성찬식) 95
둘째 주일(부활절 지난 첫 주일) 101
셋째 주일 106
넷째 주일 110

5 part

5월의 기도
첫째 주일(어린이주일) 117
둘째 주일(부모님주일) 122
셋째 주일(스승의 주일) 127
넷째 주일 132
다섯째 주일(성령강림주일) 137

6 part

6월의 기도
첫째 주일(현충일) 143
둘째 주일 148
셋째 주일(6.25사변) 152
넷째 주일 156

7 part

7월의 기도
첫째 주일(맥추감사주일) 163
둘째 주일(제헌절) 168
셋째 주일 172
넷째 주일 176

part 8 *8월의 기도*

첫째 주일 183
둘째 주일(광복절) 188
셋째 주일 193
넷째 주일 197
다섯째 주일 201

part 9 *9월의 기도*

첫째 주일 207
둘째 주일 211
셋째 주일 216
넷째 주일 220
다섯째 주일 225

part 10 *10월의 기도*

첫째 주일 232
둘째 주일 236
셋째 주일 240
넷째 주일 244
다섯째 주일(종교개혁주일) 248

part 11 *11월의 기도*

첫째 주일 255
둘째 주일 259
셋째 주일(추수감사주일) 263
넷째 주일(1) 267
넷째 주일(2) 271

part 12 *12월의 기도*

첫째 주일 277
둘째 주일(성서주일) 281
셋째 주일 286
넷째 주일(성탄주간) 291
다섯째 주일(송구영신) 296

Appendix part 부록

1. 헌신예배 기도문
  남전도회 헌신예배 304
  여전도회 헌신예배 307
  대학 청년부 헌신예배 311
  찬양대 헌신예배 315

2. 특별기도문
  선교사 파송예배 320
  한국 교회를 위하여 324
  나라와 민족을 위하여 327
  목회자들을 위하여 331
  부흥사경회를 위하여 337
  사회적 약자를 위하여 342
  수능시험을 앞두고 있는 자녀들을 위하여 347
  국군 장병들을 위하여 351
  세계 평화를 위하여(1) 355
  세계 평화를 위하여(2) 359

3. 역사에 남는 명기도문
  제헌 국회 기도문 364
  언더우드의 기도 367
  자녀를 위한 기도-더글라스 맥아더 장군 370

*1월*의 기도

1 첫째 주일 (신년 성찬식)
2 둘째 주일
3 셋째 주일
4 넷째 주일
5 다섯째 주일

1월 첫째 주일
신년 성찬식

새해에는 그리스도 안에서 능력과
사랑과 긍휼이 무엇인지를 알고 행하며
반듯한 신앙생활을 하게 하옵소서.

우주를 창조하시고 인류 역사를 다스리고 계시는 전능하신 하나님 아버지, 새로운 한 해를 열어 주셔서 이 첫 주일 아침, 우리의 예배를 받으시는 하나님께 영광과 존귀와 찬송을 드립니다.

주님의 자녀들이 정결한 심령과 새 소망 가운데 "오직 마음을 새롭게 함으로 변화를 받아 하나님의 선하시고 기뻐하시고 온전하신 뜻"(롬 12:2)을 따라 신령과 진정으로 예배를 드리게 하신 아버지의 자비하심에 감사와 영광을 돌립니다.

이 시간 하나님의 형상으로 지음 받은 저희들이 예수 그리스도의 구속의 은혜와 부활의 능력을 힘입어 금년 첫 주일 주님의 몸 된 교회에 나와서 겸손히 머리 숙였습니다. 우리의 예배를 받아 주옵소서.

영원하신 하나님 아버지,

우리는 새해를 맞이할 때마다 올해는 지난해보다 바로 믿고 바로 알고 바로 살겠다고 굳은 결심으로 신앙생활을 시작하며 맹세까지 했습니다.

그렇게 우리는 새롭게 거듭나기를 서원했고 오직 예수 그리스도의 몸 된 교회와 주님의 영광을 위해서 충성을 다짐했으나 날이 갈수록 새로워지기는커녕 타성에 젖은 변질된 신앙으로 또 이렇게 주님 앞에 나왔습니다. 이 부끄러운 죄인들을 불쌍히 여겨 주옵소서.

은혜로 살면서도 내 능력으로 사는 것처럼 교만했고 성령의 감화 안에 살면서도 성령의 열매 없이 살아온 저희들입니다.

하나님의 뜻만 따라 살겠노라고 말은 하면서도 우리는 새로워진 것이 없고 영원한 새 나라가 있음을 믿고 바라본다고 하면서도 여전히 현실 세상을 바라보고 자신에게 기대를 걸고 있는 우리의 어리석음과 무지함을 용서하여 주옵소서.

주님은 때를 따라 일용할 양식을 주셨고 목마를 때 마실 물을 주셨으며 영원한 약속의 땅으로 지금까지 인도하여 주셨습니다.

그러나 저희들은 과거의 삶에 얽매여 원망과 불평으로 여호와 하나님을 배반함으로써 죽음의 심판을 받았던 이스라엘 백성처럼 구원의 은혜를 감사할 줄 모르고 지난 한 해 동안도 무지몽매하게 살아왔음을 고백합니다.

이 백성들과 저희들을 불쌍히 여기시고 주님께로 돌아오는 회개의 영을 부어 주옵소서.

새해에는 그리스도 안에서 새사람으로 거듭나서 능력과 사랑과 긍휼이 무엇인지 알고 그대로 행할 수 있는 신실한 성도로 반듯한 신앙생활 잘 할 수 있도록 믿음을 더하여 주옵소서.

하나님의 영광과 주님의 몸 된 교회와 이 세상을 향하여 내가 무엇을 어떻게 하는 것이 하나님의 뜻인지 지혜를 구하고 열매 맺는 새로운 한 해가 될 수 있도록 성령께서 다스려 주시기를 간절히 기도합니다.

특별히 지난 한 해 동안 하나님께서 베풀어 주신 은혜를 감사합니다.

이제 우리 교회는 선지자 이사야의 외침처럼 "너희는 이전 일을 기억하지 말며 옛날 일을 생각하지 말라 보라 내가 새 일을 행하리니"(사 43:18-19)라 하신 말씀대로 인격과 삶 가정과 교회 사회와 국가가 다시금 새롭게 창조되는 희망찬 새해를 다짐하게 하심을 감사합니다.

머리 되신 주님의 몸 된 교회를 위하여 선두에 세워 주신 주의 귀한 종이 새로운 사역에 혼신의 힘을 다하고 있음을 볼 때 하나님의 역사는 우리 교회의 영력을 넘어 한국 교회와 세계로까지 널리 펼치시는 하나님의 뜻으로 알고 예배에 참석한 우리 모두가 새로운 각오로 동참하게 하옵소서.

우리 교회가 이 시대에 창조적인 바른 길을 제시하는 진리의 등대가 되어 공의와 사랑을 나타내는 선지자적 사명을 잘 감당하게 하옵소서.

하나님 아버지, 우리 조국과 민족을 위하여 기도합니다.

우리나라가 한때는 외세에 국권을 찬탈당하여 질곡의 세월을 보내기도 했고 분단의 아픔 속에 동족상잔의 비극을 겪어야 했지만 긍휼하신 하나님께서 해방과 자유를 주셔서 세계 속의 한국으로 괄목할 만한 경제성장을 이루어 가난에서 벗어나게 하여 주셨습니다.

그러나 한편 사람이 바라고 소망할 것이 무엇인지를 시험하신 하나님의 연단 과정을 망각하고 세상의 유혹에 빠져 배금주의 사상이 하나님의 자리를 차지하고 있는 현실을 볼 때 우리가 감당해야 할 영적 사회적 책임이 너무도 큰 것임을 통감합니다.

하나님 아버지, 이와같은 우리의 교만한 마음들을 꺾으셔서 하나님의 공의와 사랑이 지배하는 정직하고 깨끗한 사회 십자가의 보혈로 정결하게 된 양심 성령의 능력으로 원칙과 상식이 통하는 새해가 되도록 겸손함을 회복시켜 주옵소서.

  자비로우신 하나님 아버지,
  오늘 새해 첫 주일에 성찬 예식을 갖게 하시니 감사합니다.
  이 아침 주님께서 친히 "나를 기념하라고" 명하신 성찬의 떡과 잔을 받아 먹고 마실 때 성령 하나님께서 저희 심령 깊이 그리스도의 대속적 사랑으로 연합되는 은혜 내려 주옵소서.
  하나님과 친밀한 교제에 들어가게 하시며 예수 그리스도를 따르는 고난의 삶을 살기로 결심하고 구체적으로 주님의 죽으심과 부활을 증거하며 재림의 소망 가운데 거하게 되는 거룩한 결단의 예식이 되도록 이끌어 주시기를 기도합니다.
  떡을 떼며 잔을 나누는 성찬이 예수님 우리 위하여 십자가에 달려 살을 찢으시고 피 흘리신 보혈의 의미를 오늘에 되새겨 오직 믿음으로 말씀으로 은혜로 한 몸을 이루어 주님의 크신 뜻에 순종하며 감사와 사랑이 넘치는 교회와 성도들이 되게하여 주시기를 기도합니다.
  추호라도 습관적으로 드려지는 예식이 되지 않도록 성령께서 우리의 마음을 주장하여 주옵소서.

  이 시간 주님께서 귀히 쓰시는 종을 말씀의 대언자로 세우셨습니다. 우리에게 귀하고 확실한 계시의 말씀만을 가감 없이 전하게 하셔서 온 성도들이 말씀 속에 있는 기이한 진리를 깨닫게 하시고 새 힘을 얻어 삶으로 응답하는 성숙한 변화된 모습을 보이게 하옵소서.
  성도로서 믿음으로 바로 살아 보겠다고 결심하는 귀한 시간 되도록 인도하여 주시며 주님의 복된 말씀이 금년 한 해 동안 우리의 삶 속에서 귀하신 그리스도만을 드러나게 하기를 원합니다.

　오늘도 예배에 참석하고 싶으나 질병과 사업의 어려움과 여러 모양으로 고난을 당하고 있는 교우들에게 자비를 베풀어 주셔서 결단코 좌절하지 않게 하시고 오늘의 고통과 아픔을 믿음을 굳게 세우시려는 천국 여정의 훈련으로 받아들이게 하옵소서.

　그들에게 선으로 악을 이기는 힘과 치유의 은총을 공급해 주셔서 하나님만을 의지하고 섬기며 간절히 바라는 소망이 이루어지는 복된 성도들이 다 되게 하여주옵소서.

　이 시간 예배 순서를 맡은 주의 종들과 찬양대를 세워주심을 감사합니다.

　주께 드리는 찬양을 흠향하시고 찬양의 향기가 온 성도들의 심령에 큰 감동으로 은혜가 되게 하옵소서.

　우리의 소망이 되신 우리 구주 예수 그리스도의 이름으로 간절히 기도드립니다. 아멘.

┃1월 둘째 주일 ┃

그리스도의 제자로 복음의 증인 된
삶을 살 수 있도록 인도하여 주옵소서.

우주 만물을 창조하시고 인류 역사를 다스리고 계시는 전능하신 하나님 아버지, 영광과 존귀와 찬양을 드립니다.
죄와 허물로 죽었던 죄인들을 택하여 구원하시고 하나님의 자녀 삼아 주신 구속의 은혜를 진심으로 감사합니다.
우리의 머리털 하나까지도 세시는 하나님께서 눈동자와 같이 우리를 지켜 주시고 인도하여 주시는 지극하신 사랑으로 금년 두 번째 주일, 동서 사방에 흩어져 생활하던 믿음의 식구들을 주님의 몸 된 교회로 모이게 하시고 창조주 하나님께 예배를 드리게 하시니 그 은혜 감사하며 찬송합니다.
이 한 시간 신령과 진리로 예배드림으로 하나님께서 기뻐 받으시고 저희들에게는 하늘에 신령한 복으로 은혜받는 예배가 되게 하여 주옵소서.
하늘의 천군천사들과 땅 위에 있는 하나님의 백성들이 이 구별된 주님의 날을 맞이하여 "홀로 하나이신 하나님께 우리 주 예수 그리스도로 말미암아 영광과 위엄과 권력과 권세가 세세에 있기를"(유 25) 기원합니다.

새해 첫 주간 동안 새 일을 행하게 하신 주님의 뜻을 따라 그리스도 복음의 능력으로 영광의 나라를 소망하며 승리하게 하셨고 심판의 필연성을 확신함으로써 불의와 부도덕을 거부하며 하나님의 사랑과 그리스도의 구속의 은혜로 겸손히 주님 앞에 머리 숙여 예배를 드립니다. 주님 홀로 영광 받아 주옵소서.

이 시간 우리들이 드리는 이 예배가 진실로 주님의 기쁨으로 충만한 예배가 되기를 원합니다.

이 기쁨이 우리에게서 그치지 않고 저희의 가정과 이웃과 교회와 일터로 확산되어 온 세상이 예수 그리스도의 복된 기쁨으로 진정한 평화가 이루어지는 희망찬 새해가 되게 하옵소서.

은혜로우신 하나님 아버지,

생각하면 모든 일이 다 감사한 일 뿐이지만 우리 자신을 돌아볼 때에 알고 또 모르고 지은 죄악으로 주님 앞에 고개를 들 수 없는 허물이 너무도 많은 믿음이 연약한 죄인들입니다.

새날을 맞았다고 하나 우리는 새로워진 것이 없고 새로운 믿음을 구한다고 하나 우리는 여전히 타성과 고정 관념에 젖어 그대로 머물러 있음을 회개하지 않을 수 없습니다.

신령한 세계를 바라보고 살면서도 너무나도 자기중심적인 사고의 틀에 매여 인간적인 것을 앞세웠으며 세속적인 욕심과 위선과 체면에 끌려 정욕의 노예생활을 하면서 신앙생활 할 때가 많았음을 고백합니다.

생명의 말씀을 묵상하는 데 게을렀고 기도해야 할 시간에 기도하지 않았으며 세상 일에 쫓겨 당연히 주님의 몸 된 교회를 위하여 봉사해야 할 시간에 몸을 사리고 선한 일을 게을리 하고 살았던 허물을 용서하여 주옵소서.

이제는 그리스도 안에서 새 사람으로 거듭나게 하시고 오직 주님의 능력과 크신 사랑과 긍휼로만 행할 수 있는 온유하고 겸손한 그리스도인으로 쓰임 받도록 십자가의 보혈로 속량하시고 오늘도 새롭게 하시는 하나님의 임재를 경험하게 하옵소서.

지난 한 해를 돌아볼 때 세계는 전쟁과 기근과 지진 질병 재난과 테러로 참담한 참극으로 얼룩졌습니다.

지금 이 순간에도 불의의 사고와 천재지변으로 많은 사람들이 고통을 당하고 많은 인명 피해가 일어나고 있습니다.

소련의 붕괴로 동서의 냉전이 끝났다고는 하지만 종족 간의 분쟁과 종교 간의 갈등이 전쟁으로까지 발전하는 비극이 곳곳에서 벌어지고 있습니다.

그러함에도 피난처 되시는 하나님께서 우리나라를 지켜 주시고 이 모든 재앙에서 보호해 주심을 감사합니다.

한국 교회가 세상 문화에 젖어 간다는 비난의 목소리도 있습니다. 그러나 예레미야와 아모스 같은 의로운 기도의 종들과 이름 없는 성도들이 밤마다 새벽마다 눈물로 기도하는 그루터기 신앙이 있기에 하나님께서 긍휼을 베푸셔서 남북의 대치 상황과 정치적 사회적 갈등 구조 속에서도 이를 극복하며 소망 가운데 자유로운 삶을 누리게 하신 은혜를 감사합니다.

또한 우리 교회를 사랑하시는 하나님께서 주의 종을 선두에 세우셔서 오늘날까지 많은 영혼을 그리스도에게로 인도하시고 구원의 감격과 은혜로운 말씀으로 질적으로 양적으로 부흥 성장케 하심을 감사합니다.

영육 간에 병들고 지친 영혼들이 주님을 믿고 치유함을 받았으며 인생의 참된 가치를 알지 못하던 영혼들로 하여금 새로운 인생을 살게 하시고 그리스도의 일꾼으로 복음의 증인 된 삶을 살 수 있도록 인도하여 주셨습니다.

마지막 때를 당하여 악한 사탄의 세력이 여러 모양으로 훼방하며 시험의 올무를 놓았지만 그때마다 주님께서 종을 통하여 말씀과 지혜를 주셔서 잘 극복하게 하심으로 지금까지 은혜 위에 든든히 서 가게 하심을 생각할 때 너무나도 큰 축복인줄 압니다.

당회와 각 기관을 비롯한 온 성도들이 말씀과 기도와 섬김으로 하나 되어 복되고 아름다운 일들만을 이루는 교회다운 교회로 세워 주시기를 간절히 기도드립니다.

오늘도 귀히 쓰시는 종을 말씀의 증거자로 세워 주셨습니다.

주의 종에게 성령의 능력을 더하셔서 하나님의 말씀을 온전히 증거하게 하시고 말씀을 받는 저희는 교회와 그리스도의 영광을 위하여 세상 끝날까지 바른 신앙생활하는 성도들이 다 되게 하여주옵소서.

"오직 자기의 하나님을 아는 백성은 강하여 용맹을 발하리라"(단 11:32) 하신 말씀대로 금년 한 해를 저희들로 하여금 주님의 뜻을 이루며 세상을 변화시키는 그리스도 인들이 다 되게 하옵소서.

오늘을 사는 현대인들은 날이 갈수록 물질만능주의에 빠져 가고 창조주 하나님보다 재물을 더 사랑하며 사회적 불의와 구조적 모순 속에서 자신의 야망과 욕구만을 충족시키기 위해 혈안이 되어 있습니다.

"인애와 공평과 정직을 땅에 행하는"(렘 9:24) 일로 기뻐하시는 하나님을 앙망하게 하옵소서.

우리 모두가 주님만을 바라보며 엘리야처럼 외치는 종의 말씀에 귀를 기울이는 생명력 넘치는 예배가 되도록 성령께서 주장하여 주시기를 기도합니다.

우리 모든 성도들은 구원의 감격으로 진정 그리스도를 본받아 나눔과 섬김의 생활을 하게 하시고 주님께 받은 은혜를 이웃과 더불어 나누며 섬기는 삶이 있게 하옵소서.

굶주림과 억압과 고통으로 허덕이는 북녘 땅의 동포들에게도 하나님의 자비하신 사랑과 자유의 복음이 전하여지기를 간절히 기도합니다.

올해는 저희들이 사회생활에 바쁘다는 이유로 말씀과 기도 생활 교회 봉사 활동에 소홀하지 않고 말씀과 기도의 능력으로 모든 일을 잘 감당하는 신실한 그리스도인들이 되게 하옵소서.

이 시간 예배순서를 맡은 종들과 천상의 화음으로 하나님을 찬양하는 찬양을 통해 주의 영광의 구름이 가득하게 하옵소서.

이 한 해를 사는 동안 성숙한 신앙의 소유자로서 하나님의 뜻에 순종하며 감사와 기쁨이 넘치는 새해가 되기를 원하오며 이 모든 말씀을 우리를 죄악에서 구원하여 주신 주 예수 그리스도의 이름으로 간절히 기도합니다. 아멘.

▎1월 셋째 주일 ▎

죽으시고 부활하신 그리스도로 말미암아
새사람으로 다시 태어나 아들을 믿는 믿음 안에서
새사람으로 살게 하심을 감사합니다.

시간과 공간을 초월하시며 세상 모든 것을 다스리시는 하나님 아버지, 베풀어 주시는 은총을 진심으로 감사합니다.
오늘도 저희들을 사랑하셔서 만세 전부터 복 주시기로 예정하신 거룩한 주일, 각처에 흩어져 생활하던 성도들이 한자리에 모여서 창조자 하나님을 예배하게 하시니 그 크신 은혜를 감사하며 모든 영광을 주께 돌립니다.
죄로 말미암아 영원히 죽었던 죄인들을 창세전에 택하셔서 구별하시고 십자가의 공로로 구원하여 주신 높으신 하나님을 아버지라 부를 수 있는 특권을 주신 사랑을 생각할 때 얼마나 감사한지 말로 다 표현할 수가 없습니다.
우리가 사는 이 땅은 전쟁의 소문 질병 가난 천재지변 등 질고가 그칠 날이 없는 세상이지만 한 주일 동안 지켜 주시고 주님 앞에 나아와 전능하신 창조주 하나님께 찬송을 부르며 예배드리게 하심을 생각하면 감격할 수밖에 없습니다.

특히 저희를 사계절이 뚜렷한 아름다운 강산에 태어나게 하시고 며칠 동안 추위 속에서도 많은 눈을 내리게 하심으로 주님의 보혈로 희게 씻음 받은 은혜를 깨닫게 하시며 그리스도 예수 안에 있는 영생을 확신하게 하심을 감사합니다.

이 영생의 은혜로 주님을 찬송하며 이 거룩한 시간으로 인하여 하나님께 영광을 돌립니다.

지극히 높으신 하나님 아버지,

우리가 그리스도와 함께 십자가에 못 박혀 옛사람은 죽고 오직 우리 안에 그리스도께서 사심으로써 새사람으로 다시 태어나 아들을 믿는 믿음 안에서 살게 하심을 감사합니다.

그러나 우리는 아직도 육에 속한 자들처럼 영적으로 미숙하여 하나님보다 세상에 치중하는 어리석음이 있음을 고백합니다.

열매를 구하시는 하나님께 아무 열매도 맺지 못하고 미련하고 우둔한 어린아이와 같은 상태에 머물러 세상을 의지하고 우리 자신에게 기대하며 살아왔던 무지몽매한 허물을 불쌍히 여겨 주옵소서.

지금까지 베풀어주신 은혜를 생각하면 항상 감사생활을 해야 함에도 불구하고 나 자신을 돌아볼 때 고개를 들 수가 없는 것은 그 많은 은혜 가운데 살면서도 우리의 마음은 불평과 원망이 많았고 하나님께 충성하지 못하면서도 내게 주시는 은혜가 적은 것처럼 생활해 온 저희들입니다.

당연히 감사해야 할 일에 감사하지 않았고 넘치는 사랑으로 인도하여 주셨으나 우리는 사랑하지도 나누지도 않는 이기적인 삶을 삶으로써 주님의 마음을 섭섭하게 한 허물이 많았음을 고백합니다.

세상을 구원하기 위하여 죄악된 세상 가운데 교회가 존재하지만 세상이 교회를 위하여 존재하는 것처럼 교회는 교권주의와 물량주의로 점점 세속화되면서 빛과 소금의 역할을 못함으로 사회 질서가 변질되어 타락해 가고 있는 안타까움을 봅니다.

오늘날 교회는 진리의 말씀에 뿌리 내리기보다 기복신앙 불건전한 신비주의와 열광주의로 치우쳐 절대주권을 가지신 하나님을 무속적 신으로 상대화시킴으로써 어리석게도 세속적인 이단의 미혹에 쉽게 빠지게 하는 우매함을 불쌍히 여기시고 올바른 신앙으로 회복되게 하옵소서.

이러한 때에 경성하여 이 시대를 분별할 줄 아는 영안으로 오직 진리만을 따라가며 "하나님께서 하라 하신 일을 이 세상에 이루어 아버지를 영화롭게 하옵소서"(요 17:4-5).

우리 교회를 위하여 기도합니다.

주님의 뜻이 계셔서 신실한 종을 통하여 이곳에 요릿집을 헐어 교회를 세우게 하시고 진리 가운데 든든히 서게 하심으로 철저한 청교도적인 신앙으로 질적으로 양적으로 부흥 성장케 하심을 감사합니다.

이 세대를 본받지 않고 하나님의 뜻을 분별할 수 있는 지혜와 능력과 경건한 믿음을 더하며 살도록 "교훈과 책망과 바르게 함과 의로 교육하기에 유익한"(딤후 3:16) 성경으로만 가르쳐 주심을 너무나도 감사합니다.

우리 교회 모든 성도들이 가르침을 받는 자리에서 일어나 하나님의 사람으로 선한 일을 행하기에 온전케 되어 노아 홍수 때와 소돔과 고모라와 같은 불신 세계를 향하여 하나님의 영광을 드러낼 수 있는 능력 있는 교회 사랑이 넘치는 교회 빛과 소금의 역할을 다하며 복음을 전파하는 충성된 교회로 시대적 사명을 감당하게 하옵소서.

우리 교회에 속한 모든 성도들이 참된 믿음 안에서 살아갈 때에 하나님께서 영광 받으시고 필요 이상의 욕심을 부리지 말고 사람의 영혼보다 물질적인 헛된 것들을 더 사랑하는 어리석음을 뛰어넘어 오늘의 삶에 항상 감사하는 지체들이 되게 하여 주시기를 기도 합니다.

자비하신 하나님 아버지,
그 동안 우리 교회가 기도하며 기획해 오던 장애인들을 위한 건물을 건축하게 하시고 특수 교육을 통하여 지역사회와 이웃들에게 복음을 전할 수 있도록 인도하여 주심을 감사를 드립니다.
장애를 안고 태어나거나 사고로 인하여 평생 고통 받는 이들과 가족들에게 자비를 베풀어 주시고 돌보는 이 없는 외로운 노인들과 부모 없는 고아들 어렵게 생활하는 소년소녀 가장들과 심한 질병으로 고통 받는 이들과 너무나 가난하여 하늘을 우러러 탄식하는 이들이 있습니다.
또한 신앙때문에 가족 간의 불화로 상처받는 모든 심령들이 바로 우리 가족이라는 그리스도의 마음으로 서로 돌보며 함께 삶을 나누는 교회가 되게 하여 주옵소서.
지금 이 순간에도 인간의 기본권을 박탈당하여 헐벗고 굶주리며 토굴 속에서 하나님께 탄식하는 북한 동포들의 고통의 부르짖음을 들으실 줄 믿습니다.
이들을 위하여 기도하는 이들이 많아지게 하시고 하루속히 통일의 대로를 열어 주셔서 삼천리 금수강산이 하나님 나라 되게 하옵소서.
우리 교회에 능력을 주셔서 자유와 해방의 도구가 되게 하시고 이를 실천하여 주님의 뜻을 이루는 교회가 되게 하여 주시기를 기도합니다.

이 시간 말씀을 증거할 귀한 종에게 성령의 능력으로 충만하게 하셔서 하나님의 말씀을 전할 때에 구원과 치유와 회복의 역사가 일어나게 하옵소서.
　사모하는 마음으로 말씀을 기다립니다. 우리 모두가 은혜받아 이 세상을 이길 새 힘을 얻게 하시고 그 말씀에 순종하는 삶 속에서 부르신 소명에 따라 많은 선한 열매를 맺게 하옵소서.
　교회 여러 기관에서 봉사하고 있는 성도들에게도 동일한 은혜를 내려 주시기를 간절히 기도합니다.
　당회와 제직회와 각 기관이 부여된 사명을 잘 감당하게 하시고 그리스도의 몸 된 교회를 반듯하게 세워 나가는데 믿음과 지혜를 더하여 주옵소서.
　찬양대가 하나님의 성호를 찬송합니다.
　거룩하고 순결한 심령으로 부르는 찬양이 예배에 참석한 성도들에게 가사 한 구절 한 구절이 은혜가 되게 하시고 전능하신 창조주 하나님께 영광을 돌리게 하옵소서.
　이 모든 말씀을 우리를 죄악에서 구원해 주신 예수 그리스도의 이름으로 간절히 기도합니다. 아멘.

▎1월 넷째 주일 ▎

**말씀의 능력과 성령의 역사로 새롭게
변화하는 삶을 살게 하옵소서.**

어제나 오늘이나 영원토록 변함이 없으신 전능하신 하나님 아버지,
인간을 하나님의 형상으로 창조하신 하나님께서 아담의 죄 아래 있던 저희를 예수 그리스도의 보혈로 구속하시고 새 생명으로 살게 하시며 오늘까지 인도하여 주신 사랑과 은혜를 감사합니다.
하나님께서 천지를 창조하신 이래로 이 땅에 역사가 시작되었습니다. 그 역사는 우리 인간의 죄로 말미암아 밝음보다는 어두움으로 사랑보다는 미움으로 평화보다는 전쟁으로 얼룩져 왔습니다.
그럼에도 불구하고 이만큼 역사가 진행되어 온 것은 의로우신 하나님 아버지께서 지탱시키시고 섭리하심인 줄 믿고 감사와 영광을 돌립니다.
이 세대는 하나님을 거스르며 현대판 우상과 미신을 섬기며 하나님을 두려워할 줄 모르는 패역한 세대입니다.
예수님을 구주로 섬기는 우리조차도 인생의 참된 목적인 하나님께 예배

를 드리며 그를 영화롭게 하는 삶을 살지 못하고 주의 뜻을 거스르며 살지만 탕자를 용납하시는 그 사랑으로 오늘도 복 주시기로 예정하신 거룩한 주일을 허락하시고 신령과 진리로 예배드리게 하시니 진심으로 감사합니다. 모든 영광 홀로 받아 주옵소서.

은혜가 풍성하신 하나님 아버지,
 첫해 첫 주일 주님 앞에 하나님의 말씀과 법도대로 살겠다고 결심하고 지나온 한 달을 돌이켜 볼 때 결심이 쉽게 무너지고 저희들의 삶에 변화가 없었음을 고백합니다.
 우리의 삶을 주관하시고 인도하신 주님의 뜻을 따라 살겠노라고 다짐하였으나 작년과 다름없이 내 자신이 삶의 주인인양 착각하여 하나님을 의지하기보다 세상과 인간의 얄팍한 지혜와 지식을 의지하며 살아온 어리석은 죄인들입니다.
 입술로는 주여 주여 하면서도 실제로는 주님의 뜻대로 믿음 생활을 하지 못했던 불충함을 용서하시고 말씀의 능력과 성령님의 감동으로 새롭게 변화하는 삶을 살게 하여 주시기를 기도합니다.
 구원은 받았으나 기쁨이 없고 하나님의 자녀 된 신분을 가졌지만 옛사람의 속성을 벗어나지 못하며 늘 세상 염려와 근심으로 땅의 것을 좇아 무엇을 먹을까 무엇을 입을까에 매달려 살아온 불신앙을 불쌍히 여겨 주옵소서.
 성경 말씀을 읽고 듣고 배우면서도 언행일치가 되지 않고 예수 믿는 성도라고 하면서도 구별된 신앙생활을 하지 못했던 부끄러운 행실을 용서하여 주옵소서.
 주님을 사랑한다고 하나 입술에 그치고 주님이 임마누엘 되심을 늘 신앙으로 고백했으나 형식과 외식으로 우리의 행동에는 회개한 신앙의 흔적조차 없는 삶을 살고 있음을 용서하시고 이 모든 죄악에서 우리를 건져 주시기를 간절히 기도드립니다.

자비로우신 하나님 아버지,
주님 전에 나올 때마다 감사와 감격이 넘치지만 이 아침 특별히 감사의 기도를 드립니다.
지금 한반도에 전쟁의 기운이 있고 초읽기에 들어간 듯한 위기의식을 가지고 불안과 초조에 떨고 있는 순간에도 주님의 몸된 교회에 나아와 전능하신 하나님께 예배하게 하시니 진심으로 감사합니다.
인간은 저마다 평화와 공존을 원하지만 세계의 역사는 전쟁의 공포와 참담한 비극으로 점철되어 왔습니다.
우리 민족에게 6.25와 같은 동족간의 가슴 아픈 전쟁의 비극이 다시는 일어나지 않도록 지켜주옵소서. 지구상에 테러의 위협과 핵무기로 인한 인류 공멸의 전쟁이 없도록 전능하신 하나님께서 우리 한국 교회 천만 성도들로 하여금 기도하는 영을 부어 주셔서 하나님의 진노를 면케 하여 주시기를 기도합니다.
저희가 주님 전에 나아와 엎드린 것은 우리의 의가 있어서도 아니요 우리가 정결해서도 아니라 주님께서 이미 용서하시고 후사로 삼아 주셨기에 주의 공로를 의지하며 감히 하늘을 우러러 감사의 찬송을 부릅니다.
"좁은 문으로 들어가라 생명으로 인도하는 문은 좁고 협착하여 찾는 이가 적다"(마 7:13-14) 하신 주님의 준엄하신 말씀 따라 우리 사회에 시시때때로 일어나고 있는 사건들을 보면서 성경적으로 바르게 생각하고 주님의 성품을 닮아 가며 따르는 지혜로운 삶을 살게 하옵소서.

비록 적그리스도의 위협이 여러 모양으로 폭풍처럼 몰아쳐 온다 할지라도 우리를 지키시는 하나님께서 영원히 변치 않는 진리의 말씀과 복음의 능력으로 승리케 하심을 믿게 하시니 감사를 드립니다.

주께서 호령과 천사장의 나팔 소리와 함께 재림하실 때까지(살전 4:16) 우리 교회 모든 성도들과 구원받은 이 땅의 뭇 백성들이 믿음에 굳게 서서 하나님 나라를 완성하는 사명자들로 충성을 다하여 헌신하도록 성령께서 다스려 주옵소서.

오늘도 주님의 종을 말씀의 대언자로 세워 주심을 감사합니다.

귀한 종을 능력으로 붙들어 주셔서 증거되는 하나님의 말씀이 우리 가운데 새 생명으로 임하게 하시고 듣는 저희들은 영적 치유함을 받고 새 힘을 얻어 세상을 변화시키는 그리스도의 증인들이 되게 하옵소서.

새해에도 종을 몸 된 교회와 그리스도의 영광을 위하여 주님의 크신 사랑과 은총에 힘입어 변함없이 세워 주셨습니다. 금년 한 해를 정결한 심령과 생명력 넘치는 강력한 은혜로운 말씀으로 하늘의 진리를 증거하도록 성령께서 함께하여 주시기를 간구합니다.

종으로 하여금 진리에 부합하는 영적인 예배로 하나님만을 높이는 신령하고 경건한 하늘 잔치가 되어 은혜 받는 귀한 시간 되게 하옵소서.

마음에 시험 든 자에게는 굳센 믿음의 말씀 되게 하시고 낙심한 자에게는 용기가 되는 말씀으로 상처 입은 자에게는 치료의 말씀이 되게 하옵소서.

믿음이 부족하여 이 예배에 출석하지 못한 성도가 있습니까?

어떤 형편과 처지에 있는지 우리는 알지 못하지만 저들에게 거룩한 성일을 귀하게 여기는 믿음 주시고 창조주 하나님께 예배드리는 일이 삶의 최우선 순위인 것을 확신하게 하옵소서.

　이 자리를 사모하지만 나올 수 없는 어려운 처지에 있는 성도들을 위로하시고 각자 처한 자리에서 하나님을 예배하게 하시며 다음 시간에는 꼭 예배에 참석하도록 인도하여 주시기를 기도합니다.

　하나님을 찬양하기 위하여 구별하여 세운 찬양대가 하나님께서 흠향하시는 온전한 찬양이 되게 하시고 가사 한 구절 한 구절이 우리의 신앙고백이 되게 하옵소서.

　이 예배의 시종을 성령께서 주장하여 주시며 우리를 죄악에서 구원하신 우리 주 예수 그리스도의 이름으로 기도합니다. 아멘.

┃1월 다섯째 주일┃

지금 우리나라는 국민정신을 통일한다는 명목으로 곳곳에 단군신상을 건립하고 참배하게 하는 운동이 일어나고 있습니다. 이를 기획한 자들의 완악한 마음을 돌이켜 주옵소서.

우주의 창조자이시며 인류 역사를 다스리고 계시는 하나님 아버지, 우리에게 때를 따라 돕는 은혜를 베풀어 주심을 감사합니다.
 부족하고 허물 많은 저희를 사랑하셔서 오늘도 거룩한 주일을 허락하시고 동서사방에 흩어져 생활하던 믿음의 식구들을 주의 몸된 교회로 불러 주셔서 한자리에 모여 전능하신 하나님께 성호를 찬송하며 예배를 드릴 수 있도록 인도하여 주신 은혜를 진심으로 감사합니다.
 아무리 생각해 보아도 나올 만한 의가 없고 정결함이 없는 저희들입니다. 예수를 믿는다고 하면서도 세상의 가치관과 기준으로 생활하며 세속적인 습성을 벗어나지 못하는 믿음이 연약한 저희에게 영원한 구원의 복을 약속해 주셨기에 성부 성자 성령 하나님 앞에 나와서 머리를 숙였습니다.
 우리의 마음과 정성을 다하여 예배 드립니다. 주님 홀로 영광 받아 주시며 저희들에게는 한없는 은혜와 감사와 기쁨이 넘치는 귀한 시간 되게 인도하여 주옵소서.

　은혜로우신 하나님 아버지,
　지난 한 해를 돌아보고 1월 한 달을 돌아볼 때 무엇 하나 주님의 은혜가 아닌 것이 없었습니다.
　우리는 사소한 일에도 세상을 원망하고 조그마한 시험에도 낙심하며 살아온 허물 많은 죄인들입니다.
　하나님의 이적과 기사를 보면서도 깨닫지 못하고 마치 광야 40년을 헤매던 출애굽 백성과도 같은 부패하고 자기만을 생각하는 이기적인 마음을 가졌기에 주님의 뜻과 너무도 먼 생활을 하며 살아왔음을 고백합니다.
　은혜 안에 살면서 감사하지 못했고 기뻐하지 못했으며 보답이 없는 삶을 살아왔습니다.
　이처럼 하나님의 은혜를 모르고 하나님 앞에서 바른 신앙생활하지 못한 바리새적이며 불신앙적인 허물을 용서하여 주옵소서.
　성도라고 하면서도 하나님의 말씀을 들으나 행하지 못했고 성령의 감화를 받으면서도 여전히 땅에 끌리어 세상적인 근심과 가치관에 매여 헤어나지 못했던 저희들임을 고백합니다.
　하나님의 나라를 바라보면서도 나 자신의 야망과 욕심따라 땅에 매이고 이웃을 사랑해야 될 것을 알면서도 실천하지 못했습니다.
　지난날의 일을 후회하면서도 여전히 세상과 사람을 의지하며 꼭같은 일을 반복하며 살아가는 저희들의 우둔하고 미련한 허물을 주님의 십자가의 보혈로 속량하시고 죄의 습관에 젖어있는 생활에서 돌아서게 하옵소서.
　사랑이 풍성하신 하나님 아버지,
　우리 교회를 복되게 하셔서 교회가 항상 강조하고 있는 하나님 중심 교회 중심 말씀 중심으로 믿음의 반석 위에 든든히 서게 하시고 주일을 철저히 지키고 가르치는 청교도적인 교회로 성장하게 하심을 감사합니다.

독생 성자 예수 그리스도를 세상에 보내셔서 우리 인생의 허물과 죄악을 사하여 주시고 십자가에 달려 죽으심으로 인류 구원의 사역을 완성하기까지 보여 주신 그 놀라우신 사랑과 부활의 능력으로 저희를 몸 된 교회의 지체로 불러 세워 주셨습니다.

졸지도 않으시고 주무시지도 않으시는 하나님께서 불꽃같은 눈으로 우리를 보호하시고 아름답게 성화되며 영원히 그리스도 안에서 살아갈 길을 인도하여 주심을 감사합니다.

특별히 주님의 귀한 종을 세우셔서 국내는 물론 세계 교회가 주목하는 교회로 우리교회를 성장시켜 주셨습니다.

단순히 웅장한 건물과 수적인 성장에 머물지 않고 청교도적인 개혁주의 신앙으로 체계적인 성경 교육과 사랑의 양육과 질서 있는 섬김으로 내실 있는 열매를 맺어 땅 끝까지 이르러 복음사역을 감당하게 하신 성령님의 크신 역사하심에 감사와 찬송을 드립니다.

장차 통일 한국을 꿈꾸며 북한 선교에 힘쓰며 준비하게 하시고 이러한 일들을 위하여 적재적소에 일꾼들을 세우셔서 가르치는 일과 전파하는 일 봉사하는 일 섬기는 일을 감당하게 하신 것을 감사합니다.

금년이야말로 우리 교회 모든 성도들이 그리스도의 지체로서 고상한 정신과 순결한 마음과 사명감에 불타는 열정으로 한 알의 밀알이 되어 많은 열매를 맺어 드리는 작은 그리스도가 되도록 인도하여 주시기를 기도합니다.

인류 역사를 다스리시는 하나님 아버지,
우리나라를 위하여 기도합니다.

우리나라와 백성들이 하루속히 죄악의 올무에서 벗어나 오직 공법이 물같이 정의가 하수같이 흐르는(암 4:24) 정직과 진실이 지배하는 나라가 되도록 인도하여 주옵소서.

자유 민주주의 국가에 걸맞은 정치 체제를 갖추게 하여 주시고 국민 모두가 하나님을 두려워하는 백성들이 되도록 경성시켜 주옵소서.

지금 우리나라에는 안타깝게도 국민 정신을 통일한다는 명목으로 곳곳에 단군 신상을 건립하고 그 신상에 참배케 하는 운동이 일어나 전국 교회가 이에 강력히 반대하고 있는 실정에 있습니다.

이런 계획을 세운 자들의 완악한 마음을 돌이켜 주셔서 우리나라가 하루속히 구원의 주 예수그리스도를 믿는 복된 나라로 통일 한국을 이루어 삼천리 금수강산이 하나님의 나라가 되게 하여 주시기를 간절히 기도합니다.

하루속히 정치 경제 사회 노사 지역감정 학원 등이 안정을 되찾아 정직하고 성실한 나라가 되게 하여 주옵소서.

이 순간에도 국토 방위에 충성하고 있는 장병들과 나라의 안전 질서를 위하여 수고하는 경찰들과 소방관들에게 위로와 용기를 주옵소서.

또 귀히 쓰시는 주의 종을 말씀의 대언자로 세워 주셨사오니 전능하신 하나님의 장중에 붙잡아 주시고 풍성한 은혜로운 말씀으로 갈급한 심령들을 적셔 주는 생명수로 채워 주시기를 간절히 기도합니다.

말씀을 받는 저희들 가운데 세상 풍파에 시달린 이에게는 평화가 넘치게 하시고 곤핍한 심령에게는 생명의 양식이 되게 하시며 질병으로 고통당하는 이에게는 치유의 광선이 비춰지게 하옵소서.

여러 가지 사정으로 예배에 참석하지 못한 성도들에게 긍휼을 베푸셔서 오직 하나님만이 경배를 받으실 분이며 인생의 소망이심을 믿고 순종하는 믿음으로 다음 주일에는 다같이 하나님께 예배드릴 수 있도록 은혜 베풀어 주시기를 기도합니다.

　믿음과 정성을 다해 하나님의 성호를 노래하는 찬양대의 찬양을 받으시고 이 예배에 참여한 모든 성도들에게 하늘의 신령한 복으로 가득 채워 주셔서 감사 감격하는 마음으로 세상을 살아 갈때에 영적 전쟁에서 승리하게 하옵소서.

　이 모든 말씀을 우리를 죄악에서 구원하여 주신 주 예수 그리스도의 이름으로 기도합니다. 아멘.

*2월*의 기도

1 첫째 주일
2 둘째 주일
3 셋째 주일
4 넷째 주일

|2월 첫째 주일|

우리는 옷을 찢지 말고 마음을 찢으며
진정으로 회개하는 믿음의 길을
걸어가도록 인도하여 주옵소서.

　우주 만물을 창조하시고 인류역사를 다스리고 계시는 전능하신 하나님 아버지,
　금년 한 해의 첫 달을 은혜 가운데 지내게 하시고 새롭게 2월을 맞이하게 하신 하나님 아버지의 크신 사랑을 감사합니다.
　오늘 2월 첫 주일 아침, 다시 한 번 우리의 가슴속에 새로운 소망과 결심으로 시작할 수 있도록 힘 주시며 쉼 없이 격려해 주시는 하나님의 사랑에 감사와 영광을 돌립니다.
　예수 그리스도로 말미암아 하나님 품에 안기게 하시고 친밀한 교제를 하게 하심으로 그의 이름이 거룩히 여김을 받게 하시며 그의 나라와 함께 그의 뜻이 이루어지도록 찬송과 기도로 예배 드리게 하심을 감사합니다.
　세상은 날이 갈수록 험악해지고 현실 사회는 사탄의 시험과 죄악의 올무로 내일을 내다보기 어려운 혼란과 말세적 상황에 살고 있지만 세상에 살

면서도 하나님 나라에 속한 우리가 세상을 변화시킬 수 있는 주님의 능력으로 인하여 찬송과 경배를 드립니다.

"우리의 씨름은 혈과 육에 대한 것이 아니요 정사와 권세와 이 어둠의 세상 주관자들과 하늘에 있는 악의 영들에게 대함이라".(엡 6:12)라고 하신 대로 우리는 하늘에 있는 악의 영들과의 싸움에서 승리할 수가 없으나 오직 한 분 예수 그리스도만이 승리하심을 믿고 의지하는 믿음으로 살게 하심을 감사합니다.

특히 과학 만능주의 시대요 종교다원주의 시대에 살고 있는 저희들에게 "믿음의 주요 또 온전케 하시는 이인 예수님만 바라보고"(히 12:2) 주님께 충성하는 그리스도인들로 세워 주시기를 기도합니다.

사랑과 은혜가 풍성하신 하나님 아버지,

온 우주를 통하여 비춰지고 있는 하나님의 존엄하신 이름이 우리 가운데서 거룩히 여김을 받을 때에만 우리가 갈망하는 영원한 자유와 평화와 생명을 누릴 수 있습니다.

죄 아래 있는 부패한 현실 속에서 자유도 평화도 참 생명도 누릴 수 없는 가증스러운 공범으로 살아온 허물을 용서하여 주옵소서.

우리에게 소중한 자유를 주셨으나 하나님 앞에 합당하게 살지 못하였으며, 오히려 방종하여서 죄악 된 길로 간 때가 많았음을 고백합니다.

주님께서 평화를 주셨으나 사회의 각계 각층이 갈등과 분열로 하나 되지 못하고 한없는 사랑과 크신 능력으로 우리를 붙들어 주시며 장차 주실 천국의 소망의 약속을 잊어버리고 절망하거나 낙심할 때도 있었습니다. 이 불신앙적인 소행을 불쌍히 여겨주옵소서.

이제 우리는 "옷을 찢지 말고 마음을 찢으며"(욜 2:13) 진정으로 날마다 회개하는 믿음의 길을 걸어가도록 인도하여 주옵소서.

과거에 어떤 죄를 지었든지 은밀하게 지은 추한 죄까지도 용서해 주시는 하나님께 내 모든 죄를 철저히 회개하고 새사람을 입어 겸손히 주님의 크신 은혜를 약속 받는 복된 삶을 살게 하옵소서.

또 한 달을 출발하는 이 귀한 시간의 아름다운 결심이 하나님 앞에서 풍성한 열매로 나타나는 성숙한 믿음의 성도들이 다 되게 하여 주시기를 기도합니다.

은혜로우신 하나님 아버지,

그동안 교회 건물의 준공 문제와 교회 재산에 대한 법인 설립 문제 등 행정적으로 어려운 문제들이 있었습니다. 에벤에셀의 하나님께서 지금 여기까지 인도하셔서 순조롭게 잘 해결해 주심을 감사합니다.

이는 그만큼 저희에게 맡기신 시대적 사명이 매우 중요하다는 것을 깨닫고 우리로 하여금 더 열심으로 충성 봉사하게 하옵소서.

주님의 몸 된 우리 교회를 만세반석 위에 세워 주셔서 초대 교회의 고귀한 신앙 전통을 이어 가는 성경 중심의 교회로 성장시켜 주신 것이 우리에게 맡기신 사명을 감당하라는 주님의 뜻인 줄 믿고 모든 성도들이 각자 맡은 일에 충실할 수 있도록 열심을 품고 온 정성을 다해 헌신하게 하옵소서.

세상이 아무리 요동할지라도 교회마저 세속화되면서 아무 종교나 잘 믿으면 구원이 이루어진다는 종교혼합주의 사상과 이단과 거짓 교사들의 미혹이 거세다 할지라도 신약 시대에 빌라델비아 교회처럼 주님으로부터 칭찬받는 진정한 교회로 성장해 가도록 인도하여 주옵소서.(계 3:8)

말세의 징조가 이곳저곳에서 보이고 있습니다.

이 땅에는 전쟁의 소문이 짙어 가고 인류를 위협하는 각종 질병과 화산

이 폭발하고 지진과 지구 온난화로 가뭄과 홍수 등 자연 재해와 공해문제가 세계를 위협하고 있으며 하루에도 수많은 사람들이 경제적인 빈곤으로 먹지 못해 굶어 죽어 가는 처참한 실정에 있습니다.

한편 과학의 발달로 세계가 일일 생활권이 된 지가 오래인 지금 인간의 지식은 드디어 생명까지도 복제할 수 있다는 하나님의 창조 질서에까지 도전하는 현대판 바벨탑을 쌓는 데까지 이르렀습니다.

그 날과 그 때는 아무도 알지 못한다고 하셨으며 이런 징조가 있을 때 주님 재림하실 날이 가까운 줄 알고 깨어 있으라고 하였습니다.

주님께서 저희들을 성령으로 충만케 하시고 이 시대를 분별할 줄 아는 등불에 기름 준비한 지혜로운 다섯 처녀와 같은 믿음으로 오실 신랑되신 주님을 기다리며 신앙생활 잘하게 하옵소서(마 25:10-13).

이 시간 주의 귀히 쓰시는 종을 세워 주셔서 말씀을 증거케 하시니 감사합니다.

능력 있는 말씀을 증거할 때에 "우리가 어찌 할꼬?" 회개하는 변화가 일어나게 하여 주시기를 기도합니다.

라오디게아 교회처럼 차지도 뜨겁지도 않은 (계 3:15-16) 우리의 심령에 불같은 믿음이 회복되게 하셔서 강력한 복음의 변화가 일어나는 귀한 시간 되게 하옵소서.

그리하여 세상 끝날까지 성령의 인도하심과 도우심을 받는 신앙으로 나아가게 하옵소서.

모이면 기도와 찬송으로 주님께 예배드리고 흩어지면 구원의 주 예수가 그리스도이심을 전파하며 사랑을 실천하는 큰 믿음으로 성장케 하는 말씀이 되게 하시기를 간구합니다.

주의 종이 기도하며 계획하고 있는 일들을 하루속히 응답하여 주시고 저희 온 성도들이 하나님의 영광을 위한 일이라면 서로가 앞장서서 헌신하며 열심을 품고 주의 몸 된 교회를 섬기게 하옵소서.
　각 기관에서 섬기는 헌신자들과 함께하여 주셔서 이들의 가르치며 봉사하는 수고를 통하여 교회가 질적으로 양적으로 부흥 성장하고 성숙하도록 은혜를 덧입혀 주시기를 기도합니다.
　예배를 사모하면서도 형편상 참석하지 못한 성도들을 기억하시고 지극하신 주님의 손길을 따라 다음 시간에는 감사와 기쁨으로 예배에 참석하는 은혜를 베풀어 주옵소서.
　시간과 정성을 다 바쳐 하나님을 노래하는 찬양대의 찬양을 받아 주시고 이 예배에 동참한 모든 성도들에게 감격과 감사가 넘치게 하옵소서.
　이 모든 말씀을 우리를 죄악에서 구원하여 주신 예수 그리스도의 이름으로 기도합니다. 아멘.

| 2월 둘째 주일 |

우리 민족이 조상숭배와 토속신앙과
우상숭배를 물리치고 예수님의 구속의 은혜와
믿음으로만 구원이 있다는 것을 알게 하옵소서.

우주를 창조하시고 통치하시는 전능하신 하나님 아버지,
우리의 마음과 성품과 뜻을 다하여 하나님께 예배를 드립니다.
　죄로 인하여 영원히 죽었던 저희들이지만 어떤 죄인의 심판도 원치 않으시고 독생자 예수 그리스도를 대신 죽게 하사 그 보혈의 공로로 하나님의 자녀 삼아 주신 은혜를 진심으로 감사합니다.
　주님의 죽으심으로 죄인 된 우리가 죄 용서함 받았고 주께서 죽은 자 가운데서 부활하심으로 우리가 새 생명을 얻은 그 은혜로 인하여 오늘 거룩한 주일, 하나님의 부르심에 응답하여 신령과 진리로 예배하게 하시니 베풀어 주시는 사랑에 감사하며 찬송과 영광을 돌립니다.
　그러나 우리는 육신을 덧입고 살아가는 연약한 인생인지라 때로는 하나님의 사랑과 은혜를 잊어버리고 주님이 친히 말씀하시고 보여 주신 교훈대로 살지 못하고 하나님과 세상 사이를 오고가며 생활하는 허물 많은 죄인들입니다.

"천하 인간에 구원을 얻을 만한 다른 이름을 우리에게 주신 일이 없다"(행 4:12)는 진리의 말씀을 확실히 믿기에 이 시간 우리가 마음과 뜻과 정성을 다하여 전능하신 하나님께 예배를 드립니다. 주님 홀로 영광 받으시고 저희들에게 하늘에 신령한 복으로 가득 채워 주옵소서.

지금 우리나라는 구정 설 명절로 민족 대이동이라 할 만큼 온 나라가 고향을 찾거나 연휴를 즐기는 일로 들뜨고 있습니다.

오늘 예배에 참석한 성도들의 수가 현저히 줄어보이는 것도 그 영향인 줄 압니다.

여호와 하나님을 믿는 백성의 나라가 흥왕한 것은 역사적 사실인데 아직도 조상을 숭배하거나 토속신앙과 미신을 버리지 못하고 있는 현실입니다. 우리 민족을 불쌍히 여겨 주옵소서.

한국 교회가 앞장서서 복음으로 묵은 땅을 기경케 하시고 전능하신 창조주 하나님만이 참 신인 것을 믿고 전파하는 계기가 되게 하여 주시기를 간절히 기도합니다.

믿음이 연약한 성도들 중에 아직도 유교적인 미신적 사고나 묘지를 신성시 여기는 자 있으면 잘못된 허상에서 즉시 깨어나 신실하신 하나님만이 생사화복을 주장하시는 창조주이심을 확신하게 하옵소서.

믿음은 인생 행로의 안전 보장이나 보증이 아니라 오직 예수 그리스도의 중심으로 약속의 미래로 모험하게 하는 역동성임을 믿게 하옵소서.

새날을 맞았다고 하지만 잘못된 관습과 불신앙 때문에 새로워진 것이 없고 새 세계가 있기를 바라면서도 여전히 현실에 젖은 옛사람으로 살아가고 있는 오늘날의 기독교인들이 너무나 많습니다.

새로운 믿음을 구하면서도 우리의 행위가 여전히 타성에 젖은 행위 그대로 머물러 있음을 십자가의 보혈로 속량하시고 영원히 변치 않으신 하나님만 의지하고 신앙생활 잘하게 하옵소서.

"나더러 주여 주여 하는 자마다 천국에 들어 갈 것이 아니요 다만 하늘에 계신 내 아버지의 뜻대로 행하는 자라야 들어가리라".(마 7:21)는 말씀을 깊이 묵상하게 하옵소서.

자비로우신 하나님 아버지,

우리가 주님의 대속의 은혜를 인하여 믿음으로 말미암아 구원을 얻었으며 또한 이 구원이 우리에게서 난 것이 아니요 하나님의 선물임을 확실히 믿게 하심을 감사합니다.

종교다원주의적 분위기 속에서 성경 진리의 독특한 신비성은 점점 그 빛을 잃어 가고 있는 시대에 살고 있는 현실에 하나님께서는 우리 교회를 들어 이 대속의 진리를 파수하며 가르치는 청교도적 개혁주의 보수 신앙으로 나아가게 하시니 얼마나 감사한지 말로 다 표현할 수가 없습니다.

많은 교회들이 죄에 대한 구체적인 지적과 회개는 없으면서 하나님은 우리를 너무 사랑하셔서 무조건 기다리고 용서하신다는 논리로 시대의 유행에 편승하고 있습니다.

그러나 우리 교회는 성장을 위해 복음을 희석시키기보다 십자가와 부활의 복음을 믿고 모든 현세적 축복관을 뛰어넘어 소망 가운데 구속의 은혜와 믿음으로만이 구원이 있다는 확고한 신앙으로 가르쳐 주심을 너무나도 감사합니다.

우리 교회가 이 대속의 은혜와 믿음으로 세상 속에서 진리의 참 빛을 드러내고 주님의 신앙 공동체로 끝까지 변함없이 계속 나아갈 수 있도록 인도하여 주옵소서.

우리는 이 놀라운 구속의 은혜로 부름을 받아 오늘도 주님 앞에 나와서 거룩한 예배로 모였습니다.

그러나 믿음이 연약하여 아직도 세속적인 위선과 체면과 육신의 소욕대로 살았던 허물을 그대로 가지고 나왔습니다. 십자가의 보혈로 깨끗이 씻어 주셔서 하나님이 기뻐 받으시는 경건하고 신령한 예배가 되도록 성령께서 인도하여 주시기를 간절히 기도합니다.

금년은 온 교우들이 한마음 한뜻으로 각자 맡은바 직분에 충성을 다하는 한 해가 되게 하옵소서.

선두에 세우신 주님의 종을 비롯하여 당회원으로 제직으로 구역장으로 교사로 찬양대원으로 남녀 전도회와 각 기관 봉사자로 온 정성을 다해 주님의 몸 된 교회를 섬기며 세워 나가는 데 최선을 다하도록 성령께서 이끌어 주시기를 간절히 기도합니다.

아무리 생각해 보아도 나 같은 죄인이 무엇이기에 택하셔서 하나님 백성 삼으시고 주의 일까지 감당하게 하셨는지 감사하면서 주님의 몸 된 교회에 상처 주는 일이 없이 조심하며 봉사할 수 있도록 성령께서 다스려 주옵소서.

그리하여 주님의 위대하시고 놀라우신 통치가 우리의 삶 전체를 지배하셔서 이 땅의 어두움을 물리치는 말씀이 살아 있는 교회 능력 있는 교회 교육과 전도와 선교하는 교회 이웃을 사랑하며 주님의 뜻을 이루는 성령 충만한 교회로 든든히 서 가게 하옵소서.

우리 교회에 주님의 귀한 종을 세워 주심을 감사합니다.

이 시간 말씀을 들고 섰습니다. 성령께서 그의 입술을 주장하셔서 여호수아처럼 광야에서 천국이 가까왔으니 회개하라고 외쳤던 세례 요한처럼 다윗 왕의 죄를 책망한 나단 선지자 처럼 담대하게 하늘의 진리를 증거하는 말씀이 되게 하옵소서.

말씀을 받는 우리는 타성에 젖은 신앙생활을 버리고 변화되어 참된 성도로써 이 세상을 바로 살아보겠다는 결심하는 시간이 되게 하시며 세상도 감당치 못하는 복음의 증거자로 나아가게 하옵소서.

육신의 병든 자 마음이 상한 자가 치유함을 받게 하시고 낭패와 실망한 자가 십자가의 은혜로 새 힘 얻게 하시며 심령이 갈하고 곤고한 자에게는 생명수가 넘치는 말씀이 되게 하옵소서.

악한 악령의 세력이 이 예배를 방해하지 못하도록 지켜 주시고 오직 하나님 홀로 영광 받아 주시기를 간절히 기도합니다.

찬양대의 찬양을 받아 주시고 부르는 자나 듣는 자들에게 큰 은혜가 되는 귀하고 아름다운 찬양이 되게 하옵소서.

이 모든 말씀을 우리를 죄악에서 구원하여 주신 예수 그리스도의 이름으로 간절히 기도합니다. 아멘.

▎2월 셋째 주일 ▎

하나님께서 주시는 평화가 가정과 교회,
이 땅 위에 충만하기를 간구합니다.

우주를 다스리시며 인류 역사를 주관하시는 하나님 아버지,
때를 따라 베풀어 주시는 은총을 진심으로 감사드립니다.
 이 거룩한 주일 아침, 주님께서 십자가에서 흘리신 보혈의 공로로 구속함을 입은 저희들이 주님 앞에 나와서 마음과 뜻과 정성을 다하여 전능하신 하나님께 예배 드리도록 믿음과 건강과 환경을 주신 은혜를 감사합니다.
 이 한 시간 우리가 드리는 예배가 믿음으로 드린 아벨의 제물 같게 하시고 솔로몬의 일천 번제 같게 하셔서 하나님께서 받으실 만한 참된 예배가 되게 하여 주시기를 기도합니다.
 아무것도 자랑할 것이 없는 연약한 믿음과 세속의 때 묻은 모습 그대로 아버지께 나아와 머리 숙였습니다. 긍휼을 베풀어 주옵소서.
 오늘 드리는 예배가 하나님께는 영광이 되고 저희들에게는 하늘의 기쁨

이 넘치는 감사와 감격의 귀한 시간 되게 하옵소서.

　우리가 하나님께서 베푸신 크고 놀라운 은혜에 감사하며 살아야 함에도 불구하고 2월 한 달을 돌이켜 볼 때 부끄러운 것 뿐입니다.

　우리가 하나님의 은혜를 생각하면 감사와 찬송 뿐이지만 우리는 철없는 아이처럼 수시로 실망하고 한탄하며 보잘것 없는 믿음으로 살아왔음을 고백합니다.

　우리가 어려움을 당할 때마다 사회를 원망하고 세상을 탓하기도 하며 남에게 책임을 돌렸던 허물을 불쌍히 여겨 주옵소서.

　하나님 앞에 용서받기 바라면서도 남을 용서할 줄 모르며 남의 눈의 티는 보면서도 내 눈의 들보를 보지 못했던 이기심을 자복합니다. 이 편협한 허물들을 고쳐 주옵소서.

　생명의 근원이신 하나님 아버지,

　우리 교회를 비롯한 이 땅의 많은 교회들이 "땅 끝까지 이르러 복음의 증인이 되라".(행 1:8) 하신 그리스도의 지상 명령에 순종하여 종족과 언어와 문화를 뛰어넘어 세계를 향하여 수많은 선교사들을 파송하여 복음을 전파하게 하시니 감사합니다.

　이 순간도 말할 수 없는 어려움과 고난 속에서 그리스도 십자가의 복음을 전파하고 있는 선교사들과 그의 가족들을 지켜 보호하여 주옵소서.

　성령 충만케 하시고 그들의 발걸음마다 이적과 기사가 나타나 주를 믿는 자들이 날로 더해지게 하옵소서.

　그들 마음 속에 하나님 말씀에 대한 간절한 기대가 있게 하시고 영혼을 사랑하는 뜨거운 열정으로 맡겨진 사명 잘 감당할 수 있도록 인도하여 주옵소서.

선교사들이 처한 환경에서 그리스도의 증인 된 삶을 살도록 말씀과 기도의 능력을 더하여 주시기를 기도합니다.

우리나라에 많은 복을 주신 가운데 신앙의 자유를 주셔서 도시마다 농어촌마다 교회를 세우시고 하나님 나라의 지경을 넓혀 가게 하시니 놀라우신 하나님의 섭리에 감사합니다.

미자립 교회와 소외되고 어두운 곳에서 고생하며 그리스도의 사랑을 실천하고 있는 주의 종들에게 영육 간에 풍성한 은혜로 채워 주시고 우리 교회가 앞장서서 주님이 기뻐하시는 나눔으로 섬기게 하셔서 합력하여 선을 이루는 헌신이 있게 하옵소서.

역사를 주관하시는 하나님 아버지,

진정한 삶은 생명의 근원이신 하나님과의 친밀한 영적 교제 안에 있으나 아담의 원죄로 에덴 동산에서 추방된 아담의 후예들의 세상은 하나님과 단절된 채 사탄적인 세속적 문화가 극에 달하고 있습니다.

모두가 한결같이 평화를 원하지만 이 세상에 진정한 평화는 없고 세계질서는 더 어려워지고 있는 것이 오늘의 현실입니다.

오직 여호와 하나님께서 주시는 하늘의 평화만이 진정한 평화인 줄 믿습니다. 다시 오실 주님께서 영원한 평화를 회복하는 복을 내려 주옵소서.

하나님의 평화가 우리 가정과 교회와 사회 나아가 이 땅 위에 충만하기를 기도합니다.

지금 우리 사회는 이념적 갈등을 극복하고 국민 정신을 통일한다는 명목으로 단군을 국조신으로 숭배하게 하기 위하여 전국 방방곡곡에 학교마다 단군상을 건립하고 있는 안타까운 일들이 벌어지고 있습니다.

이 민족이 하루속히 어리석은 불신앙에서 깨어나 창조주 하나님만이 참

신인 것을 믿는 백성들이 되게 하옵소서.

  국가와 사회 지도층에서 하나님을 알지 못하는 자들이 "여호와를 아는 것이 지식의 근본"(잠 1:7)인 것을 믿고 주님의 명령과 규례대로 국민에게 봉사하게 하시고 이 민족이 한 마음으로 하나님을 영화롭게 하여 세계 열방 가운데 제사장 나라가 되게 하여 주시기를 기도합니다.

  이 시간에도 주님의 종을 말씀의 대언자로 세워 주심을 감사합니다. 말씀에 능력을 더하셔서 하늘의 비밀한 진리를 증거하기에 부족함이 없도록 주님의 장중에 붙잡아 주옵소서.

  증거 되는 말씀이 세상에 시달려 피곤한 저희들의 심령에 시원한 생수가 되게 하셔서 생명의 양식이 되는 풍성한 은혜 내려 주옵소서.

  한 사람도 그냥 돌아가는 일이 없게 하시고 새로운 결단과 감격으로 세상에 나아가 말씀대로 살아 승리하는 한 주간이 되도록 성령께서 주장하여 주시기를 기도합니다.

  당회와 남녀 전도회와 각 기관에 함께하여 주시고 주님께서 맡기신 본분을 충실히 감당하는 지혜와 열심을 주옵소서.

  이 시간에도 말씀으로 양육 받는 주일학교 각 부서를 기억하여 주시고 특히 어린이와 청소년들이 하나님의 말씀을 충실히 배워서 장차 그리스도의 몸 된 교회와 민족의 든든한 기둥이 될 수 있도록 인도하여 주옵소서.

  찬양대의 찬양을 받아 주시고 오늘의 예배가 하나님께서 기뻐 받으실 만한 참된 예배가 되도록 인도하여 주옵소서.

  이 모든 말씀을 우리를 죄악에서 구원하신 예수 그리스도의 이름으로 기도합니다. 아멘.

2월 넷째 주일

하나님의 구원의 은혜가 얼마나 위대한지
다시 한 번 감사와 찬송과 영광을 돌립니다.

영광과 존귀와 찬송을 영원 무궁토록 받으시기에 합당하신 하나님 아버지,
베풀어 주시는 은혜를 진심으로 감사합니다.
죄와 허물로 죽었던 저희를 택하셔서 "그리스도 예수 안에 있는 구속으로 말미암아 하나님의 은혜로 값없이 의롭다 하심을 얻은 자"(롬 3:24) 되게 하시며 부르시고 세우셔서 창조주 하나님께 예배를 드리게 하시니 그 은총 감사하며 영광을 돌립니다.
이 한 시간 목마른 사슴이 시냇물을 찾기에 갈급함같이 여호와 하나님을 사모하며 말씀에 지배 받아야 하는 심정으로 예배에 임하게 하옵소서.
특히 우리 교회는 귀한 주의 종을 세우셔서 개혁주의 신앙과 청교도적 인격으로 오직 하나님의 나라와 구원의 진리와 영적 추수를 위해 주님과 함께 세상과 싸워 이기는 길만이 소망인 것을 철저하게 가르치며 믿게 하

신 하나님께서 베풀어 주시는 은혜를 감사합니다.

이 시간 하나님의 사랑 받는 자녀로서 정성을 다하여 신령과 진리로 예배를 드립니다. 하나님 홀로 영광 받아 주옵소서.

사랑과 은혜가 풍성하신 하나님 아버지,

이 세대가 하나님을 거스르며 하나님을 두려워할 줄 모르고 하나님 모시기를 싫어하는 패역한 세대가 되어 가는 것을 볼 때 안타깝기 그지없습니다.

지난 한 주간을 돌이켜 볼 때도 구원 받은 성도답게 구별 된 삶을 산다고 하면서도 때로는 세상에 마음을 빼앗겨 하나님의 영광을 가렸던 반복되는 생활을 해온 죄인들임을 고백합니다.

사람의 제일 되는 목적이 하나님을 영화롭게 하는 것임에도 불구하고 많은 사람들이 인생의 참된 목적을 알지 못하고 헛된 일에 매달려 살고 있는 실상을 보면서도 저들을 불쌍히 여기는 마음으로 내 주위에 있는 사람들조차 주님께로 돌이키지 못했던 나약함을 불쌍히 여겨 주옵소서.

저희들에게 담대한 믿음 주셔서 온 세상을 향하여 예수 그리스도의 생명의 복음을 증거하기에 부족함이 없도록 힘과 능력을 더하여 주옵소서.

빛 되신 하나님 앞에 나올 때마다 드러나는 우리의 허물로 인해 하나님께 고개를 들 수 없고 염치없는 죄인들이지만 예수 그리스도의 십자가를 의지하여 주님 앞에 나와 머리를 숙였습니다.

우리의 죄악을 도말하셔서 하나님 아버지께 예배하기에 경건한 심령으로 몸과 마음과 정성을 다하여 드리는 예배가 되게 하여 주옵소서.

이곳에 우리 교회를 세우시고 교회를 통하여 역사하시는 하나님의 은혜를 감사합니다.

우리 교회를 세우신 것은 이 땅에 하나님의 나라를 전파하며 세상에 빛 되시고 소망이 되신 예수 그리스도를 드러내기 위함인 줄 믿습니다.

우리 교회를 통하여 하나님의 이름이 거룩히 여김을 받게 하시고 하나님의 나라가 확장되게 하시며 하나님의 뜻이 하늘에서 이룬 것 같이 땅에서도 이루어지기를 간절히 기도합니다.

우리 조국과 민족을 위하여 기도합니다.

약속의 땅 이스라엘이 남북으로 분열되고 앗수르와 바벨론에 의해 멸망 당한 것은 국력이 약해서가 아니라 하나님의 언약과 명령을 거역하고 우상숭배와 퇴폐문화와 권력투쟁으로 타락한 지도자와 백성들의 죄를 심판하신 징계인 것을 깨닫게 하옵소서.

우리 한국 교회가 이제라도 이 역사적 사실을 거울삼아 철저히 회개하여 한국 초대교회와 같이 주일을 거룩히 지키고 엿새 동안 일터에서 열심히 일하는 온전한 예배자로 주님의 법도에 합당한 삶을 살아 영성 회복에 전력을 다하도록 성령께서 일깨워 주시기를 간구합니다.

위정자들에게 하나님을 두려워하며 백성들을 귀히 여기는 마음을 주시고 기업인들에게는 정직과 공평함을 더하여 주시며 직장인과 농어민들에게는 창의력과 개척정신을 주셔서 하나님을 알고 의지하는 지혜를 더하여 주옵소서.

나라의 부름을 받고 조국을 위해 젊음을 바치고 있는 육·해·공군 장병과 국민의 안녕질서를 위하여 수고하는 경찰관과 소방관들을 보호하시고 그들의 영육을 지켜 주옵소서.

신앙의 자유도 없이 고난 중에 있는 북한 동포들에게 자비를 베푸셔서 하나님을 부정하는 무신론 공산주의 세력이 복음의 빛으로 무너지고 자유

평등 평화로 통일 조국을 이루는 변화의 역사가 있게 하옵소서.

   거룩하신 하나님 아버지,
   벌써 고난절을 맞이하게 됩니다.
주님께서 우리를 구원하시기 위하여 십자가에 달려 고초 당하신 일들을 묵상하며 겸손하고 경건한 심령으로 섬기는 성도들이 되기를 원합니다.
   세우신 일꾼들에게 지혜와 충성된 마음을 주셔서 열심히 주님을 섬기게 하시고 맡겨진 직분과 사명에 따라 서로 협력하여 선을 이루게 하옵소서.
   특별히 장래의 희망인 청소년들과 꽃과 같이 아름다운 어린 주일학교 학생들에게 하늘의 신령한 복으로 채워 주셔서 황폐한 이 땅을 다니엘과 요셉과 같은 뜻을 정한 믿음으로 회복케 하는 천국 일꾼들로 키워 주시기를 간절히 기도합니다.
   이들에게 믿음의 전신갑주를 입혀 주셔서 불의와 대항하고 유혹과 미혹에 대적하며 세상 풍조를 지배하는 악령의 세력과의 싸움에서 진리가 이김을 확신하게 하옵소서.

   이 시간 주님의 귀한 종이 말씀을 증거 합니다. 성령님의 감동으로 말씀에 능력을 주셔서 하늘에 신령한 은혜와 감추어진 계시의 비밀을 남김없이 전하게 하옵소서.
   말씀을 받는 저희들은 순전한 마음으로 받아 풍성한 은혜 가운데 말씀대로 실천하며 저희의 일상생활을 통치하게 하옵소서.
   건강 때문에 환경 때문에 사업의 실패 때문에 믿음의 연약함 때문에 예배에 함께하지 못한 교우들에게 형편과 처지를 아시는 주님께서 때를 따라 돕는 은혜로 채워 주셔서 모든 역경을 털고 일어나 주님께 영광 돌리는 기쁨이 있게 하옵소서.

그리하여 예배를 통해서 누리는 기쁨과 감격이 날로 새로워지게 하옵소서.

찬양으로 섬기는 찬양대에 함께하셔서 신령한 노래로 하나님께 영광을 돌리는 찬양이 되게 하시고 저희에게는 은혜가 되게 하옵소서.

오늘도 방방곡곡에서 주님의 이름으로 예배드리는 모든 교회 위에 은혜 내려 주옵소서.

이 모든 말씀을 우리를 죄악에서 구원하여 주신 예수 그리스도의 이름으로 기도합니다. 아멘.

3월의 기도

1 첫째 주일 (3.1절)
2 둘째 주일
3 셋째 주일 (종려주일)
4 넷째 주일 (고난주간)

▎3월 첫째 주일 ▎
3.1절

인류역사와 나라의 흥망성쇠를 임의로
주관하시는 여호와 하나님을 믿습니다.

　말씀으로 우주를 창조하시고 어제나 오늘이나 영원토록 변함없이 인류 역사를 다스리고 계시는 전능하신 하나님 아버지,
　베풀어 주시는 은혜를 진심으로 감사합니다.
　오늘도 여호와께서 대적의 손에서 죄인 된 저희를 구속하시고 주님 자녀 삼아 주셔서 동서남북 각 곳에서부터 한자리에 모이게 하시고 창조주 하나님의 성호를 찬송하며 예배드리게 하시니 감사합니다.
　저희에게 만세 전부터 복 주시기로 예정하신 거룩한 주일이요 구별된 날 구별된 시간에 주의 몸 된 교회에 나와서 예배드리게 하신 은혜를 생각할 때 그 감사와 그 감격을 말로써는 다 표현할 수 없습니다.

　3월은 우리 겨레가 온몸으로 일본 제국주의에 항거했던 3.1운동이 있었던 특별한 날임을 생각할 때 역사를 주관하시는 하나님의 은혜가 얼마나

위대한지 다시 한 번 감사와 찬송을 드립니다.

우리 민족이 36년간 일본 제국주의의 침략과 찬탈로 국권을 잃고 인권과 자유를 유린당하면서 고통의 삶을 살아왔던 지난날은 정치적인 압박과 경제적인 착취와 문화의 말살과 역사의 날조로 점철된 세월들이었습니다.

특히 우리나라에 기독교가 전래된 지 얼마 되지 않아 당시 한국 교회의 교세는 미약하였지만 3.1운동에 큰 공헌을 하였습니다.

민족 대표 33인 중 16명의 기독교 지도자들이 앞장서서 민족적 열등감과 자학적인 풍조를 극복하고 인간의 존엄성과 자유의 긍지를 회복하는 독립운동에 주도적 역할을 감당했다는 역사적 사실은 분명 그 중심에 기독교 정신이 작용하고 있었으며 민족을 일깨우며 사회 전반에 많은 영향을 끼쳤습니다.

이와 같은 3.1운동 정신을 오늘에 되살려 우리 조국의 민주화운동에 좋은 결실을 가져오게 하며 더 나아가서 우리 민족의 평화적 남북통일이 예수 그리스도의 복음의 능력과 사랑으로 실현될 수 있도록 인도하여 주옵소서.

한국 초대교회는 교세는 약했지만 어려운 국내외 여건 속에서도 민족과 함께 고락을 같이하는 가운데 성장하였고 민족의 가슴속에 축복과 소망을 가져다주는 그 본래의 역할을 온전히 감당하였습니다.

당시 한국교회는 수난과 성장의 역사 속에서 교회의 사명 완수를 위하여 최선을 다하였습니다.

여호와 하나님께서 출애굽한 이스라엘 백성을 향하여 "세계가 다 내게 속하였나니 너희가 내 말을 듣고 내 언약을 지키면 너희는 열국 중에서 내 소유가 되겠고 너희가 내게 대하여 제사장 나라가 되며"(출 19:5-6)라고 말씀하셨습니다.

그러나 안타깝게도 우리나라의 현실은 지역 간의 갈등과 계층 간의 갈등과 노사 간의 갈등 빈부 간의 갈등 이념논쟁 학원 소요사태 부정부패 도적적 타락 등 사회가 분열되어 어두워 갈 때 우리 한국교회가 민족의 등대가 되어 복음의 빛으로 우주를 품에 안는 사랑으로 사회 통합을 이루는 사명을 잘 감당할 수 있는 한국교회와 저희들이 되게하여 주옵소서.

우주만물을 다스리시는 하나님 아버지,
믿음이 연약하여 주님보다 세상과 세속적인 조류에 휩쓸려 생활했던 저희들입니다.
우리가 이 시간 주님께 고백하는 것은 베풀어주신 사랑은 너무 큰데 주님 앞에 너무나도 초라하게 산 것이 부끄럽습니다. 저희를 용납하시며 용서하시고 긍휼을 베풀어 주옵소서.
우리의 죄악과 허물을 철저히 회개하고 불꽃같은 눈으로 살피시는 하나님 앞에 우리 민족의 영혼을 책임지겠다는 철저한 신앙으로 역사 앞에 당당히 서는 한국교회와 우리교회가 되도록 성령께서 우리 각 심령을 주장하여 주시기를 간절히 기도합니다.
현실 세계는 후기 산업사회로 진입하면서 고도의 과학문명과 눈부신 경제성장으로 살기 좋은 세상이라고 말합니다.
그러나 우리의 영혼은 세상 유혹에 물들어 불의와 타협하고 양심에 가책이 되는 일을 하면서도 오히려 그것을 당연한 삶의 수단으로 여기는 도덕 불감증이 심화되어 무엇이 정의이고 무엇이 불의인지 분별치 못하는 현실에 너무나 익숙한 저희들입니다.
노아홍수 때나 소돔과 고모라 때와 다를 바 없는 타락하고 음난한 세대라고 탄식을 하면서도 나 자신이 그 중심에 자리하고 있음을 깨닫지 못하는 미련한 저희들을 깨우쳐 주옵소서.

오늘날 세계의 많은 교회들은 성경을 부정하는 자유주의 신학과 종교다원주의 사조에 떠밀려 하나님 말씀의 절대 권위보다 형식주의 상대주의 신앙으로 퇴색되어 가고 있는 위험한 때를 당했습니다.

젊은이들은 이러한 그릇된 사상에 매력을 느끼고 이렇게 가르치는 교회에 몰리고 있는 실정입니다.

다시 오실 주님의 재림 신앙도 소망도 사두개적 현세주의로 대체되고 있습니다.

예수님께서 세상에 다시 오실 때 믿는자를 보겠느냐 하신 주님, 우리 한국교회에 회개의 영을 부어 주셔서 바른신학 바른신앙 바른 생활이 회복되는 변화를 일으켜 주옵소서.

성경으로 다져진 충분한 지식과 높은 인격과 풍부한 신앙적 체험을 구비한 교회 지도자들과 지성인들이 많이 양성되어 한국교회와 도덕과 윤리가 무너져 가는 이 사회를 이끌어 가게 하옵소서.

특히 우리교회와 온 성도들은 세상이 혼탁하고 타락했다 하더라도 세상을 구원하러 오신 예수 그리스도의 복음만을 믿고 전하며 따름으로써 한국의 초대교회 성도들이 가졌던 신앙으로 하나님의 말씀과 은혜 안에서 이 시대의 방주가 되는 교회로서 사명을 감당하게 하옵소서.

사랑과 은혜가 풍성하신 하나님 아버지,

새로운 터전을 허락하셔서 세계가 주목하는 복음의 전진기지로서의 서울 중심지인 이 좋은 곳에 아름답고 웅장한 예배당을 건축 중에 있습니다.

하나님께서 일일이 간섭하여 주시고 온 성도들이 기쁨과 자원하는 마음으로 동참하여 재정적으로 모자람이 없이 채워 주시며 차질없이 예정대로 완공할 수 있도록 이끌어 주셔서 저희들에게 맡기신 시대적 사명과 몫을 능히 감당하게 하옵소서.

  이 시간 말씀을 증거하기 위하여 세우신 종을 위하여 기도합니다.
  종의 건강을 지켜 주시고 연로하신 가운데에서도 많은 일을 잘 감당할 수 있도록 지혜와 명철을 주셔서 주님의 뜻을 이루는 데 조금도 피곤하지 않도록 영력을 더하여 주옵소서.
  특별히 이 민족의 영혼 구원과 북한 공산 치하에서 모진 고초를 당하고 있는 동포들에 대한 애정이 남다른 종입니다. 이들을 향한 선교의 비전이 하루 빨리 이루어져 종이 원하는 민족 복음화와 북한선교에 시온의 대로가 열릴 수 있도록 인도하여 주옵소서.
  이 시간 증거되는 말씀을 통하여 갈급한 영혼에게는 생명수로 굶주린 영혼에게는 생명의 떡으로 풍성한 은혜의 잔치가 되게 하여 주옵소서.
  오늘도 마음은 원이지만 병약한 몸 때문에 환경과 연약한 믿음 때문에 예배에 참석하지 못한 성도가 있습니까?
  은혜로 일으켜 세워주셔서 다 함께 하나님을 높이며 영광을 돌리는 기쁨이 있게 하옵소서.
  찬양대의 찬양과 헌금하는 모든 순서가 오직 하나님을 영화롭게 하는 예배 되게 하옵소서.
  이 모든 말씀을 진리로 자유하게 하시는 우리 구주 예수 그리스도의 이름으로 기도합니다. 아멘.

▌3월 둘째 주일 ▌

날마다 새롭게 하시는 성령의 역사
속에 온 세상을 향하여 구원의 소망을
주는 교회가 되기를 원합니다.

우주를 창조하시고 인류 역사를 임의대로 주관하시는 하나님 아버지, 우리 영혼이 하나님을 우러러보게 하시고 복된 자리에 불러 주심을 감사합니다.

우리의 머리털 하나까지도 세시는 하나님께서 저희를 늘 기억하시고 거룩한 주님의 날에 모이게 하셔서 예배를 드리게 하신 은혜를 생각할 때 얼마나 감사한지 말로 다 표현할 수가 없습니다.

강산이 푸르고 계절이 뚜렷한 이 땅에 태어나게 하신 것도 감사하거니와 저희 인간을 하나님의 형상대로 창조하시고 생명을 부어 주셔서 높은 도덕성과 보편적 가치를 가지고 하나님의 대리자로서 세상을 다스리고 지키게 하는 복을 주신 은혜를 찬송합니다.

그러나 아담의 원죄로 하나님과의 관계가 단절되어 영원히 죽었던 우리를 독생 성자 예수 그리스도를 십자가에서 피 흘려 죽게 하신 보혈의 공로로 구원받아 생명적 관계를 회복하게 하신 은혜를 진심으로 감사합니다.

"영접하는 자 곧 그 이름을 믿는 자에게 하나님의 자녀가 되는 권세를 주심"(요 1:12)으로 오늘 저희들이 하나님의 상속자가 되어 장차 나타나실 주님의 영광과 기업을 상속받게 하신 하나님을 영원히 찬송합니다.

이토록 놀라운 사랑과 축복을 내려주셨음에도 저희들은 옛 생각과 소욕에 사로잡혀 때로는 나도 모르게 성경말씀보다 세상의 구습을 따르는 모순된 신앙관으로 부끄러운 삶을 살아가고 있음을 고백합니다.

세상이 점점 더 타락하여 죄악 속으로 깊이 빠져 가고 많은 사람들이 하나님 없이도 행복할 수 있을 것처럼 헛된 것에 소망을 두며 생활하는 안타까운 현실 속에 살고 있습니다.

우리 믿는 자들도 이에 편승하여 절대 신앙 절대 은혜를 잃어버리고 타성에 젖은 종교인으로 세상과 적당히 타협하며 생활하는 불신앙을 불쌍히 여기시고 십자가의 보혈로 정결하게 씻어 주옵소서.

에베소서 교회처럼 처음 사랑을 잃어버렸습니다.(계 2:4-7)회복하게 하시고 교회에 맡은 직분과 사명을 제대로 감당치 못한 불충함을 용서하시고 부르심에 합당한 그리스도인으로 살아가도록 인도하여 주옵소서.

세상 근심과 염려로 하나님과의 교통이 막힌 저희에게 진리의 빛을 비추어 주셔서 앞으로의 삶이 더욱 주님과 가까이하며 순종하며 열매맺는 그리스도인들이 다 되게 하옵소서.

예배에 참석한 우리 모두가 신앙생활 잘할 수 있도록 성령께서 이끌어 주시고 말씀 안에서 성숙된 신앙으로 하나님께 영광 돌리게 하옵소서.

또한 아버지 하나님과 친밀한 영적 교제를 가지게 하시고 그리스도의 장성한 분량에 이르기까지 성장하게 하신 은혜를 감사합니다.

이 일을 위하여 귀한 종을 선두에 세워 주시고 소명 받은 많은 남녀 주의 종들을 보내 주신 하나님께 감사와 영광을 돌립니다.

세우신 종들을 통하여 바른 신앙교육이 이루어지고 전 교인 한 사람 한 사람이 진리 위에 올바로 세움을 받고 우로나 좌로나 치우치지 않는 구원의 확신을 갖도록 양육하여 주심을 감사합니다.

역사가 혼돈의 소용돌이 속에 휘둘리고 사회적 환경과 여건이 위협을 받는다 하더라도 우리의 중심은 변함없이 하나님이 의도하신 뜻대로 이루어질 것을 믿음으로 기대하며 주님만을 바라보는 반듯한 신앙으로 나아가게 하옵소서.

날마다 새롭게 하시는 성령의 능력으로 온 세상을 향하여 구원의 소망을 주는 교회 되게 하시고 이 땅이 진리와 복음으로 회복되어 하나님께서 통치하시는 하나님 나라가 이루어지는 복을 내려 주옵소서.

자비로우신 하나님 아버지,
우리교회에 세우신 각 기관과 많은 부서들이 있습니다.
세우신 목적을 따라 신실하고 아름답게 교회를 섬기기에 부족함이 없는 일꾼들이 될 수 있도록 믿음을 더하여 주옵소서.

모이면 찬송과 기도로 예배드리고 흩어지면 복음을 전하는 능력 있는 성도들이 다 되게 하시고 엿새 동안 우리의 삶을 통하여 나라 사랑과 애국애족이 어떤 것인지를 몸으로 실천하는 그리스도인들이 되게 하옵소서.

이 시간 주의 귀한 종을 말씀의 대언자로 세우셨습니다. 주님께서 저희들에게 말씀하고자 하시는 하늘의 음성을 듣게 하시고 그 말씀 따라 저희의 생각과 언어와 행동 등, 전 인격이 변화를 받는 귀한 시간 되게 하여 주옵소서.

주님을 위한 삶이 얼마나 복되고 귀한 일인가를 다시금 깊이 깨닫게 하셔서 기쁨과 감사로 신앙생활을 하며 맡겨진 사명을 잘 감당하는 성도들 되게 하여 주옵소서.

삶에 쫓겨 지친 영혼들이 있습니까? 증거된 말씀을 통하여 주님께서 주시는 평안으로 위로받게 하시고 푸른 초장과 쉴 만한 물가로 인도함을 받는 은혜의 시간이 되게 하여 주옵소서.

특히 질고로 인하여 병상에 있거나 마음의 상처로 좌절한 이웃이 있습니까? "의인의 간구는 역사하는 힘이 많다."(약 5:16)고 하였습니다. 이들을 위해 서로 기도하며 저들의 필요를 채워 주는 사랑의 신앙 공동체가 되게 하옵소서.

예배 중심에 찬양대를 세워 주심을 감사합니다.

찬양대가 하나님의 영광을 찬미할 때 그 찬양이 샤론의 아름다운 향기를 발하여 온전한 찬양으로 하나님의 이름을 높이게 하시고 가사 한구절 한구절이 예배에 참석한 모두의 신앙고백이 되게 하옵소서.

예배의 시종을 주님께서 주장하여 주시며 우리의 소망이 되시는 주 예수 그리스도의 이름으로 기도합니다. 아멘.

| 3월 셋째 주일 |

종려주일

주님만이 만백성을 죄에서 구속하시기
위하여 이 땅에 오신 메시아이심을
믿는 백성들이 되게 하옵소서.

우리 삶의 주인 되시며 만물을 다스리시는 전능하신 하나님 아버지, 긍휼과 자비가 한량없으신 주님의 은혜를 진심으로 감사합니다.

우리의 죄악을 사하시려고 독생 성자 예수 그리스도를 세상에 보내시고 십자가에 달려 죽게 하셔서 구속사역을 완성하기까지 보여 주신 그 놀라우신 은혜로 우리가 "택하신 족속이요 왕 같은 제사장이요 거룩한 나라요 그의 소유 된 백성"(벧전 2:9) 되게 하신 하나님의 사랑을 생각할 때 감격의 예배를 드릴 수밖에 없습니다.

특히 오늘은 예수님께서 성경의 예언대로 인류 구속의 역사를 이루시기 위해 평화의 왕으로 예루살렘에 입성하신 종려주일입니다.

"호산나 다윗의 자손이여 찬송하리로다 주의 이름으로 오시는 이여 가장 높은 곳에서 호산나"(마 21:9)라고 외치던 예루살렘 거민들의 찬송 소리가 이 순간에도 귀에 쟁쟁하게 들리는 듯합니다.

이 세상에 평화의 왕으로 오신 주님을 우리의 심령에 모시고 나귀 새끼를 타고 입성하셨던 예수님의 겸손함으로 승리하신 메시아를 높이는 경건하고 신령한 예배가 되게 하옵소서.

우리 구주 홀로 하나이신 하나님께 존귀와 위엄과 권세와 영광을 돌립니다.(유 25)

영원하신 하나님 아버지,

저희들은 신구약 성경에 나타난 분에 넘치는 구속의 은혜와 그 능력과 그 거룩하신 사랑을 힘입어 살아가고 있으면서도 이를 망각하여 하나님의 말씀과 법도대로 살지 못하고 감사할 줄도 보답할 줄도 모르는 채 세상의 탐욕과 불의에 따라 살던 미련한 마음을 안고 하나님 아버지 앞에 나아와 머리를 숙였습니다.

나귀 새끼를 타신 예수님의 겸비와 겸손을 본받아 살아가는 생명의 교훈을 수없이 듣고 배웠지만 아직도 내 고집과 내 주장이 살아 있고 내 교만이 이웃을 멸시하며 내 독단이 교회를 어지럽게 만든 잘못이 있었다면 불쌍히 여기시고 이 모든 허물에서 건져 주옵소서.

우리가 섬기고 있는 교회의 모습을 다시 생각하게 하옵소서.

주님의 교훈과 강단의 말씀은 철저한 청도교적인 개혁주의 신앙으로 다져지고 뿌리내려지고 있음을 생각할때 너무나도 감사합니다.

그러나 한편 우리의 심령 속에 외적인 크기와 웅장한 교회당 건물의 아름다움에 사로잡혀 스스로의 위치와 수준에 만족하는 교만으로 인하여 주님께서 친히 삶으로 보여 주신 희생과 섬김의 도리를 저버리지는 않았는지 우리 자신을 살피는 시간 되게 하여 주시기를 기도합니다.

"우리를 구원하여 주소서! 호산나" 찬송하며 평화의 왕 예수를 영접하였던 예루살렘 거민들이 십자가 앞에서는 오히려 예수님을 정죄하였던 모순이 저희의 일상 생활에는 없었는지 다시 한 번 정직하게 자신을 바라볼 수 있는 영의 눈을 뜨게 하시고 형식과 외식적인 타성에 젖은 신앙생활에서 돌아서는 회개하는 귀중한 시간 되게 하옵소서.

주님께서 고난 받으시기 위해 예루살렘에 입성하신 그 교훈을 따라 우리 교회가 이 세상을 십자가와 부활의 복음으로 이 땅에 하나님 나라를 확장하게 하는 선한 싸움에서 승리하게 하옵소서.

이 복음의 사역을 위해 교역자들과 당회원을 세워 섬기게 하시고 제직들과 여러 기관의 일꾼들을 세워주신 주님, 이들이 주님의 몸 된 교회와 그리스도의 영광을 위하여 더욱더 열심으로 헌신 봉사하게 하옵소서.

예수님께서 쓰시겠다고 나귀 새끼를 푸실 때 순순히 이에 순종한 이름 없는 나귀 주인처럼 교회 안팎에서 이름도 빛도 없이 희생 봉사하는 일꾼들의 손길을 통해서 교육이 이루어지고 질서가 유지되며 가난하고 소외된 이웃들에게 사랑의 온기를 주고 통일 조국을 위한 기도의 끈을 놓지 않게 하심을 감사합니다.

세계 여러 곳에 나가서 예수 그리스도의 복음을 전파하며 수고하는 선교사들과 문서선교 등 여러 방면에서 복음사역을 하는 종들을 보호하시고 지금까지 인도하여 주심을 감사합니다.

거룩하신 하나님 아버지,

예수님께서 예루살렘에 올라가셔서 모진 고난과 수모를 당하시며 십자가를 지신 것은 하나님과 인간 사이의 원수 되었던 관계를 회복시키기 위한 화목 제물로 드려짐이요 자신의 육체를 찢으심으로써 막혔던 담을 헐어 믿는 자마다 하나님 앞에 담대히 나아갈 수 있는 길을 열어 주신 것이라는 사실을 믿기에 우리는 오늘의 종려주일 예배를 더욱 의미 있게 드릴 수 있도록 은혜 베풀어 주옵소서.

저희 자신이 옛 예루살렘의 어리석은 무리가 되지 않게 하시고 주님만이 호산나 찬송을 받으실 분이요 만백성을 죄에서 구속하시기 위하여 이 땅에 오신 메시아이심을 잊지 않도록 항상 깨어 있게 하옵소서.

하나님의 말씀을 더욱 사모하고 묵상하며 따르는 주님의 제자로서의 도리를 다하게 하시고 형제와 이웃을 향하여 주님의 사랑을 나누며 이 시대를 살아가는 산 증인들이 되게 하여 주옵소서.

하나님께서 귀히 쓰시는 종을 통하여 철저한 신앙으로 오늘의 교회로 성장시켜 주신 뜻을 우리가 깨달아 여전히 죄 아래 신음하며 하나님과 원수된 삶을 사는 뭇 영혼들에게 산 소망을 전하게 하옵소서.

거짓 교사들과 사탄의 유혹과 미신에 유린당하고 있는 어리석은 백성들을 바른 신앙으로 회복시키는 사명을 감당하도록 힘과 용기를 주옵소서.

이 시간 주님의 종을 말씀의 증거자로 세워 주심을 감사합니다.

종의 건강을 지켜 주시고 증거되는 말씀이 우리의 영혼을 깨우게 하시고 이 세상을 변화하게 하시며 이 순간에도 속박과 굶주림으로 죽어 가는 북한의 동포들에게까지 희망의 메시지가 되게 하여 주시기를 간절히 기도합니다.

우리 성도들 가운데 어려운 환경에서 시달리거나 가정 형편과 사업때문에 고난받는 자들이 있습니다.

그들을 친히 위로해 주셔서 고난 가운데서도 흔들리지 않는 굳건한 믿음으로 다시 일어서게 하여 주옵소서.

특별히 병으로 고생하며 예배에 참석하지 못한 성도들에게 예수님의 십자가에서 못 박혀 피 흘리신 손으로 어루만져 주셔서 하루속히 쾌유함을 얻는 은혜 내려 주옵소서. 다음 시간에는 감사헌금을 들고 기쁨으로 뛰어나와 예배에 참여할 수 있도록 건강에 복을 내려 주옵소서.

찬양대의 찬양을 통하여 하나님의 영광이 나타나게 하시고, 예배에 동참한 모든 성도들에게 은혜되게 하옵소서.

이 모든 말씀을 평화의 왕으로 세상에 오신 우리 구주 예수 그리스도의 이름으로 기도드립니다. 아멘.

| 3월 넷째 주일 |

고난주간

십자가의 능력으로 그리스도께서
친히 이루신 은혜와 사랑을 우리의
이웃과 세상에 증거하게 하옵소서.

　인류 구원의 사랑을 외아들 예수 그리스도로 친히 이루신 자비로우신 하나님 아버지,
　우리 인간의 죄를 대신하여 당하신 주님의 죽으심을 묵상하는 고난주간에 다시 한 번 그 놀라운 사랑을 베푸신 하나님의 은혜에 존귀와 영광을 돌립니다.
　측량할 수 없는 대속의 은혜를 힘입고 오늘도 거룩한 주일을 허락하시고 부르심에 합당한 예배를 드릴 수 있도록 용납하신 하나님,
　우리 인간의 반역과 무지함에도 오래 참으시고 자비를 베푸시는 무한하신 사랑의 본체이심을 믿고 감사와 찬송을 드립니다.
　세상과 마귀의 종 노릇 하며 하나님과 원수 되었던 저희들이 주님께서 이처럼 행하신 놀라운 구속의 은혜로 하나님의 보좌 앞에 담대히 나올 수 있도록 특권을 누리게 하심을 감사합니다.

그러나 저희들의 삶을 돌아볼 때 이런 사랑을 입고 살아오면서도 그리스도인답게 살지 못하고 여전히 세상과 적당히 타협하며 불의와 허물 속에 살고 있는 부족한 존재들임을 고백합니다.

믿음이 연약한 저희들은 하나님을 바로 섬기지 못하고 세상 물질의 욕심과 권력과 명예와 현대판 우상으로 가득 차 있습니다. 십자가의 보혈로 깨끗이 씻어 주셔서 구속의 은혜로 새사람을 입는 변화된 삶을 살아가기를 간절히 기도합니다.

주님께서 베풀어주신 은혜를 생각하면 한평생 "늘 울어도 눈물로써 못 갚을 줄 알아" 찬송을 불러도 부족하지만 우리는 순간순간 은혜를 잊어버리고 은혜를 모르는 자이고 은혜와 상관없는 자인 것처럼 하나님의 뜻을 거역하며 사람에게 불평하며 짜증과 후회로 세상을 원망하며 살아가는 불신앙도 있습니다. 이 어리석은 죄인들을 불쌍히 여겨 주옵소서.

주님은 우리에게 자기 몫의 십자가를 지라 하셨지만 이를 잘 감당하기보다 한 달란트 맡았던 종처럼 불충했던 게으름을 용서하여 주옵소서.

이 시간 우리 위하여 십자가에서 피 흘리신 고난의 의미를 믿음으로 고백하며 예배에 참석한 온 성도들이 한마음 한뜻이 되어 감사하는 마음으로 예수님의 고난의 십자가의 사랑과 능력을 찬미하며 증거하기에 부족함이 없도록 인도하여 주옵소서.

조롱하던 로마 군병들과 채찍에 맞아 쓰러지신 고통의 아픔 속에서도 연민의 눈길로 저희를 바라보시는 자비로우신 주님의 모습을 생각합니다.

우리를 구원하시기 위하여 고초당하시고 십자가에서 피 흘려 죽기까지 복종하신 예수님의 무한하신 사랑으로 주님과의 생명적 관계가 회복되어 겸손하고 담대하게 주님이 피로 값주고 사신 교회에 나아와 여호와로 인하여 예배하게 하시니 감사합니다.

우리가 살아가는 이 세상의 현실이 아무리 힘들고 어려워도 주님의 고난에 비길 수 없습니다.

주님의 십자가의 보혈로 얻은 구원의 감격으로 세상의 걱정 근심과 고단한 현실을 극복함으로써 우리의 마음이 날마다 새로워지게 하셔서 세상 끝날까지 감사하면서 주님과 동행하는 삶을 살아가게 하옵소서.

하나님의 거룩하신 사랑으로 주신 이 생명과 삶을 아버지의 영광을 위해 온전히 드림으로써 주님의 은혜에 감사하여 역경도 지혜로 극복하며 신앙생활 잘 하는 저희들이 될 수 있도록 인도하여 주옵소서.

우리에게 이토록 십자가의 은혜를 힘입어 날마다 새롭게 생명의 복음으로 인도하여 주심을 감사하며 찬송합니다.

그러나 이 땅에는 아직도 하나님을 알지 못한 채, 어두움과 죽음의 지배 아래 살아가는 수많은 영혼들이 있습니다.

북한을 비롯한 공산주의 국가들은 기독교를 아편이라 하여 탄압하고 신앙의 자유를 박탈함으로써 영적으로 황폐한 상황에 놓여 있습니다.

개혁 개방을 했다고는 하지만 중국을 비롯한 사회주의 국가들도 여전히 그러한 상황에 있으며 심지어 러시아와 이슬람권은 자기들의 종교만을 인정하는 환경 때문에 기독교는 말할 수 없는 박해를 받고 있습니다. 이들을 지켜 주옵소서.

그럼에도 불구하고 부활하신 그리스도의 복음을 전하며 선교의 불모지에 십자가의 보혈을 강같이 흘러가도록 쓰임 받은 선교사들에게 주님의 위로와 능력이 함께하여 주시기를 기도합니다.

교회와 저희들 마음 속에도 십자가의 사랑과 능력이 충만하게 하셔서 그리스도께서 친히 이루신 은혜와 사랑을 우리의 이웃과 세상을 향하여 증거하게 하옵소서.

고난을 통하여 구원을 이루신 주님을 본받아 저희에게 맡기신 사명을 감당하는 일에 수고와 열심을 다하도록 도와주옵소서.

우리나라와 민족을 위하여 기도합니다.
이 지구상에 유일한 분단국가로 남아 남북이 대치하며 긴장과 고통 속에 같은 민족끼리 서로 가슴에 총을 겨누며 살아가는 이 백성을 불쌍히 여겨 주옵소서.
남남의 갈등도 심각합니다. 거짓이 진리를 대체하며 불법이 공법을 유린하는 이 겨레를 오직 주님의 보혈로만이 화해와 신뢰의 변화가 다시 시작됨을 믿는 소망의 나라로 일으켜 세워 주시기를 간절히 기도합니다.
이들의 마음을 주장하시며 막힌 담을 헐어 주시고 역사의 물줄기를 바르게 잡아 주셔서 사랑과 평화가 넘치는 젖과 꿀이 흐르는 가나안으로 회복되는 복된 하나님 나라가 되도록 인도하여 주옵소서.

이 시간 주님의 종을 말씀의 대언자로 세워 주심을 감사합니다.
귀한 종을 붙들어 주셔서 하늘의 진리의 말씀을 증거할 때 그 말씀을 받는 저희의 심령이 "어찌 할꼬?" 하며 나의 몫의 십자가를 잘 감당하지 못했던 허물을 회개하고 부활하시고 장차 재림하실 주님을 소망하는 복된 시간 되게 인도하여 주옵소서.
고난절을 맞이할 때 뿐만 아니라 주님이 부르시는 그날까지 경건하게 십자가의 보혈의 능력을 감사하며 그리스도의 고난에 동참하며 다시 오실 주님의 재림을 준비하는 저희들이 되게 하여 주시기를 기도드립니다.
정성껏 준비한 찬양대의 찬양을 받아 주셔서 찬양하는 자들이나 이 예배에 동참하는 저희의 심령에 감동이 되어 슬픔과 탄식이 기쁨으로 승화되는 영광의 찬양으로 은혜받는 귀한 시간 되게 하옵소서.
 십자가의 고난을 통하여 인류의 구원을 이루신 우리 주 예수 그리스도의 이름으로 기도합니다. 아멘.

4월의 기도

1 첫째 주일 (부활주일 및 성찬예배)
2 둘째 주일 (부활절 지난 첫 주일)
3 셋째 주일
4 넷째 주일

| 4월 첫째 주일 |

부활주일 및 성찬식

십자가 주변에 맴도는 자가 아니라
십자가를 붙드는 신앙으로 부활하신
예수님과 동행하는 삶을 살게 하옵소서.

　독생 성자 예수 그리스도를 죽은 자 가운데서 다시 살리셔서 부활의 첫 열매가 되게 하신 전능하신 하나님 아버지,
　부활의 능력으로 산 소망을 갖게 하신 그 크신 은총을 인하여 찬송과 영광과 경배를 드립니다.
　아담 한 사람의 범죄로 죽음이 세상에 들어옴으로써 저희 역시 저주스러운 죽음을 피할 수 없었지만 예수 그리스도의 십자가의 대속의 은혜와 죽음을 이기시고 부활하신 놀라운 능력으로 영생하는 복을 주신 하나님의 사랑을 감사합니다.
　주님께서 이처럼 우리의 죄를 위하여 하나님 아버지께 죽기까지 복종하셨고 의롭다 하시기 위하여 부활하셔서 저희로 하여금 하나님의 자녀 됨을 확증해 주셨다는 성경의 진리를 믿을 때 얼마나 감사한지 말로 다 표현할 수가 없습니다.

만물이 소생하는 이 계절, 감격스러운 부활주일 아침에 우리의 마음을 다하고 뜻을 다하여 창조주 하나님께 예배를 드립니다. 이 예배를 받아 주옵소서.

불꽃같은 눈으로 우리를 살피시는 하나님 아버지,
이 땅에서 우리는 유한한 인생임에도 불구하고 세상에서 영원히 살것처럼 죽음 후의 일을 준비할 줄 모르는 미련한 저희들입니다.
흙으로 돌아갈 육신과 하나님 앞에서 무가치한 재물과 세상 것만을 생각하며 버려야 할 것에 계속 집착하고 골몰했던 우둔한 저희를 십자가의 보혈로 속량하시고 부활의 능력으로 거듭나게 하여 주셨음을 감사합니다.
부활신앙을 확실히 믿으며 영원한 나라가 약속되어 있고 주님이 임마누엘 되심을 분명히 알면서도 절망의 늪에 빠지기도 하고 세상을 원망하며 허탈한 한숨을 쉬는 연약한 죄인들입니다.
이는 기독교의 결정적 사건인 부활신앙이 우리의 상식에 그쳤고 부활의 능력을 믿지 못했으며 부활의 증인으로 살아오지 못했던 결과였음을 용서하여 주옵소서.
성령께서 감동 감화 하셔서 죄악과 죽음의 현실 속에서도 담대하게 승리의 찬송을 부르는 부활신앙으로 믿음 위에 굳게 서는 성도들이 다 되게 하여 주옵소서.
이제 우리는 십자가 주변을 맴도는 자가 아니라 십자가를 붙드는 십자가 중심의 신앙으로 부활하신 예수님과 세상 끝날까지 동행하는 삶을 살게 하옵소서.

특별히 감사한 것은 우리교회를 철저한 주일성수와 개혁주의 보수 신앙으로 무장하게 하셔서 예수 그리스도의 동정녀 탄생과 십자가의 구속의 은혜와 부활의 산 소망으로 하늘의 영광을 미리 맛보는 청교도들이 가졌던 철저한 신앙으로 가르치며 교회가 부흥 성장하게 하심을 생각할 때 얼마나 감사한지 말로 다 표현 할수가 없습니다.

이처럼 불가능을 가능케 하시는 하나님의 전능하심을 확신하기에 그 믿음으로 우리가 하나 되어 동양 최고의 아름다운 예배당과 교육관 선교관 장애자교육센터를 주님 앞에 헌당할 수 있었고 예배와 선교와 친밀한 교제 및 세상을 향하여 복음을 전하게 하심을 감사합니다. 또한 세계선교를 위하여 여러 나라에 선교사를 파송하며 특히 북한선교에 관심을 갖고 복음으로 통일 조국을 준비하는 일에 힘쓰게 하심을 생각할 때 하나님의 뜻이 있는 줄 압니다.

우리교회가 국내외적으로 어려운 현실을 애통하게 여겨 나라와 민족을 위하여 북한의 자유와 통일을 위하여 그리고 세계 평화와 정의로운 질서를 위하여 구체적으로 합심하여 기도하며 봉사하게 하심을 감사합니다.

비인간화 된 말세적 행위를 오직 부활 승천하시고 재림하실 예수 그리스도의 복음만이 치유하고 회복시킬 수 있음을 믿고 우리교회가 십자가와 부활의 복음을 전파하는 데 전력을 다하게 하신 은혜를 생각할때 감사를 드립니다.

우리교회가 규모와 교세 같은 외형으로 교만하지 않게 하시고 온 성도들이 남의 발을 씻겨 주는 겸손한 종의 삶을 실천함으로써 원수까지도 끝까지 사랑하는 건강하고 모범적인 개혁교회 일꾼들로 세움을 받아 이 세상을 하나님 나라로 가꾸게 하옵소서.

사랑과 은혜가 풍성하신 하나님 아버지,

예수님은 이 시간 저희를 향하여 "나는 부활이요 생명이니 나를 믿는 자는 죽어도 살겠고 무릇 살아서 나를 믿는 자는 영원히 죽지 아니하리니 이것을 네가 믿느냐?"(요 11:25-26)라고 물으십니다.

우리는 주님의 이 물음에 양심적으로 "그리스도께서 다시 사신 것이 없으면 우리의 믿음도 헛되고 우리가 여전히 죄 가운데 있습니다."(고전 15:17)라고 대답하는 성도들이 되게 하여 주옵소서.

주님의 몸 된 교회와 모든 성도들은 현대교회가 아무리 세속화되고 예수님의 이적과 기사를 부인하고 십자가와 부활 신앙이 변질되어 간다 하더라도 영원히 변치 않는 성경말씀대로 신앙을 지키며 복음을 위해서라면 순교도 마다하지 않는 이 시대의 사명자들이 되게 하여 주시기를 기도합니다.

다른 어떤 종교에서도 찾아볼 수 없는 영원한 부활의 생명이시며 소망이 되신 예수 그리스도를 믿는다는 것이 얼마나 큰 축복이며 행복인가를 언행으로 실천하는 저희들이 다 되게 하옵소서.

인류역사를 주관하시는 하나님 아버지,
우리나라와 민족을 위하여 기도합니다.
분단된 조국의 현실도 안타까운데 지금 우리나라의 국내 현실은 정치적 사회적 갈등은 그 도를 넘고 있습니다.

지역 간의 갈등 노사 간의 갈등 이념적 갈등 계층 간의 갈등이 이제는 사랑과 양심의 최후 보루라고 자부해 온 교회 안에까지 밀고 들어와 성령을 근심케 하는 일들이 여기 저기서 벌어지고 있습니다.

물질만능주의와 자기중심적인 현대판 사두개파들의 현세주의가 부정부패를 심화시키고 수단과 방법을 가리지 않는 굴절된 삶을 마치 하나님의 축복으로 여기며 수적 성장중독증에 걸려 있는 교회가 아닌지 되돌아보게 하옵소서.

먼저 저희 교회 구성원들이 십자가와 부활 신앙으로 바르고 반듯하게 서서 세상의 소금과 빛의 역할을 감당하게 하옵소서.

그러할 때 우리 가정도 민족도 국가도 잘살기에 앞서 바르고 정의롭게 발전해 갈 줄 믿습니다.

이 시간 부활절 예배와 더불어 주님께서 친히 명하신 성찬예식을 거행할 때에 우리 모두가 철저한 신앙으로 이 예식에 참여하게 하셔서 그리스도와 생명적인 친밀한 연합의 관계임을 확인하게 하시고 주님이 다시 오시는 그날까지 나 같은 죄인 위하여 십자가에 고난 당하신 주님을 기억하며 이를 기념하게 하옵소서.

주님의 떡과 잔의 의미를 바로 알고 먹고 마심으로 우리의 부패한 심령이 성결케 되고 굴절된 인격이 바르게 되며 연약한 믿음이 활력을 회복하는 예식이 되게 하옵소서.

성찬예식에 참여하여 떡과 잔을 받아 먹을 때마다 우리 심장에 흐르고 있는 세속적인 죄악에 오염된 더러운 피가 우리 위하여 십자가에서 흘리신 예수님의 보배로운 피로 바꾸어지는 생명력 넘치는 변화가 일어나게 하옵소서.

우리에게 은혜 베풀어 주시기를 기뻐하시는 아버지 하나님,

이 시간 말씀을 증거할 종을 세워 주셨으니 성령께서 그의 입술을 주장하셔서 증거되는 말씀을 통하여 우리의 인격이 변화되고 우리의 부정한 심령이 정결케 되는 놀라운 능력이 나타나게 하옵소서.

분노와 염려로 살아가는 삶이 감사와 감격으로 변화되게 하시고 병든 심령이 치유함을 받는 기적이 일어나게 하옵소서.

영지주의자들처럼 말씀을 지식으로만 듣는 자 한 사람도 없게 하시고 생명의 말씀으로 받아들여 우리 마음 판에 새기게 하옵소서.

이 말씀으로 세상에 나가서 엿새 동안 살아갈 때 예수님이 부활하신 그리스도이심을 전파하게 하옵소서.

주님의 영광을 위한 일이라면 순교적 자세로 권능과 지혜와 사랑으로 악을 이기는 건강하고 모범적인 교회로 세상에 모든 악령의 세력들과 싸워 승리할 수 있도록 믿음의 힘과 능력을 더하여 주시기를 기도합니다.

특히 부활절을 맞이하여 준비한 특별헌금을 받아 주시고 바친 손길마다 하늘의 신령한 복으로 가득 채워 주옵소서.

오늘 부활주일 예배를 위하여 믿음과 정성으로 준비하여 하나님의 위대하심을 노래하는 찬양대의 찬양을 받아 주시며 부르는 자들이나 이 예배에 참여한 모든 성도들이 한마음 한뜻으로 은혜 받아 부활의 영광에 참여하게 하옵소서.

이 모든 말씀을 부활 승천하시고 장차 재림하실 우리의 산 소망이 되신 우리 구주 예수 그리스도의 이름으로 간절히 기도합니다. 아멘.

| 4월 둘째 주일 |

부활절 지난 첫 주일

부활의 감격과 확신을 주심같이
우리가 성령 충만으로 마음이 뜨거워져
삶의 모든 일에 열심을 내게 하옵소서.

예수 그리스도와 십자가의 부활로 우리를 새롭게 하신 하나님 아버지, 부활절 지난 첫 주일을 맞이하여 그 감격스럽고 놀라운 부활의 주님을 다시 기억하게 하심을 감사합니다.

죽음의 잔을 받으셨으나 그 죽음을 이기시고 부활하셔서 힘없고 소망 없이 살아갈 수 밖에 없는 저희들에게 부활의 산 소망을 주신 예수님의 사랑에 감사와 영광을 돌립니다.

이 시간 주님의 부활을 기뻐하는 우리 온 성도들이 죄인을 부르시고 구원의 은혜를 베푸시는 전능하신 하나님께 온 마음과 정성으로 예배를 드립니다. 부활하신 영광의 주님께서 우리의 예배를 기쁘게 받아 주옵소서.

영원하신 하나님 아버지,
우리는 늘 잠자는 자들의 첫 열매가 되시고 사망을 이기신 주님을 따라 산다고 말은 하면서도 때로는 엠마오로 가던 두 제자처럼 절망 가운데 영적 무지와 불신앙을 가질 때가 있음을 고백합니다.
　우리가 그리스도의 복음을 접하고 감동을 받았으면서도 예수님을 마음속에 영접하지 않으므로 영원한 복을 누릴 수 있는 기회를 상실한 이웃을 향하여 적극적으로 예수 그리스도를 증거하지 못한 허물을 자복합니다.
　우리의 모습을 되돌아보면 여전히 세상의 것에 매여 세상을 따라 살아가는 부끄러운 삶의 연약함도 있으며 우리 앞에 사망이 있음에도 불구하고 이 세상에서 영원히 살 것처럼 착각하고 교만하며 오만했던 부족하고 믿음이 연약한 저희들 입니다.
　영원한 생명을 바라고 살면서도 세속에 매여 헤어나지 못하며 부활 신앙을 확증받고 살면서도 이 땅에 사는 것이 전부인 것처럼 사망과 권세에 짓눌려 있는 우리의 불신앙을 용서하여 주옵소서.
　이제는 하나님 나라의 백성답게 확고한 신앙생활을 할 수 있도록 힘과 능력과 믿음 더하여 주시기를 기도 합니다.

　심는대로 거두시는 하나님 아버지,
　현대교회는 성경을 부인하는 자유주의 신학과 모든 종교가 다 같다고 하는 종교다원주의 사상이 성경의 진리를 왜곡하여 예수님의 동정녀 탄생과 부활 사건과 이적 등을 부인하는 거짓 선생과 사람을 무지몽매하게 만드는 불건전한 신비주의와 열광주의 세속주의 심지어 신은 죽었다고 하는 사상이 교회를 어지럽히고 심지어 미국에서는 무신론 교회와 사탄을 숭배하는 교회까지 세워졌습니다.
　악령의 세력들이 자기 때가 얼마 남지 않은 것을 알고 각 분야에서 세상을 지배하기 위하여 발악을 하고 있습니다.

우리 교회는 사도들이 가르치고 전해 준 성경중심의 신앙으로 예수님의 동정녀 탄생과 몸의 부활과 재림 신앙을 철저하게 가르치며 믿게 하시니 너무나도 감사합니다.
　주님께서 낙심과 절망 가운데 빠져 있던 제자들에게 부활의 감격과 확신을 주심같이 우리가 성령 충만하여 마음이 뜨거워져 부활의 소망으로 삶의 모든 일에 열심을 품고 주님을 섬기게 하옵소서.
　부활의 능력을 덧입은 우리교회 모든 성도들이 선두에 서서 이 사회와 세계를 향하여 복음으로 새롭게 변화시키는 하나님의 충성된 일꾼들이 되게 하여 주옵소서.
　만세 전에 주님의 뜻이 계셔서 이곳에 우리 교회를 세우시고 하나님 중심 성경 중심 교회 중심의 바른 생활로 지금까지 철저한 청교도적인 개혁주의 보수신앙으로 양육시켜 주심을 감사합니다.
　우리교회가 초대교회와도 같이 말씀과 교육으로 든든해지고 친밀한 사랑으로 풍성해지며 섬김과 나눔으로 이웃에게 봉사함으로써 신약시대의 빌라델비아교회같이 주님으로부터 칭찬받으며 날마다 구원받는 사람이 더해 가도록 인도하여 주옵소서.
　우리교회가 노년부로부터 영아부에 이르기까지 성경말씀을 체계적으로 교육함으로써 성경지식과 실천적 믿음을 두루 갖추게 하시니 얼마나 감사한지 말로 다 표현할 수가 없습니다.
　특히 어린이와 청소년들을 장래 교회와 민족의 큰 기둥으로 쓰임 받을 수 있도록 하나님의 말씀으로 무장시켜 주셔서 어떠한 환경과 여건에도 흔들림이 없는 신실한 그리스도인이 되도록 인도하여 주시며 가르치는 교사들에게 지혜와 총명을 충만히 내려 주옵소서.
　당회와 제직회와 남녀 전도회와 여러 부서와 봉사기관을 세우셔서 교회와 이웃을 섬기게 하시니 감사합니다.

 교회 내의 여러 기관에서 이름도 없이 빛도 없이 섬기며 봉사하는 성도들에게 위로의 성령이 함께하셔서 값없이 주신 주님의 은혜에 감사함으로 서로 협력하며 지성으로 시간을 드리고 물질을 드리며 재능을 드려 주님의 몸 된 교회를 위해 최선을 다해 헌신하도록 열심을 더하여 주옵소서.

 봉사하는 교인들 간에 인간적인 갈등이 없게 하시고 한마음 한뜻으로 사랑과 이해로 열심으로 주님을 섬기는 기쁨이 있게 하옵소서.

 이번 주간에는 지방 자치단체와 대통령 선거가 있는 중요한 때입니다.

 하나님을 믿는 우리 그리스도인들은 바른 정치철학과 나라를 사랑하고 국민을 위한 국가관이 서 있는 후보들을 뽑는 지혜를 주셔서 지연과 학연과 혈연을 초월하여 깨끗하고 공명정대한 정책 정당의 신실한 일꾼을 선택함으로써 선진 한국의 높은 도덕성과 국가의 위상을 높이는 계기가 되게 하여 주시기를 기도합니다.

 오늘도 변함 없이 주의 종을 말씀의 대언자로 세워 주심을 감사합니다.

 주님의 능력 있는 팔로 붙들어 주셔서 하나님의 말씀을 증거할 때 그 말씀이 우리의 생명의 양식이 되게 하시고 하나님의 임재를 체험케 하시며 그리스도의 사랑의 깊이와 넓이와 높이와 길이를 깨달아 응답함으로써 주님의 의를 이루는 도구가 되게 하여 주옵소서.

 이 시간에도 몸이 불편하거나 믿음이 연약하여 또 우리가 알지 못하는 여러 환경으로 인하여 예배에 참석하지 못한 성도들을 기억하시고 친히 주님께서 찾아 주셔서 적절한 위로로 힘과 용기를 주시고 다 같이 예배에 참석하여 주께 영광 돌리는 감사와 기쁨이 넘치게 하옵소서.

부활절을 지난 첫 주일을 맞이하여 그동안 찬양을 준비한 찬양대원들의 수고를 기억하시고 드리는 찬양이 은혜가 되며 하나님께만 영광이 되게 하옵소서.

우리의 날마다의 삶이 예배가 되게 하여 주시며 사망 권세를 이기시고 부활하신 우리 구주 예수 그리스도의 이름으로 기도합니다. 아멘.

| 4월 셋째 주일 |

사망을 이기신 예수 그리스도를
확실히 믿게 하심을 감사하오며
이 복음의 말씀을 온 세상에 전하게 하옵소서.

　우주 만물을 창조하시고 인류 역사를 주관하시는 하나님 아버지,
　보잘것 없는 저희를 창세전에 "너는 내 것이라." 지명하고 부르셔서 십자가의 보혈로 구원의 언약을 확증해 주시고 부활의 능력으로 영원한 소망을 주신 구속의 은혜에 감사와 영광을 돌립니다.
　지난 한 주간도 세상의 분주함 속에 살던 저희를 거룩한 주일 아침 주의 몸 된 교회에 불러 주셔서 전능하신 하나님께 예배드리며 안식을 누리게 하시니 그 크신 사랑 감격하여 찬양을 드립니다.
　부활절을 지난 셋째 주일을 맞이하였습니다. 항상 우리는 죄에 대하여 날마다 죽게 하시고 의에 대하여는 날마다 살게 하셔서 예수 그리스도의 부활을 기뻐하는 주님의 권속으로 아버지 앞에 머리를 숙이게 하시니 그 사랑 감격하여 찬송합니다.
　세상의 합리적 이성과 과학주의 사조가 교회 안에까지 깊숙이 들어와 예

수님의 동정녀 탄생과 몸의 부활을 정면으로 부정하고 초역사적 도덕주의로 변질되어 가는 상대주의 신앙 앞에 우리가 주님의 부활을 목격한 부활의 증인이요 잠자는 자들의 첫 열매로 사망을 이기신 구원의 주 예수 그리스도를 믿는 다는 것이 얼마나 큰 축복인지 말로 다 표현할 수가 없습니다.

  오늘 드리는 예배가 하나님께는 영광이 되고 저희에게는 세상이 줄 수 없는 참된 기쁨과 감사와 구원의 감격이 넘치게 하옵소서.

  형식적이며 타성에 익숙해진 예배가 되지 않도록 우리의 마음을 성령께서 주장하여 주시기를 기도합니다.

  구원받은 자들은 세상에 있으나 세상에 속하지 않은 천국 시민임에도 불구하고 세상을 말씀과 진리로 정복하기는커녕 세상 사람과 전혀 구분이 되지 않을 정도로 세속에 물들어 생명력을 잃어버린 무기력한 자들이 한 사람도 없도록 인도하여 주옵소서.

  저희에게 먼저 구원의 길을 열어 주신 것은 저희뿐만 아니라 이 영원한 생명을 받지 못한 이들에게 구원으로 인도해야 하는 책임도 있습니다.

  그러나 저희들은 우리 자신의 구원의 기쁨에 도취되거나 이기심에 빠져서 그들에게 생명의 복음을 전하며 돌보는 사랑에 게을렀음을 고백합니다.

  부족한 저희들은 믿음이 연약하여 받은바 은혜를 잊어버리고 주님보다 세상 정욕을 따라 생활했던 허물을 용서하여 주옵소서.

  이제 후로는 저희 각자를 통하여 하나님의 이름을 거룩하게 하시고 하나님의 나라가 임하게 하시며 하나님의 뜻이 이 땅에 이루어지도록 성령께서 인도하여 주시기를 기도합니다.

  거룩하신 하나님 아버지,
  은혜 가운데 만물이 소생하는 희망의 계절을 주심을 감사합니다.

우리 민족은 지난날 일제의 찬탈과 전쟁의 참상으로 살아남기만 해도 감사였고 믿음으로 극복할 줄 아는 인내심만으로 감사하며 살아왔습니다.

하나님께서는 우리 민족에게 이 고난의 광야생활을 이기고 경제성장의 기적을 일으키게 하셔서 가난을 벗어나게 할 뿐 아니라 민족 복음화의 경이로운 역사를 일으키시며 우리교회를 서울 중심지인 이곳으로 옮겨 부흥 성장케 하시니 이 놀라운 은혜에 감사와 영광을 돌립니다.

하나님 아버지, 우리 모두가 주님께서 주시는 은혜에 범사가 감사로 넘치게 하시고 먼저 그의 나라와 그의 의를 구하는 교회와 성도들이 다 되게 하여 주옵소서.

전능하신 하나님 아버지,

오늘 예배를 통하여 데살로니가 교회에 일어났던 믿음의 역사와 사랑의 수고와 소망의 인내가 저희 가운데 풍성히 임하기를 원합니다.(살전 1:3)

그리하여 하나님의 사랑과 택하심을 입은 저희들이 성령의 도우심으로 주님께서 분부하신 민족 복음화와 세계 선교와 이웃사랑의 사명을 능히 감당하게 하옵소서.

그동안 우리 한국교회는 미국교회를 비롯하여 우방 교회로부터 도움을 받던 피선교지였으나 이제는 세계를 향하여 위대한 선교의 사명을 감당하고 있습니다. 복음을 전하며 선교사를 파송하는 일과 시간과 물질을 더욱 더 아낌없이 투자하여 복음을 수출하는 선교 한국이 되도록 더욱더 마음 문을 열게 하옵소서.

우리 교회에 주일학교와 성경학원을 세워 주시고 영아부로부터 노년부에 이르기까지 하나님의 말씀을 체계적으로 바르게 교육하며 천국 일꾼 양성에 최선을 다하는 교회가 되게 하신 것을 너무나도 감사합니다.

이 시간에도 주님의 귀한 종을 세워 말씀을 증거하게 하심을 감사합니다. 세우신 종을 붙들어 주시고 영력을 더하여 주셔서 진리의 말씀을 온전히 증거할 수 있게 하여 주옵소서.

증거하는 말씀이 권세 있는 말씀 되게 하시고 위로의 말씀이 되게 하여 주셔서 듣는 저희들로 하여금 말씀대로 살겠다고 결심하는 시간이 되게 하여 주시기를 간절히 기도합니다.

또한 영육 간에 병든 자들이 고침을 받게 하시고 죄 짐에 눌린 자들이 죄의 사슬에서 벗어나는 자유함을 누리게 하옵소서.

연약한 자들 새 힘 얻게 하시고 상처 받은 영혼들이 치유되는 은혜의 말씀 되게 하여 주옵소서.

오늘도 마음은 원이지만 건강과 환경 때문에 예배에 참석하지 못한 성도들을 기억하여 주셔서 우리와 같은 은혜를 베풀어 주옵소서.

그리하여 어려움 속에서도 주님과 동행하게 하시고 각각 형편에 따라 회복의 은사를 내려 주시기를 기도합니다.

이 시간 예배 순서를 맡은 예배위원들과 찬양대를 세워 주심을 감사합니다.

부르는 찬양이 믿음의 찬양 영감 있는 찬양으로 오직 하나님을 영화롭게 하기에 부족함이 없도록 인도하여 주옵소서.

이 예배를 통해서 누리는 기쁨과 감격으로 날마다 새롭게 하시고 말씀을 통하여 공급받는 힘으로 세상을 이기는 저희들이 다 되게 하옵소서.

이 모든 말씀을 우리를 죄악에서 구원하여 주신 예수 그리스도의 이름으로 기도합니다. 아멘.

4월 넷째 주일

믿음으로 주 앞에 나아와 경배하는 모든
성도들에게 참 소망과 평화가 넘치게 하옵소서.

  우주를 창조하시고 만물을 다스리시는 전능하신 하나님 아버지, 베풀어 주시는 은혜를 진심으로 감사합니다.
  십자가와 부활의 진리 안에서 이 땅에 주님의 몸 된 교회를 세우시고 오늘도 주님의 날로 정하셔서 전능하신 창조주 하나님을 예배하게 하시니 그 놀라우신 은총을 인하여 영광을 돌립니다.
  죄악과 죽음이 왕 노릇 하는 현실 속에서도 십자가와 부활의 영광을 바라보며 담대하게 승리의 개가를 부를 수 있는 믿음으로 우리를 불러 주신 은혜를 찬송합니다.
  주님의 부활이 절망과 낙심 가운데 빠져 있던 제자들에게 산 소망이 되어 제자들의 삶을 새롭게 했던 것처럼 오늘 믿음으로 주님 앞에 나아와 예배드리는 모든 성도들에게 인생의 참 소망과 능력이 되어 주심을 감사합니다.

이 시간 감사와 기쁨으로 드리는 예배가 하나님께는 영광이 되고 저희들에게 영원한 하늘나라의 소망으로 은혜받는 감격의 시간이 되게 인도하여 주옵소서.

생명의 근원이신 하나님 아버지,
저희는 주님을 사랑한다고 하면서도 항상 미련하고 부족하였으며 주님을 모른다고 세 번이나 부인하였던 베드로처럼 부끄러운 심령으로 아버지 앞에 나아왔습니다.
저희의 입술은 부정했고 목이 곧았으며 불순종으로 진솔한 회개와 믿음의 생활을 살지 못했음을 고백합니다.
지난 일주일 동안도 죄악이 관영하고 "대적 마귀가 우는 사자와도 같이 삼킬 자를 두루 찾는"(벧전 5:8-9) 험악한 세상 속에서 주님의 백성들을 보존해 주신 자비하심에 감사해야 함에도 자신의 능력과 지혜로 살아온 것처럼 착각하였던 어리석음을 불쌍히 여겨 주옵소서.
머리로는 주님의 높은 뜻을 기억하면서도 가슴과 발은 땅의 것에 매여 헤어나지 못하고 있으며 영원한 것을 바라본다고 하면서도 순간적인 것의 노예가 되어 같은 죄를 짓고 같은 일을 반복하는 병든 믿음으로 살아가고 있는 죄인들입니다.
이 모든 죄악을 십자가의 보혈로 속량하시고 강하신 능력으로 새롭게 하셔서 하나님의 사람으로 온전히 세워 주옵소서.
"동이 서에서 먼 것 같이 우리 죄과를 우리에게서 멀리 옮겨 주시시고"(시 103:12) 악은 모든 모양이라도 버리는(살전 5:22) 철저한 신앙으로 이 세상을 살아가게 하옵소서.
"여호와 하나님은 자비로우시며 은혜로우시며 노하기를 더디 하시며 인자하심이 풍부하시므로"(시 103:8) 우리의 허물과 죄악으로 인해 빛 되신 하나님께 고개를 들수 없는 존재들이지만 예수 그리스도의 십자가를 의지하여 담대히 나아오게 하시니 감사합니다.

저희의 허물과 죄악을 주님의 보혈로 깨끗이 씻어주시고 하나님께서 받으실 만한 경건한 예배를 드릴 수 있도록 우리의 심령을 다스려 주옵소서.

우리교회를 사랑하셔서 온 성도들이 부활 승천하시고 장차 오셔서 심판하실 주님의 재림을 기다리며 소망하는 가운데 신앙생활을 하도록 믿음을 세워 주셨습니다.

또한 그리스도인답게 세상의 빛으로 소금으로 실천하며 살도록 일깨워 주시는 귀한 종으로 하여금 교회를 섬기며 양 떼를 돌보게 하심을 감사합니다.

특별히 감사한 것은 우리나라에 신앙의 자유를 주셨습니다.

"땅 끝까지 이르러 내 증인이 되라"(행 1:8) 하신 부활하신 주님의 명령에 순종하여 복음을 전하게 하셔서 세계 선교사상 가장 경이로운 선교 한국을 이루게 하셨을 뿐만 아니라 세계 열방을 향하여 많은 선교사들을 파송하여 사랑의 빚을 갚아 나가게 하심이 하나님의 섭리인 줄 압니다.

저희의 심령 속에 하나님의 말씀에 대하여 간절한 기대와 영혼을 사랑하는 뜨거운 열정이 있게 하셔서 우리가 처한 환경에서 그리스도의 증인 된 삶을 살아가게 하옵소서.

이 나라 이 민족을 위해 기도합니다.

위정자들과 공직자들에게 하나님을 두려워하고 나라를 사랑하며 백성들을 섬기기 위해 세움을 받았다는 봉사자로서의 마음을 갖게 하옵소서.

기업가들이 정직하고 반듯한 기업윤리로 국가 발전에 기여하게 하시며 노동 집약적인 산업구조를 벗어나지 못한 노동 현장의 아픔과 기계화로 인하여 실직 상태에 있는 계층들의 절망적인 고통과 농어민들의 고충에 주님의 자비로우신 은혜를 베풀어 주옵소서.

그들의 곤고한 형편에 교회가 감당해야 할 기독교 윤리가 무엇인지를 진지하게 묻게 하시는 하나님의 지혜가 현장화되기를 간구합니다.

국가의 부름을 받고 젊음을 바쳐 조국을 지키고 있는 육, 해, 공군 장병들과 국민의 안녕질서를 위해 수고하는 경찰들과 소방관들을 보호하시고 그들의 영육을 지켜 주옵소서.

오늘도 주님의 종을 세워 주심을 감사합니다.

말씀의 대언자로 세우신 주님의 종에게 능력을 더하셔서 하늘의 신령한 지혜와 계시의 말씀을 남김없이 증거하게 하옵소서.

"옛적에 선지자들을 통하여 여러 부분과 여러 모양으로 우리 조상들에게 말씀하신 하나님이 이 모든 날 마지막에는 아들을 통하여 우리에게 말씀하였으니 이 아들을 만유의 상속자로 세우시고 또 그로 말미암아 모든 세계를 지으셨느니라."(히 1:1-2)라고 증거하였던 히브리서 기자의 변증처럼 성령을 통하여 주님의 음성을 듣는 귀한 시간 되게 하옵소서.

우리가 그리스도인이 된다는 것은 우리를 그리스도의 형상으로 변화시켜 주시는 성령님의 능력으로 인도를 받으며 성령께 응답하는 것임을 확실히 믿는 시간 되게 하옵소서.

그리하여 말씀을 받는 저희의 영적 삶의 질이 한층 성숙된 그리스도인으로 이 죄악된 세상을 하나님 나라로 가꾸어 나가는 그리스도인들이 되게 하옵소서.

주님의 몸 된 교회에 세우신 일꾼들에게 지혜와 충성된 마음으로 하나님의 영광을 위하여 열심히 봉사하게 하시고 맡겨진 사명에 따라 협력하여 선을 이루게 하옵소서.

　정성으로 드리는 준비한 찬양대의 아름다운 찬양을 받아 주시고 예배에 참석한 우리 모두에게 하나님의 영광을 바라보게 하옵소서.

　이 예배의 시종을 성령님께서 함께하여 주시며 우리를 죄악에서 구원하여 주신 주 예수 그리스도의 이름으로 기도합니다. 아멘.

5월의 기도

1 첫째 주일 (어린이주일)
2 둘째 주일 (부모님주일)
3 셋째 주일 (스승의 주일)
4 넷째 주일
5 다섯째 주일 (성령강림주일)

| 5월 첫째 주일 |

어린이주일

어린 생명들을 선물로 주신 은혜에 감사하오며
축복하는 어린이주일로 지키게 된 것을 감사합니다.

우리 인간을 하나님의 형상대로 창조하시고 아름다운 가정을 세우신 하나님 아버지,
하나님의 지극하신 사랑에 존귀와 영광을 돌립니다.
우리 인간을 지으심이 하나님의 전능하심에 있음을 생각할 때, 저희 한 사람 한 사람이 보배롭고 고귀한 존재임을 감사하며 주님 앞에 나와 예배를 드립니다.
오늘은 계절의 여왕이라 불리는 5월 첫 주일입니다.
전국 교회가 어린 생명들을 축복하는 어린이주일로 지키게 하신 은혜를 감사합니다.
예수님께서 이 땅에 계실 때 어린이를 안고 축복하시며 "어린아이가 내게 오는 것을 용납하고 금하지 말라. 하나님의 나라가 이런 자의 것이니라."(막 10:13-16)라고 하시며 기뻐하셨던 그 깊으신 뜻을 부모 된 저희가 깨달아 알

게 하시는 거룩한 주일 되게 하심을 감사합니다.

이 시간 온 마음과 정성으로 드리는 이 예배를 통하여 하나님의 모든 지혜와 지식은 인간의 생각으로는 도저히 깨달을 수 없는 기이하고도 놀라운 행사임을 알고 믿게 하옵소서.

믿음이 연약한 저희들은 하나님께서 우리 인간을 창조하셨다는 놀라운 섭리와 우리를 죄악 가운데서 구하여 자녀 삼아 주셨다는 구속의 은혜를 항상 감사하면서 믿음으로 자녀를 가르치며 키워야 함에도 세상살이에 쫓겨 무관심하거나 세상적인 교육방법으로 잘못 가르쳤던 불신앙을 고백합니다.

머리로는 "여호와를 경외하는 것이 지혜의 근본"(잠 9:10)인 것을 알면서도 몸은 아직도 구습을 버리지 못하고 세상과 하나님 사이를 오가며 자녀들에게 이중적인 삶의 모습을 보이고 있는 연약한 믿음을 불쌍히 여겨 주옵소서.

하나님 나라의 보물과도 같은 자녀들을 우리에게 맡기신 것은 좋은 믿음이 있는 부모로서 하나님을 신뢰하고 주님의 약속의 말씀을 따라 "내가 세상을 이겼노라."(요 16:33) 하신 주님의 자녀답게 양육해야 함에도 마치 부모의 소유물처럼 부모의 틀에 맞추어 강요함으로써 자녀들을 노엽게 했던 때도 있었음을 고백합니다.

선두 그룹이 아니면 살아남을 수 없다는 세상 풍조에 휩쓸려 일등만을 추구했습니다.

하나님의 생명적 친밀 관계와 성수주일 등 영적 신앙생활보다도 학교와 학원과 과외를 통해 얻는 성취감이나 방법론이나 기술들을 더 중히 여기는 경쟁시대에 뒤져서는 안 된다는 강박관념에 쫓겨 살던 무지했던 잘 못한 점도 있습니다.

그 후유증은 심각하여 오로지 '나'라는 개체만 있고 '우리'라는 지체 의식이 점점 희박해져 감으로써 '더불어' '함께'라는 공동의 가치인 협력과 배려와 희생과 사랑의 관계가 점점 상실되어 가고 있는 실정입니다.

그 중심에 예수를 믿는 우리 부모의 잘못된 교육이 있음을 회개합니다. 십자가의 거룩한 보혈로 속량하시고 가정과 교회가 하나님을 가르치고 따르는 자녀교육의 원리로 회복되도록 인도하여 주옵소서.

우리교회에 일찍이 귀한 종을 세우셔서 창립 때부터 "천국 일꾼을 키우자"라는 표어를 세우고 기독교 교육과 세계 선교에 역점을 두고 많은 인재와 선교사들을 배출하게 하신 일관된 목회사역을 감사합니다.

가정과 교회와 나라와 세계를 생각하며 믿음으로 꿈꾸는 자녀들의 소망을 잘 발견하여 주님께서 이들을 통하여 하나님의 뜻을 이루는데 최선을 다하여 양육하게 하옵소서.

특별히 자녀들을 복음의 진리로 가르치기 위해 수고하는 주일학교 각부 교역자들과 교사들에게 함께하셔서 그들의 헌신을 축복하시고 하나님 나라의 상급을 받는 기쁨이 있게 하옵소서.

저희 장년들도 겸손히 자신을 낮추며 전적으로 주님만 의지하는 순전한 어린아이와 같은 믿음으로 몸 된 교회와 하나님의 영광을 위하여 세상에 가장 필요한 지체들이 되게 하옵소서.

부모 된 저희들이 자녀들에게 참 믿음의 본이 되게 하시고 온 집으로 더불어 하나님만 섬기는 백부장 고넬료의 가정과 같은 가족이 되도록 이끌어 주옵소서.(행 10:1-4)

부모는 자녀들을 주의 교양과 훈계로 양육하되 자녀를 노엽게 하지 않게 하시고(엡 6:4), 자녀들은 주 안에서 부모에게 순복하는 아름다운 영적인 관계를 통하여 그리스도의 복음의 향기가 사면에 퍼지게 하옵소서.

이로 인하여 구원받는 사람들이 날마다 더해 가는 복된 교회 되게 하여 주시기를 기도합니다.

이 시간 주님의 종을 세우셔서 생명의 말씀을 증거하게 하시니 감사합니다.

말씀을 듣는 저희들의 믿음이 그리스도의 장성한 분량에 이르기까지 성장하게 하시고 예수 그리스도를 아는 일과 믿는 일에 하나가 되어 신앙의 많은 열매를 맺는 풍성한 은혜로 채워 주옵소서.

세속에 물든 자 정결케 씻어 주시고 찢긴 상처 치유해 주시며 낙심한 영혼 일으켜 세워 주시며 갈급한 영혼 생명수로 적셔 주옵소서.

이 땅에는 소외당하고 눈물 흘리며 억울함을 당하며 살아가는 많은 사회적 약자들이 있습니다. 이 순간에도 먹을 양식이 없어 굶어 죽어 가는 북한을 비롯한 아프리카와 세계 곳곳에 우리의 이웃이 되어야 할 백성들을 기억하고 나누는 믿음 주옵소서.

우리 교우들 가정에도 여러 모양으로 도움과 힘이 되어 주어야 할 권속들이 있습니다.

보리떡 다섯 개와 물고기 두 마리를 주님께 바친 소년의 순수한 믿음과 헌신을 저희들도 본받아 실천케 하셔서 초대교회와 같이 나눔과 섬김의 아름다운 일들을 체험하는 교회 되게 하옵소서.

결단코 나 자신의 경험과 상식과 이성에 매인 안목으로 하나님의 역사를 바로 보지 못하는 교만하고 어리석은 자가 되지 않도록 성삼위 하나님께서 우리의 마음의 눈을 뜨게 하옵소서.

이 시간 예배 순서를 맡은 종들에게 함께하시고 찬양대의 찬양을 통하여 하늘의 영광이 가득하게 하옵소서.

어린이를 사랑하시고 용납하시며 우리를 죄악에서 구원하여 주신 예수 그리스도의 이름으로 간절히 기도합니다. 아멘.

5월 둘째 주일
부모님주일

주 안에서 부모를 공경하는 아름다운 마음을
채워 주시고 하나님의 말씀을 준수하는
효자 효녀가 되게 하옵소서.

말씀으로 천지를 창조하시고 시간과 공간을 질서 있게 운행하시는 전능하신 하나님 아버지,
놀라우신 섭리와 베푸신 사랑을 찬송합니다.
죄와 허물로 영원히 죽었던 죄인들을 택하여 구원하시고 하나님의 자녀 삼아 주신 구속의 은혜를 진심으로 감사합니다.
인간의 모든 근원이신 하나님은 우리를 지키시되 졸지도 아니하고 주무시지도 아니하시는 분으로 끊임없이 쉬지 않고 저희들을 보호하시는 사랑의 원천이심을 믿고 예배하게 하시니 그 크신 은총을 찬양합니다.(시 121:4)
특별히 우리 한국교회가 5월 둘째 주일을 어버이주일로 지켜 부모를 공경하는 것이 "약속 있는 첫 계명"(엡 6:2; 출 20:12)인 것을 되새기게 하신 은혜를 감사하며 모든 영광을 주께 돌립니다.
동양 윤리와 달리 우리 기독교의 부모공경은 부모가 '하나님의 대리자'

로서 부모에 의해서 우리의 육체가 조성되고 하나님의 형상대로 창조되어 생명을 받았습니다.

따라서 부모는 단순한 혈연관계 이상의 영적 생명을 증진시켜 주는 스승이요 부모를 섬기는 것이 인간 사회질서의 가장 기본적인 윤리인 것을 우리는 알고 있습니다.

자녀 된 자는 하나님의 대리자인 부모를 공경하고 순종하는 성도로 또한 부모 된 자는 자녀를 위탁하게 하심으로 부모 된 도리와 책임이 얼마나 귀한지 이 한시간 그 진리를 구체적으로 깨달으며 체험하게 하시는 놀라우신 하나님의 선하심에 영광을 돌립니다.

자비로우신 하나님 아버지,

자녀가 부모에게 불순종하는 것은 마치 나무 가지가 뿌리를 무시하는 것과 같은 계명의 어긋남이요 사회질서의 큰 죄악임을 알게 하옵소서.

"지혜로운 아들은 아버지로 기쁘게 하거니와 미련한 아들은 어머니의 근심이 되느니라."(잠 10:1)라고 했습니다.

지난날 우리의 부모들은 눈물로 기도하며 지극한 사랑과 믿음으로 저희를 바르게 양육하기 위해 애쓰셨고 나라와 민족을 위해 성실하게 살 것을 가르쳐 주었습니다.

그러나 삶이 여유로워질수록 낳으시고 기르시며 애쓰시는 부모의 한결같은 사랑과 정성과 가르침에 감사할 줄 모르고 자기만을 고집하며 불순종했던 탕자와도 같은 영적 실패와 부족함을 주님 앞에 고백합니다.

한편 부모는 자식을 그리스도의 사랑과 훈계로 양육하기보다 오직 세상 교육에 치중하여 높은 성적을 얻어 좋은 학교에 진학시키려는 성공지상주의로 말미암아 상처 입은 사람들이 많아 이 세상에서 신앙적 인성교육도 이웃을 배려하는 사회성도 부모를 공경하는 효성도 점점 사라지게 하는 결과를 자초했음을 인정하고 참회의 기도를 드립니다.

생활에 바쁘다는 핑계로 부모에게 무관심했던 잘못도 있습니다. 우리를 죽음에서 생명으로 부르시는 성령님의 강권에 응답하게 하옵소서.

부모가 고독과 슬픔에 빠졌을 때 육신이 병약하여 힘을 잃고 고통당할 때 염려에 그칠 뿐 필요를 채워 드리지 못했던 부족한 점이 있었다면 십자가의 보혈로 속량하시고 탕자의 죄를 묻지 않으신 용서의 사랑으로 사죄의 은총을 베풀어 주옵소서.

심은대로 거두시는 하나님 아버지,
"네 아버지와 어머니를 공경하라 이것이 약속 있는 첫 계명이니 이는 네가 잘되고 땅에서 장수하리라."(엡 6:2-3) 하신 계명이 십계명 중 인간 간의 첫 계명임을 기억하고 부모 공경을 되새기며 오늘 부모님주일로 지키게 하심을 감사합니다.

예수님께서 십자가에서 숨을 거두시면서 육신의 어머니를 제자인 요한에게 부탁하셨던(요 19:25-27) 지극한 효심을 본받아 주 안에서 부모를 공경하는 아름다운 마음들이 되게 하옵소서.

물질로 잘 공경하고 마음으로 잘 섬기는 주님의 자녀 되게 하옵소서.

아직 주님을 구주로 영접하지 못한 부모에게는 영생을 얻게 하는 것보다 더 큰 효도가 없음을 알고 주님께로 인도하는 전도의 영을 허락하여 주시기를 기도드립니다.

이미 믿음의 좋은 본을 보이시는 부모님께 우리도 부모의 믿음을 따라 오직 그리스도와 그 교회를 위하여 헌신하는 것이 참된 효도임을 알게 하옵소서.

'고령화 빈곤'이라는 이 시대에 사라져 가는 부모 공경의 도의를 다시 세워 주시고 하나님의 계명을 준수하는 신실한 자녀들이 다 되게 하여 주옵소서.

"너는 센 머리 앞에 일어서고 노인의 얼굴을 공경하며 네 하나님을 공경하라 나는 여호와니라"(레 19:32)고 말씀하셨습니다.

그러기 위해서 우리 교회 모든 성도들은 먼저 하나님의 법도를 늘 기억하게 하시고 "마음을 다하고 목숨을 다하고 뜻을 다하여"(마 22:37-40) 하나님을 사랑하고 부모와 어른들과 이웃을 섬김으로써 하나님과 사람 앞에 귀중히 여김을 받게 하시고 부모를 공경하는 효자 효녀가 되게 하옵소서.

주님께서 우리 가정의 호주가 되셔서 항상 지켜 주시고 말씀의 반석 위에 가정의 기초를 세우시며 일생 동안 다스려 주옵소서.

우리 가정이 믿음과 사랑과 화평을 이루며 오직 거룩하신 하나님만 높이는 작은 천국을 이루도록 인도하여 주옵소서.

우리교회의 연로하신 어른들을 주님께서 기억하시고 건강하게 아름다운 여생이 되도록 지켜 보호하여 주시기를 기도합니다.

이분들의 삶이 주님 은혜 가운데 빛나게 하시고 선한 소망이 이루어지게 도우셔서 후손에게까지 귀한 믿음이 상속되게 하옵소서.

오늘도 주님의 귀한 종을 세워 주심을 감사합니다.

일평생 눈물의 기도와 말씀과 찬송으로 살게 하시고 주의 몸 된 교회를 위하여 넓게는 5대양 6대주를 향하여 복음을 전하게 하심을 감사합니다.

이제 말씀을 증거할 때에 예배에 참석한 뭇 심령들에게 이 시대에 꼭 필요한 말씀으로 가득 채워 주셔서 이 험악하고 어지러운 세상을 능히 이길 수 있는 굳건한 믿음과 결심으로 새 힘을 얻는 복된 시간 되게 하옵소서.

주의 종을 통하여 "네 부모를 공경하라"(출 20:12)라는 말씀을 듣겠습니다. 그동안 부모의 가슴을 아프게 하고 효도하지 못했던 불효가 있었다면 회개하고 말씀과 기도와 물질로 부모님을 공경하며 순종하는 저희들이 다 되게 하옵소서.

하나님께서 명령하신 제5계명을 철저하게 지키는 자녀들이 되도록 인도하여 주시기를 기도합니다.

이 시간 순서를 맡은 예배위원들과 찬양대에 같이하여 주시고 신령과 진정으로 드리는 예배가 되게 하여 주옵소서.

오늘의 예배를 통하여 하나님 홀로 영광 받으시고 저희들에게는 엿새 동안 세상을 복음으로 정복하는 원동력이 되게 하옵소서.

우리를 구원하시고 "네 부모를 공경하라"(출 20:12) 하신 우리 구주 예수 그리스도의 이름으로 기도합니다. 아멘.

| 5월 셋째 주일 |
스승의 주일

한 생명도 실족하지 않도록 눈물의
기도와 그리스도의 사랑으로 헌신하는
교사들이 되게 하옵소서.

우주만물을 창조하시고 인류역사를 다스리고 계시는 전능하신 하나님 아버지, 아담의 원죄로 멸망 받아 죽었던 저희를 만세 전에 무조건 택하시고 하늘의 신령한 복을 누리게 하신 은혜에 감사와 영광을 돌립니다.

아무런 자격도 없는 누더기와도 같고 탕자와도 같은 죄인이었음에도 팔을 벌리고 달려오셔서 안아 주신 한없는 사랑으로 의롭다 칭하시고 오늘도 저희를 만물 중에 가장 귀한 자녀로 택하셔서 하나님께 예배를 드리게 하심을 생각할 때 그 은혜 감사하며 찬송합니다.

지난 한 주간도 은혜 가운데 지켜 주시고 오직 독생성자 예수 그리스도로 값없이 주신 대속의 은혜를 감사하며 주님 앞에 나아왔습니다. 이 시간 드리는 우리의 예배가 하나님께 영광이 되게 하옵소서.

이 귀한 시간에 그리스도 예수 안에서 세상이 줄 수 없는 평강과 기쁨과 소망을 누리게 하시며 선하신 손길로 인도하시는 하나님과 친밀하고 신령한 사귐의 시간이 되도록 성령께서 주장하여 주시기를 간절히 기도드립니다.

지극히 높으신 하나님 아버지,
하늘을 두루마리 삼고 바다를 먹물 삼아도 하나님의 사랑을 다 측량할 수 없고 기록할 수도 없습니다.
그러나 육신을 입고 이 험한 세상 헤치고 산다는 핑계로 그 크신 하나님의 사랑과 은혜를 순간 순간 잊어버리고 땅의 것들만 바라보며 불평과 불만 속에 오로지 자기 자신만을 위해서 달려왔던 속물적 생활을 고백합니다.
이 땅에 우리교회를 세우신 시대적 사명이 있음에도 때로는 교회로서의 목적과 꿈을 이루어 나가는 데 소극적이거나 부정적인 생각으로 머뭇거렸던 허물을 용서하여 주옵소서.
특별히 오늘은 우리교회가 교육 현장에서 열심으로 봉사하고 있는 교사들의 헌신을 감사하는 스승의 주일로 지키게 하심을 감사합니다.
교회 교육은 자라나는 세대만을 대상으로 하는 것이 아니라 요람에서 무덤까지 평생의 과정을 통해서 지속되어야 하며 교회생활 전반이 교육의 장인 것을 성경은 가르치고 있습니다.
그러나 우리는 이를 잘못 이해하여 목회는 성인을 대상으로 교육은 차세대를 대상으로 한다는 그릇된 교육관을 가지고 편협되게 임했던 우매함을 고백합니다.
또한 교회 교육이 주일학교 각부의 분반공부로 상징되는 수업과 교리 주입이 강조되는 것도 중요하지만 아울러 현실을 뛰어넘어 이 세상 속에서 제사장적 선지자적 왕적 역할을 감당하는 전인교육이어야 함에도 제한되고 구태의연한 교육으로 세상을 향하여 그리스도의 능력을 나타내지 못한 무력한 교육이었음을 고백합니다.

신앙은 강의를 통해서 학습되기보다는 예수님께서 성전과 회당에서 가르치셨듯이 하나님을 '인격적'으로 경험하는 것이며 신앙 교육의 목적은 전 교인을 그리스도의 형상으로 변화시킴으로써 온전한 섬김과 봉사자로 역사의 한복판에 세우기 위한 것이었음을 알면서도 행하지 못했고 부족했던 점을 불쌍히 여겨 주옵소서.

"내게 능력 주시는 자 안에서 내가 모든 것을 할 수 있다"(빌 4:13)는 말씀에 의지하여 이름도 빛도 없이 교육사역에 온 힘을 다하고 있는 교사들에 대하여 격려도 하지 않고 당연시했던 무관심함도 있었습니다.

맡겨 주신 직분을 위하여 기도하며 감사함으로 준비하고 늘 충성스럽게 봉사하는 교사들에게 "성령과 지혜가 충만"(행 6:3)한 믿음 주심을 감사합니다. "아비가 자식을 돌봄"같이 맡기신 영혼들을 사랑으로 양육하는 신실한 일꾼들이 되게 하옵소서.

한 생명도 실족시키지 않도록 눈물의 기도와 그리스도의 사랑으로 헌신하는 교사들로 세워 주시기를 기도합니다.

아무리 세상이 날로 악해지고 학생들의 가치관이 혼란을 겪는 가운데 악령의 세력들이 온갖 방법으로 이들을 타락시키고자 간계를 부릴지라도 믿음의 전신갑주를 입고 이를 능히 말씀의 검으로 물리치는 주님의 선한 군사로 성장하게 하옵소서(엡 6:10-17).

우리교회 16부 주일학교를 비롯하여 성경학원과 각 기관에서 말씀사역을 감당하고 있는 교역자와 교사들에게 주님께서 맡기신 직분을 잘 감당하게 하시고 위로부터 공급하시는 지식과 지혜로 하나님의 나라와 그의 의를 가르치게 하심을 감사합니다.

배우는 심령들이 주 안에서 영적으로 바르게 성장하여 이들을 통해서 주님의 몸 된 교회가 왕성하게 하시고 사회 각계각층에서 하나님 나라를 확장시키는 천국 일꾼의 몫을 잘 감당하도록 이끌어 주시며 성공자들이 다 되게하여 주옵소서.

생명의 근원이신 하나님 아버지,
"내가 기근을 땅에 보내리니 양식이 없어 주림이 아니며 물이 없어 갈함이 아니요 여호와의 말씀을 듣지 못한 기갈이라."(암 8:11)라고 아모스 선지자를 통해 주신 말씀처럼 실로 이 시대의 기갈은 하나님의 말씀을 듣지 못함에서 오는 채울 수 없는 영혼의 공허함의 갈증이요 기갈이라는 말씀이 너무나도 꼭 맞는 말씀인줄 압니다.
하나님 아버지 모든 그리스도인들이 성경말씀을 통해 영혼의 갈함과 굶주림을 채워 참다운 영적인 만족함과 평안을 누리게 하옵소서.

이 시간에도 피로 값 주고 세우신 우리교회에 주의 귀한 종으로 하여금 하나님의 말씀이 흥왕하게 하심을 감사합니다.
주님께서 사랑하는 종에게 건강을 더하여 주시고 늘 진리의 영으로 충만케 하셔서 하나님의 말씀을 옳게 분별하여 저희들 모두의 마음판에 생명의 말씀 은혜의 말씀이 깊이 새겨지게 하시고 가슴으로 발로 그리스도의 흔적을 남기는 작은 그리스도가 되게 인도하여 주옵소서.
항상 주의 말씀으로 양 떼를 잔잔한 물가로 푸른 초장으로 인도하는 말씀의 증거자가 되게 하옵소서.
우리가 드리는 예배가 찬양대의 찬양으로 더 신령한 예배가 되게 하시고 구원의 감격과 감사가 넘치는 영혼의 찬양이 되게 하여 주옵소서.

이 모든 말씀을 우리를 죄악에서 구원하여 주신 예수 그리스도의 이름으로 기도합니다. 아멘.

| 5월 넷째 주일 |

실패한 자가 힘을 얻고, 상처 받은 자가
치유되며, 낙심한 자들에게 새 소망을
안겨 주는 교회가 되기를 원합니다.

만물을 창조하시고 선하신 뜻대로 다스리시는 전능하신 하나님 아버지, 베풀어 주시는 사랑과 은혜를 진심으로 감사합니다.

영원히 멸망받을 수밖에 없는 죄인들을 예수 그리스도의 구속의 은혜로 자녀 삼으시고 어제도 오늘도 영원토록 변함없이 동일하게 저희를 사랑해 주시며 용납해 주시는 하나님께 예배 드리오니 영광받아 주옵소서.

지난 한 주간 동안 죄악이 가득 찬 험악한 세상 속에서도 암탉이 병아리를 날개아래 품듯이 주님의 보호 아래 지내게 하시다가 거룩한 주님의 날 "너는 내 것이라" 지명하여 부르신 아버지의 사랑 안에서 친밀한 교제를 갖게 하심을 찬송합니다.

빛 되신 하나님 앞에 엎드릴 때마다 드러나는 저희들의 허물로 인해 하나님께 고개를 들 수 없는 염치없는 저희들이지만 주님의 십자가의 보혈을 의지하여 담대히 나아왔습니다. 우리의 죄악을 도말하셔서 예배하기에 합당한 심령으로 회복시켜 주시기를 기도합니다.

　오늘 우리의 드리는 예배가 아벨이 드린 제물 같게 하시고 솔로몬의 일천 번제 같게 하셔서 하나님께 영광이 되고 저희들에게는 감사와 감격과 기쁨이 넘치는 시간이 되게 하여 주옵소서.

　영원하신 하나님 아버지,
　지난 한 주간을 돌아볼 때 우리의 생각과 삶이 하나님을 영화롭게 하는 하나님 제일주의보다 세상 일에 치우쳐 있었음을 고백합니다.
　받은 은혜를 생각하면 감사 찬송뿐이지만 내 능력으로 사는 것처럼 교만하였고 내 능력대로 되지 않는다고 원망했으며 내가 한 수고의 보상이 없다고 불평하기도 했던 어리석고 우둔한 저희들의 불신앙을 불쌍히 여겨 주시기를 기도합니다.
　영원한 세계를 바라보아야 하면서도 땅에 매이고 물질에 매이고 또 욕심에 매여서 거기에서 헤어나지 못하고 자유하지 못했던 미련한 허물을 용서하여 주옵소서.
　사랑하고 보살펴야 할 가족을 소홀히 할 때도 있었고 하나님께서 가장 먼저 친히 세우신 가정을 믿음으로 가꾸지 못했던 어리석고 강퍅한 무책임함을 고백합니다.
　이제는 나 자신이 죄인 됨을 알게 하시고 다시는 허망하고 세속적인 생각에 매이지 않도록 주님이 가르쳐 주신 사랑의 법도로 바로 세워 주옵소서.
　이처럼 택함을 받은자가 곁길로 갈 때에 주님은 생명의 바른길로 인도해 주셨고 세상 즐거움에 도취되었을 때에 오래 참으시며 돌아오기를 기다리셨으며 악한 길을 행할 때에 그 길을 막으시고 저희를 때로는 채찍으로 징계하셔서 주님께로 되돌아오게 하신 그 크신 사랑을 감사합니다.

특별히 하나님께서 우리 교회를 사랑하셔서 일제 찬탈의 아픔과 6.25 민족상잔의 상처도 아직 가시지 않은 가운데에서 노아의 구원의 방주와도 같은 교육과 선교의 전진기지인 예배당을 우리 가정보다 먼저 짓게 하시고 온 성도들이 힘과 정성을 다하게 하셨습니다.

가정과 자녀 양육 못지않게 이 역사적인 성역에 온 교회가 기도하며 최선을 다하고 있습니다. 모자람 없이 넘치게 하셔서 이 민족과 세계 앞에 그에 걸맞은 민족교회로써의 사명을 능히 감당하는 교회로 오늘에 이르고 있습니다.

특별히 가정의 달 마지막 주일을 맞이하여 우리교회 온 성도들이 그리스도의 형상을 닮아 세상에서 소금과 빛에 사명을 잘 감당하게 하옵소서.

모양과 생각은 제각기 다르지만 남을 나보다 낫게 여기고 모든 일을 주께 하듯 하며 서로 돌아보아 사랑과 선행을 실천하는 그리스도의 자녀들이 되게 하옵소서.

실패한 자가 힘을 얻고 상처 받은 자가 치유되며 낙심한 자가 새 소망을 발견하는 생명력 넘치는 교회 되기를 원합니다.

이 시간도 병으로 고통당하며 실직으로 마음 아파하며 가난으로 가슴 졸이는 외롭고 소외된 주님의 백성들에게 필요한 것으로 채움을 받는 하늘의 신령한 복으로 가득 채워 주옵소서.

오늘 모인 저희에게 세상을 이길 수 있는 능력을 더하여 주셔서 새 힘을 얻어 거룩한 하나님의 백성다운 삶을 살아갈 수 있도록 인도하여 주시기를 간구합니다.

하나님께서 맡기신 자녀들을 하나님이 기뻐하시는 뜻을 따라 잘 양육할 수 있도록 사랑과 지혜를 더하여 주옵소서.

자녀들을 대할 때마다 아버지 되시는 하나님이 계심을 기억하게 하시고 우리가 하나님의 자녀를 맡아 기르는 청지기임을 잊지 않게 하옵소서.
　이스라엘 백성이 이 말씀을 들으라는 교육(신 6:4-9)을 통해서 오늘 이 순간까지 수천 년 동안 여호와 하나님의 백성으로서의 정체성을 지켜 오고 있듯이 저희 부모들도 늘 기도와 말씀으로 자녀를 훈계하며 바르고 반듯하게 양육하여 자자손손이 신앙을 전수하는 가정들이 되게 하옵소서.
　자녀들은 "주 안에서 부모에게 순종"(엡 6:1)하는 믿음의 후손으로 성장하고 성숙할 수 있도록 그들의 심령을 다스려 주시기를 간절히 기도합니다.

　이 시간에도 주님의 종을 말씀의 대언자로 세워 주심을 감사합니다.
　하나님의 말씀을 증거할 종에게 성령의 능력을 더하셔서 진리의 말씀을 온전히 증거하기에 부족함이 없도록 종의 입술을 주장하여 주옵소서.
　말씀을 받는 저희는 믿음의 확신과 기쁨의 결단으로 충만하게 하시고 주님의 몸 된 교회와 그리스도의 영광을 위하여 헌신하게 하옵소서.
　믿음의 역사와 사랑의 수고와 소망의 인내를 함께 세워 나가는 아름다운 신앙 공동체로 섬기며 세상에서 빛과 소금의 역할을 감당하게 하옵소서.
　하나님께서 세워 주신 모든 남녀 교역자들이 영혼을 사랑하는 목자들로서 책임을 다하도록 인도하여 주시며 복음의 진리를 전하기에 조금도 부족함이 없는 신령한 종들이 되게 하옵소서.
　오늘도 마음은 원이지만 건강과 여러 가지 환경 때문에 예배에 참석하지 못한 믿음의 가족들이 있습니다. 주님께서 친히 돌보아 주심으로 영육 간에 강건함을 주셔서 다음시간에 다 같이 예배에 참석하여 은혜 받아 평안을 누릴 수 있는 복을 내려 주옵소서.
　노래하는 영적 레위 백성으로 찬양대를 세워 주셨습니다.

인간의 기술이나 능력으로 사람들에게 평가받는 노래가 되지 않게 하시고 오직 믿음으로 하나님을 영화롭게 하는 찬양을 드리게 하옵소서.

이 모든 말씀을 우리를 죄악에서 구원하여주신 예수그리스도의 이름으로 기도합니다. 아멘.

| 5월 다섯째 주일 |
성령강림주일

성령강림주일을 통하여 회개하는
영을 부어 주시고 성령의 능력을 힘 입어
세상을 이기는 승리자가 되게 하옵소서.

어제나 오늘이나 영원토록 변함이 없으신 자비로우신 하나님 아버지, 저희들의 삶의 주인이 되셔서 암탉이 병아리를 품듯 항상 품으시고 영원토록 동일하게 사랑해 주시는 은총을 진심으로 감사합니다.

만세 전부터 복 주시기로 예정하신 이 거룩한 주일, 동서사방에 흩어져 생활하던 주님의 백성들을 부르시고 전능하신 하나님께 존귀와 영광을 돌리는 거룩한 예배를 드리게 하시는 은혜를 찬송합니다.

저희들은 주님 앞에 티끌만도 못한 존재이지만 우리를 만물 중에 가장 귀히 여기시고 한없이 사랑받는 자녀 삼으시고 구속하여 영생의 길로 인도하여 주신 은혜를 생각 할때에 무엇으로 보답 하겠습니까?

"상한 갈대를 꺾지 아니하며 꺼져 가는 등불을 끄지 아니하고 진리로 공의를 베푸시는"(사 42:3) 하나님의 섭리 앞에 여호와 하나님을 섬기며 자유케 하신 진리 앞에 우리는 감사와 찬송을 드릴 수밖에 없습니다.

오늘은 특별히 한국교회가 약속하신 성령강림주일로 지키고 있습니다.

유월절로부터 7주 후 첫 열매를 드리는 오순절에 임하신 성령강림 사건은 거룩한 하나님의 백성을 성령의 역사로 교회를 이루시고 신령한 교제 가운데 새로운 복음 증거와 성령 충만을 통한 하나님 나라를 이루어야 하는 사명을 깨닫게 하심을 감사합니다.

저희는 우리 심령 안에 내주하시는 보혜사 성령의 감동과 인도하심을 따라 그리스도인답게 성육신과 십자가의 진리의 관점에서 생각하고 주님의 뜻을 이 땅 위에 이루어 드려야 하는 소명자임에도 불구하고 육신의 만족을 위하는 일에 더 많은 관심을 가졌던 굴절된 신앙을 고백합니다.

복음의 능력과 성령의 감화로 살면서도 스스로 믿음의 교만에 빠져 주님께서 좌정해 계셔야 할 자리에 내가 앉아 때로는 남을 경멸하거나 내 주장만을 내 세워 상처를 입히기도 했던 어리석음을 용서하여 주옵소서.

성령은 우리에게 사랑을 말씀하시나 우리는 오히려 이웃에 대해 무관심했으며 성령은 베풀라고 하셨으나 우리는 나만을 생각하는 인색함 속에 생활해 온 이기심을 고백합니다.

성령으로 세워진 주님의 몸 된 교회가 세상을 위해 존재해야 함에도 교회는 세상을 등지고 믿는 성도들끼리만의 요람에 안주함으로써 초대교회가 보여 주었던 나눔과 섬김의 도리를 잊어버리고 살아온 저희들입니다.

우리의 부족함을 용서하여 주시고 잘못된 신앙이 바른 신앙으로 회복되는 변화가 일어나게 하옵소서.

성경은 "모든 기도와 간구로 하되 무시(無時)로 성령 안에서 기도하고 이를 위하여 깨어 구하기를 항상 힘쓰며 여러 성도를 위하여 구하라"(엡 6:18)고 말씀하셨습니다.

성령 안에서 하나님의 뜻을 찾고 구하는 기도보다는 나의 유익만을 추구하는 자기중심적인 기도생활을 했던 저희들의 무지함을 일깨워 주옵소서.

오늘 성령강림주일을 통하여 참 회개하는 영을 부어 주시고 성령으로 교회가 교회 되게 깨달아 알게 해 주심을 감사합니다.

저희의 영육이 밝아지도록 성령께서 우리의 중심에 항상 계셔서 알게 하시고 깨닫게 하시고 믿게 하옵소서.

우리 인간이 미혹의 영에 이끌려 탐욕스럽고 방자하기 그지없을 때 성령께서 불같이 임하셔서 초대교회 안의 바리새적 위선과 사두개적 탐심과 교만을 불태워 예수 그리스도의 순결한 사랑과 거룩성을 회복시켜 주셨듯이 성령님의 임재 하심이 오늘 우리교회와 이 땅의 모든 영역 안에 임하게 하여 주옵소서.

성령 충만했던 초대교회 성도들이 환난과 핍박 중에서도 십자가와 부활의 복음을 담대하게 전하였던 것처럼 저희 심령에 되살려 우리가 가는 곳마다 성령께서 역사 해 주셔서 주님의 영광을 나타내는 전도자의 모습으로 복음을 전하게 하옵소서.

우리는 일생동안 신앙생활 하면서 평안할 때에 유혹을 이기고 환난 때에 핍박을 이기며 죄악과 사망의 공포를 이기는 성령님의 역사하심과 말씀에 순종하는 그리스도인들이 다 되게 하여 주옵소서.

성령님의 인도하심을 따라 교육과 선교와 봉사에 시간으로 몸으로 물질로 드리는 섬김의 손길들이 있습니다.

이들의 수고와 봉사를 아시는 주님께서 이들의 헌신을 받아 주시고 이로 인하여 교회가 부흥하고 성장하여 오직 주님만이 저희의 만족과 기쁨이 되기를 간구합니다.

오늘도 변함없이 주의 종을 세워 주셔서 신령과 진리로 예배를 인도하게 하시니 감사합니다.

귀한 종을 하나님의 장중에 붙잡아 주시고 건강을 더하셔서 영생의 말씀을 증거할 때 성령께서 역사하셔서 증거되는 말씀이 세상도 감당 못 하는 능력 있는 말씀으로 은혜 내려 주옵소서.

오늘 예배에 참석한 성도들이 생명의 말씀으로 새 힘을 얻고 상한 심령이 치유받으며 소외된 자가 위로함을 받는 복된 시간 되게 하옵소서.

비록 연약하고 가난한 모습일지라도 임마누엘 하나님께서 함께하여 주시면 부나 명예가 부럽지 않음을 고백하는 신앙 공동체로 세워 주옵소서.

악한 사탄의 궤계와 유혹에 흔들리지 않는 구원의 확신으로 오직 하나님께 영광을 돌리는 신령한 예배가 되게 하여 주시기를 간절히 기도합니다.

모든 사정을 아시는 주님께서 고통과 고난을 당하고 있는 성도들의 사정을 친히 담당하시고 모든 여건과 환경을 극복하며 재기하게 하심으로써 아버지의 섬세하신 섭리를 체험하게 하옵소서.

찬양대를 세우셔서 영광의 하나님을 찬양하게 하시며 우리 모두가 성령 강림의 역사하심을 체험하여 성령 충만을 경험하게 하옵소서.

이 모든 말씀을 부활의 산 소망이시며 우리를 죄악에서 구원하여 주신 예수 그리스도의 이름으로 기도합니다. 아멘.

6월의 기도

1 첫째 주일 (현충일)
2 둘째 주일
3 셋째 주일 (6.25사변)
4 넷째 주일

| 6월 첫째 주일 |

현충일

우리 나라와 민족에게 자유와 평화를 허락하신
전능하신 하나님께 감사와 영광을 돌립니다.

인류 역사의 흥망성쇠를 주관하시는 전능하신 하나님 아버지,
부족하고 허물 많은 저희를 택하시고 만세전부터 복주시기로 예정하신 거룩한 주일, 주의 몸 된 교회에 불러 주셔서 창조주 하나님께 예배드리게 하시니 감사합니다.
마음과 뜻과 정성을 다 바쳐 경건하게 드리는 우리의 예배가 하나님이 기뻐 받으시는 아름답고 복된 시간이 되도록 성령께서 주장하여 주시기를 기도드립니다.
지난 일주일 동안 우리의 삶을 살펴볼 때 육신의 소욕대로 살면서 성도로서의 바른 신앙생활을 하지 못한 부족하고 허물 많은 죄인들입니다.
우리의 허물과 죄악을 주님의 십자가의 보혈로 깨끗하게 씻어 주시고 오직 복음에 합당한 생활을 할 수 있도록 복을 내려 주옵소서.
우리 민족을 사랑하셔서 공의와 사랑으로 지금까지 인도해 주신 은혜를

찬송하며 감사를 드립니다.

파란만장했던 반만년의 역사 속에서도 우리 민족에게 소망과 용기를 주시며 지켜 주신 에벤에셀의 하나님께 영광을 돌립니다.

백 년 전 세계 열강에 둘러싸여 풍전등화와도 같았던 우리나라와 백성들이 일본 제국주의에게 국권을 찬탈당하고 나라를 잃은 서러움으로 절망의 고초를 겪으며 망국의 한을 품고 살아왔습니다.

이때 하나님께서 간섭하셔서 예수 그리스도의 복음의 빛을 내려 주심으로 조국의 광복은 물론 세계가 놀라는 민족 복음화를 이루게 하시고 열방을 향하여 복음을 전하며 소망을 주는 교회 되게 하신 것을 생각할 때 하나님의 섭리가 얼마나 위대한지 감사를 드릴 수밖에 없습니다.

불과 50년 전만 해도 전통적인 농경사회의 가난에서 벗어나지 못하여 여름이되면 초근목피로 어려운 보릿고개를 넘겨야만 했습니다.

이러한 때에 이 나라에 일찍이 선지자 이사야가 외쳤던 "광야에 물들을 사막에 강들을 내어 내 백성 나의 택한 자로 마시게 할 것임이라"(사 43:20)는 예언처럼 기적적인 경제성장을 일으키셔서 풍요로운 삶을 누리게 하심을 생각할 때 무엇으로 그 은혜를 보답하겠습니까?

특별히 6월은 보훈의 달입니다.

지난날 조국의 광복을 위하여 생명을 바친 애국지사들과 북한 공산당의 6.25 침략에 홀연히 맞서 산화한 군경과 무명용사들을 통하여 하나님께서 이 나라 이 민족에게 자유와 평화를 누리는 행복을 주신 은혜를 감사합니다.

나라를 지키다가 강제 징용으로 포로로 끌려가 아직까지 생사조차 알지 못하며 상처를 안고 살아가는 가족들을 위로하여 주옵소서.

이처럼 우리 민족을 사랑하셔서 복음의 놀라운 발전과 자주독립 그리고 경제발전을 이루어 주신 것은 세계를 향하여 우리 민족을 사용하실 하나님의 계획과 목적이 있는 줄 믿고 감사와 영광을 돌립니다.

역사를 주관하시는 하나님 아버지,
국가적으로나 개인적으로 큰 은혜를 입고 오늘도 신앙의 자유를 누리며 살아가고 있음에도 지난날 광야에서 헤매던 이스라엘 백성처럼 하나님께서 행하신 출애굽의 은혜를 감사하지 못하고 원망하고 불순종했던 교만이 이 백성들과 저희에게도 있음을 고백합니다.
우리 조국이 지구상 유일한 분단국가로서 남북이 대치한 가운데 이념과 체제로 대립을 계속해 오고 있는 현실은 먼저 주님을 믿는 저희들과 한국교회의 진솔한 회개가 없고 하나님께서 명하신 명령과 법도를 순종하지 못했던 죄악에 따른 징계임을 깨닫게 하옵소서.
고난에서 벗어나 신앙의 자유를 구가하며 하나님을 마음껏 찬송하고 전파할 수 있는 은혜를 베풀어 주셨지만 우리는 이 은혜를 깨닫지 못하고 주신 물질의 풍요를 방종하며 사용하기에 바빴고 불의한 청지기와도 같은 삶을 살았던 부도덕성을 용서하여 주옵소서.
이렇듯 과거의 쓰라린 고난과 시련 속에서도 본분을 잃지 않았던 믿음의 선진들과는 달리 감사하지 못하고 정직하지 못하고 절제하지 못하고 순종하지 못하고 진리대로 살지 못한 우리의 죄과를 회개합니다. 이 백성들에게 하나님께서 원하시는 시온의 대로를 열어 주옵소서.
모든 백성들이 하나님을 올바로 섬김으로 정치와 경제와 사회 전반이 주님께서 원하시는 정의가 강물처럼 흘러 넘치는 나라로 발전되기를 한국교회와 저희들을 도구로 사용하여 주옵소서.
대통령을 위하여 기도합니다. 우리 교회 김영삼 장로님을 대통령으로 세워 주셔서 국정을 감당하게 하셨습니다.

　항상 하나님께 무릎꿇는 대통령으로 솔로몬 왕에게 주셨던 선과 악을 분별하는 지혜를 주셔서 난마같이 얽힌 국정 현황들을 믿음으로 풀어 나가게 하시고 국가적 위기를 잘 극복할 수 있도록 지혜를 더하여 주옵소서.

　겸손함과 인자함을 주셔서 항상 국민의 소리에 귀를 기울이며 가난하고 소외된 백성들을 더욱 사랑하고 평등과 공의로 국가를 섬기는 통치자가 되게 하옵소서.

　온 성도들은 우리교회 장로를 대통령으로 세워 주셨다고 자긍심에 안주하지 않고 오직 기도와 간구로 돕게 하시고 저희도 진정 그리스도를 본받아 나눔과 섬김의 생활을 실천하며 굶주리고 고통으로 허덕이는 북한 동포들에게까지 하나님의 사랑과 복음을 전함으로 합력하여 선을 이루게 하옵소서.

　통일은 결코 인간의 방법과 정치력으로는 불가능합니다. 하나님께서 우리 민족의 역사를 주관하셔서 피 흘림 없이 평화적 통일이 하루속히 이루어져 삼천리 금수강산이 하나님 나라 되게 하옵소서.

　오늘도 귀히 쓰시는 종을 세워 주심을 감사합니다.

　종을 통해 전해지는 생명의 말씀이 살아 움직이는 역동적인 교회로서의 일체감을 이루게 하는 말씀이 되게 하시고 소금처럼 녹아지고 밀알처럼 썩어지는 주님의 지체로 이 땅에 하나님의 나라를 확장시키는 정의롭고 높은 기독교 윤리가 실천되는 말씀이 증거되게 하옵소서.

　언제나 세상 일들의 유혹에 시달려 왔던 저희들이 말씀 듣고 순종하는 마음으로 주님의 성품을 닮아 가며 구원의 감격으로 성도답게 바로 살겠다는 결심의 시간 되게 인도하여 주옵소서.

성경적으로 다져진 경건하고 권위 있는 진리의 말씀으로 예배에 참석한 저희들에게 큰 은혜 내려 주옵소서.

찬양대의 찬양이 온전히 하나님의 이름을 높이게 하시고 대원 각자의 신앙고백으로 영성이 있는 아름다운 찬양이 되기를 원합니다.

예배의 모든 순서를 통하여 은혜받아 감사와 기쁨이 충만하게 하시고 하나님 홀로 영광 받아 주옵소서.

이 모든 말씀을 우리를 죄악에서 구원하여 주신 예수 그리스도의 이름으로 기도합니다. 아멘.

| 6월 둘째 주일 |

영원히 목마르지 아니하는 성경 말씀으로
주님의 위로와 사랑을 구체적으로 전하고
실천하는 저희가 되게 하옵소서.

어제나 오늘이나 한결 같은 사랑과 공의로 통치하시는 하나님 아버지, 때를 따라 베풀어 주시는 은혜를 진심으로 감사합니다.
허물과 죄로 죽었던 저희들을 예수 그리스도의 구속의 은혜로 하나님의 자녀 삼으시고 오늘도 주님 앞에 부름 받아 창조주 하나님께 성호를 찬송하며 예배 드리게 하심을 감사합니다.
하나님께서 저희들의 날마다의 삶을 주장하심으로 거룩한 주님의 자녀다운 성결함을 잃지 않게 하여 주시고 이 어둡고 부패한 세상을 변화시킬 수 있는 그리스도인으로 살 수 있도록 인도하여 주심을 찬송합니다.
일찍이 하나님 없이 절망의 암흑기에 살던 우리민족에게 선교사들을 통하여 새벽별처럼 찬란한 구원의 복음으로 새 아침을 맞이하게 하셨습니다.
전국 방방곡곡에 많은 교회와 교육기관과 병원 등을 세우시고 이 땅에 새로운 기독교 문화를 꽃피우게 하신 하나님의 놀라우신 계획과 섭리에 복음이 전파되어 오늘에 이르렀습니다.

그 크신 은총으로 우리 교회를 이 땅에 세워 주셨고 국내는 물론 세계 모든 나라까지 복음을 전할 수 있는 교회로 성장시켜 주신 은혜를 감사합니다.

이처럼 고난의 사선을 넘어 분에 넘치는 복을 받은 한국교회였지만 세월이 지나면서 복음에 빚진 자로서의 행동적 응답에는 명색뿐이었고 이 나라를 기독교 문화로 변화시키는 데에는 너무도 허약했던 무력함을 고백합니다.

저희의 불충함과 부족함을 아시는 주님께서 이제 다시 역사 앞에 책임지는 교회와 그리스도인으로 거듭나게 하옵소서.

저희 심령 속에 자기 민족을 바라보며 민망히 여기셨던 예수님의 마음을 닮게 해 주시고 애굽의 종 노릇 하던 민족을 약속의 땅 가나안으로 인도하였던 모세와 같은 신앙의 결단을 주셔서 이 나라 이 민족의 역사를 책임지고 주도해 나아가는 한국교회로 일으켜 세워 주옵소서.

우리교회에 귀한 젊은이들을 주셨습니다. 그러나 당연히 가르쳐야 할 말씀을 잘 가르치지 못했고 보여야 할 그리스도의 거룩한 인격을 보이지 못했으며 "젊은이들이 환상을 보고…꿈을 꾸는"(행 2:17) 비전을 적극적으로 제시해 주지 못한 부족한 점도 있습니다.

세상의 풍조에 가장 민감한 젊은 세대를 붙들어 주셔서 그들의 진로를 진리로 비추시며 실족지 않게 하시고 영안을 열어 미래의 소망을 바라볼 수 있도록 인도하여 주옵소서.

장래의 희망인 젊은이들이 성령님의 인도하심을 따라 현실적인 삶 속에서 그리스도를 본받아 이웃을 사랑하는 적극적인 성실함을 이제 다시 새롭게 시작할 수 있는 전환점이 되는 교회 되게 하여 주시기를 기도합니다.

자비로우신 하나님 아버지,

분수에 넘치는 많은 은혜와 그 능력과 그 거룩한 사랑을 힘입어 살아가고 있음을 감사합니다.

하나님의 영적 진리를 떠난 세상적인 "헛된 속임수와 같은…초등학문"(골 2:8)과 이단 사상과 타락한 세속문화가 교회 안에까지 침투해 오고 공격해 오는 완악한 세대입니다.

이러한 때에 저희들로 하여금 "마귀의 궤계를 능히 대적하기 위하여 하나님의 전신갑주를 입게"(엡 6:11) 하시고 진리의 말씀으로 악의 영들을 이길 힘과 지혜를 가르쳐 주시는 영적 지도자를 세워 주심을 감사합니다.

전쟁의 비극과 고향을 떠난 아픔과 가족과의 이별 등 고난을 통해서 가정의 소중함과 온전한 신앙을 갖게 하신 하나님께서 저희들도 소중한 사명을 감당하게 하시고자 아름다운 주님의 몸 된 교회를 건축하는 데 온 성도들이 너도나도 열심으로 충성하게 하심을 감사합니다.

비록 저희의 개인생활이 빈핍하고 주거환경이 불편할지라도 하나님께서 베푸신 한없는 사랑을 기억하여 더 절제하여서라도 하루속히 새 예배당을 완공하여 하나님께 헌당할 수 있는 기쁨을 허락하여 주옵소서.

그리하여 저희들이 이곳에서 신앙과 삶이 경건하고 능력 있는 영성 교육과 훈련을 받게 하시고 국내전도와 세계를 향하여 복음을 전하는 은혜 충만 진리 충만한 민족 교회로서의 사명을 감당할 수 있도록 인도하여 주시기를 기도합니다.

오늘도 이 땅을 굽어 살피시며 질병으로 고통을 당하는 자 궁핍한 자 억울하게 서러움을 당한 자와 소외당한 자 사람들로부터 천대와 멸시를 당하는 사회적 약자들을 향하여 우리가 친히 이웃이 되어 영원히 목마르지 않는 풍성한 말씀과 주님의 위로의 손길이 구체적으로 전하여지는 교회가 되게 하옵소서.

  이 시간 세우신 종을 통하여 증거되는 말씀이 삶에 지치고 곤고한 뭇 영혼들에게 위로의 말씀이 되게 하여 주옵소서.

  우리의 굳어 버린 인간적인 신앙의 고정관념을 깨뜨리는 신선한 말씀이 증거되게 하시고 신앙의 본질을 되새겨 주는 말씀으로 예배의 열정이 다시 불붙는 계기가 되게 하옵소서.

  날마다 새롭게 하시는 성령의 역사하심이 종에게 같이하여 주시기를 기도합니다.

  말씀을 들음으로써 교회를 섬기는 교역자와 당회원과 제직들 그리고 주일학교 어린 생명들을 비롯한 온 성도들이 엿새 동안 세상에서의 예배자로 주님을 섬기는 기쁨이 있게 하옵소서.

  오늘도 방방곡곡에서 주의 이름으로 모이는 교회와 특히 북한 공산 학정에 온갖 어려움을 겪으면서도 믿음을 지키는 백성들에게 같은 은혜를 내려 주옵소서.

  오늘의 예배에 순서를 맡은 종들과 찬양대에 함께하셔서 신령과 진리로 드리는 예배가 되게 하시고 오직 하나님만이 홀로 영광 받아 주옵소서.

  이 모든 말씀을 우리를 죄에서 구원하여 주신 주 예수 그리스도의 이름으로 기도합니다. 아멘.

| 6월 셋째 주일 |

6.25사변

동족상잔의 아픔이었던 6.25동란과 같은 비극이
다시는 이 땅에 일어나지 않도록 도와주옵소서.

우리의 반석이시요 요새이시며 구속자이신 하나님 아버지,
필설로 다 표현할 수 없는 질곡의 역사를 통하여 창조자이시며 우주를 섭리하고 계시는 하나님만이 구원하실 보호자가 되심을 믿게 하시고 구원을 베풀어 주신 자비로우신 하나님께 모든 영광을 돌립니다.

선교 130년의 짧은 역사임에도 세계 선교 사상 그 유례를 찾아볼 수 없는 부흥 성장을 이룩하게 하심으로 전 인구의 4분의 1이 되는 1천만 성도가 주님을 믿고 세상을 복음으로 변혁시킬 수 있게 하신 하나님의 놀라우신 능력과 섭리에 감사와 찬송을 드립니다.

도시나 농어촌 어느 곳에 가든지 그리스도의 십자가가 세워진 예배당을 볼 때 주님을 향한 감사와 감격이 넘쳐남을 금할 길 없습니다.

36년 동안 일본 제국주의의 찬탈과 조국의 남북 분단 그리고 피로써 경험한 민족상잔의 비극으로 인하여 재난과 가난을 단시일에 극복하여 세계

가 주목하는 경제강국으로 성장하도록 지혜와 용기와 창의력을 주셔서 한강의 기적을 이루게 하심을 감사합니다.

부족하고 허물 많은 저희까지도 만세 전에 택하여 세우셔서 복되고 거룩한 주일 아침, 주의 존전에 나아와 전능하신 구원의 주 하나님께 예배를 드립니다. 홀로 영광 받아 주옵소서.

이 달은 6.25동란 70주년이 되는 보훈의 달입니다.

1950년 6월 25일 주일 새벽 무신론 북한 공산 집단의 불법 기습 남침으로 삼천리 금수강산은 피로 물들어 백성들은 도탄에 빠졌고 전쟁의 포화로 폐허의 잿더미가 되고 말았습니다.

이처럼 엄청난 인명 피해와 이산의 아픔을 겪는 가운데 하나님께서 미국을 비롯하여 유엔군을 보내 주셔서 비록 남한이나마 자유와 평화를 누리며 하나님을 마음껏 경배할 수 있는 놀라운 복을 주신 사랑을 진심으로 감사합니다.

그러나 아직까지 같은 핏줄 같은 문화 역사 풍습 말과 글이 같은 민족끼리 서로의 가슴에 총부리를 겨누며 휴전선을 사이에 두고 대치하고 있는지가 70여 년이 지났습니다.

6.25동란은 우리 민족의 참회와 통회의 연단이요 새로운 신앙부흥을 재촉하시는 은혜의 채찍인 줄 압니다.

이 동란은 정치적으로 볼 때 세계 열강의 동서 양대 세력이 한반도를 중심으로 벌였던 무력 충돌이요 이데올로기 전쟁이었습니다.

해방 후 남한의 사회상은 이념과 정파에 따른 다툼이 그칠 새 없었고 정적을 제거하는 일까지도 서슴지 않았던 망국의 세태였으며 냉전시대의 비극이었습니다.

종교적으로는 일제에 굴종하여 우상에게 절하는 신사참배와 군국주의 침략 정책에 동조했던 자들이 하나님 앞에 지었던 죄과를 철저히 통회 자복하며 자숙했어야 함에도 해방 후 자칭 교회 지도자로 자기를 합리화하고 교권 싸움으로 분열과 분쟁을 일삼는 고질적 폐습에 대한 심판이기도 했습니다.

진노하신 하나님께서는 북쪽 가마를 남쪽으로 기울게 하셔서 한국전쟁이라는 민족적 수난을 겪게 하심으로써 처절했던 시련과 연단이 오히려 영적으로 살리시려는 하나님의 은혜요 사랑의 징계로 깨닫게 하셨습니다.

그러나 우리는 아직도 역사를 주관하시는 하나님의 뜻을 헤아리지 못한 채 여전히 지역 간의 갈등과 세대 간의 갈등 계층 간의 갈등 빈부의 갈등 이념 간의 갈등으로 국론이 분열되고 거룩해야 될 교회마저 이와 같은 세속된 풍조로 가고 있는 죄과가 너무나 큽니다.

하나님 아버지 이 민족을 불쌍히 여기시고 자비를 베푸셔서 니느웨 백성처럼 국가 통치자로부터 온 백성이 하나님 앞에 통회 자복하게 하옵소서.

이제는 하나님의 세미한 음성에 귀를 기울이는 백성으로서 선교 한국의 위상이 회복되는 전환점이 되게 하여 주시기를 간절히 기도합니다.

그리하여 분단 민족의 큰 수난과 아픔이었던 환난은 다시는 이 땅에 일어나서는 안 될 징계인 것을 각성하게 하시고 실패한 민족을 다시 일으키기 원하시는 하나님의 열망을 알게 하옵소서.

특별히 6.25를 겪지 않은 젊은 세대와 장래의 희망인 주일학교 각부 학생들을 위하여 기도합니다. 도덕적으로는 과학의 발달이 상업주의와 연계되어 청소년을 미혹하고 반기독교적 세속문화가 바른 신앙을 여러 모양으로 위협하고 있는 실정에 있습니다.

이 안타까운 현실에 비추어 우리교회 청소년들은 확고한 신앙의 정체성과 시대정신을 살려 하나님 말씀대로 양육받아 학교에서는 모범생으로 가정에서는 효자로 교회에서는 희망의 등불로 사회에서는 불확실한 미래와 구조적 모순을 개혁 하는데 책임지는 리더로 성장시켜 주시기를 간구합니다.

결단코 종교적 정치적 적그리스도에 대한 막연한 호기심과 관점으로 자유와 평등과 평화의 가치를 소홀히 여기는 우를 범하지 않게 하시고 오직 믿음으로 바로 서는 청소년들로 성장하여 성공자들이 다 되게 하옵소서.

이 시간 말씀의 대언자로 종을 세워 주심을 감사합니다.

스데반처럼 일사각오의 신앙과 순교자적인 말씀의 증거가 이 시대 우리의 생애에 "길이요 진리요 생명"이신 그리스도의 능력으로 회복되는 원동력이 되게 하여 주옵소서.

우리 교회가 하나님의 자비로 가득하게 하셔서 초대 교회의 신앙을 계승하는 성경 중심 교회 중심 가정 중심의 신앙으로 승화되게 하셔서 절망이 희망으로 바뀌는 기적을 확신하는 믿음 갖게 하옵소서.

세우신 종의 입술을 주장하셔서 선지자 미가가 외쳤던 것처럼 "겸손히 하나님과 동행하는"(미 6:8) 삶의 가르침을 받아 말씀에 순종하는 저희들이 다 되게 하옵소서.

오늘의 예배를 위하여 시간과 정성을 바쳐 헌신하는 찬양대의 찬양을 받아 주시고 여기에 동참하는 온 성도들에게 은혜의 찬양이 되게 하옵소서.

이 모든 말씀을 우리를 죄악에서 구원하여 주신 주 예수 그리스도의 이름으로 간절히 기도합니다. 아멘.

｜6월 넷째 주일｜

이 나라의 모든 백성이 바로 지금 "어찌할꼬"
하는 진정한 회개 운동이 일어나게 하옵소서.

우주 만물을 창조하시고 다스리시는 전능하신 하나님 아버지,
오늘도 영광으로 임하신 하나님의 부르심에 응답하여 예배를 드리게 하심을 감사합니다.
사도 바울의 고백처럼 죄인 중에 괴수와 같은 저희를 사랑하시되 끝까지 사랑하셔서 구원받은 백성 삼아 주신 하나님 아버지의 크신 은혜에 감사를 드립니다.
왜 사는지 무엇을 위해 사는지는 알면서도 인간이 어떻게 살아야 하는지에 대한 성경적 지혜의 삶이 부족했던 저희에게 하나님을 영화롭게 하는 것과 영원토록 그를 즐거워하는 인생의 제일 되는 목적을 알게 하시고 실천하게 하신 성삼위일체 하나님께 경배와 찬송을 드립니다.

지난 한 주간도 이토록 은혜 주시고 강한 팔로 이끌어 주셔서 복잡한 도

시생활과 많은 시련 속에서 능히 이길 능력을 나타내시며 만세 전부터 복 주시기로 예정하신 거룩한 주님의 날에 동서 사방에 흩어져 생활하던 믿음의 식구들을 주의 존전에 불러 주신 은혜에 진심으로 감사합니다.

　이처럼 저희를 다시 주님 앞으로 불러 주시는 것은 여기에 용서와 사죄함이 있고 우리를 향하신 구원의 약속이 있음을 믿고 감사와 찬송과 기도와 헌신으로 하나님 아버지께 영광을 돌립니다.

　그러나 무지한 저희들은 은혜 안에 살면서도 감사하지 못했고 기뻐하지 못했으며 오히려 주님의 마음을 섭섭하게 한 어리석음과 불신앙적인 허물을 고백합니다.

　하나님의 말씀을 들었으나 행하지 못했고 성령님의 감화를 받았으나 여전히 땅에 끌려 세속적으로 살며 세상적인 근심에 매여 헤어나지 못했던 불충함을 불쌍히 여기시고 새힘과 능력을 더하여 주옵소서.

　지금 우리사회는 망국적인 지역 감정과 계층 간의 갈등 노사 간의 갈등으로 인한 국론 분열 현상을 염려하면서도 나 자신이 그 중심에 서서 신앙 공동체인 교회까지 병들게 하고 있는지 되돌아보게 하옵소서.

　한국 선교를 위해 많은 선교사들이 이 땅에서 목숨을 잃은 사실을 기억하지 못하고 8.15해방과 6.25전쟁으로부터 신앙의 자유를 찾아 남하한 5백만 명에 달하는 실향민들로 하여금 봉건적 잔재로 찌들었던 남한 사회의 구조적 변화를 일으키게 하신 하나님의 경륜을 망각한 결과가 얼마나 큰 잘못인지를 알게 하옵소서.

　공산화 된 북한에서 신앙의 자유를 누릴 수 없다는 주님의 백성들이 남하하여 어둠의 장막을 걷고 먼저 벅찬 감동으로 예배당을 세웠던 선교 한국의 겸손과 하나님의 은총으로 많은 교회가 세워졌습니다.

그러나 세월이 지나면서 청교도적인 개혁주의 보수신앙의 3대 지표인 복음의 말씀과 거룩한 성례와 교회를 성결케 하는 권징이 점점 그 능력을 잃고 배부른 잔치에 익숙해진 기득권 세력으로 전락하고 있습니다.

오히려 세상으로부터 지탄과 교훈을 받는 부끄러운 모습을 이제는 접게 하셔서 믿음의 선진들이 지켰던 오직 성경으로 믿음으로 은혜로 미래를 열어 가는 한국교회가 되기를 간절히 기도합니다.

"피 흘림이 없은즉 사함도 없다"(히 9:22)는 말씀이 우리 한국교회의 회복을 바라는 복음의 원초적 동력이 되게 하옵소서.

이 어둡고 부패한 세상을 변화시키고 하나님의 나라를 확장시키는 능력은 오직 예수 그리스도의 십자가 복음밖에 없음을 알게 하시고 믿게 하시고 행하게 하옵소서.

전능하신 하나님께서 저희에게 이 사명을 감당하게 하기 위하여 택하시고 부르신 은혜를 생각하면 그 무엇과도 비교 할 수 없는 큰 축복인 줄 믿습니다.

저희에게 복에 복을 더하셔서 이 백성들이 겸손하게 예수가 그리스도이심을 믿고 영생을 얻게 하시며 하나님의 말씀을 따라 사회 전반에 만연해 있는 물질주의와 타락과 부패 그리고 우상숭배와 미신을 청산하고 사회악을 제거하는 일에 앞장서게 하옵소서.

그리하여 우리 민족이 하나님나라와 그 의를 구하게 하시고 국정에 임한 위정자들이 사리사욕을 버리고 하늘의 지혜를 받아 창조주 하나님을 경외하며 백성들을 잘 섬기는 투명한 공직사회가 이루어지는 오직 공법이 물같이 정의가 하수같이 흐르는 행복된 나라가 되게 하여 주시기를 기도합니다.(암 5:24)

죄악으로 멸망받을 수밖에 없는 저희를 고아와 같이 버려두지 마시고 그리스도 예수 안에서 구원받은 주님의 자녀 되게 하신 그 은혜에 감격하여 하나님 아버지 앞에 나와서 고개를 숙였습니다. 이시간 드리는 예배를 받아 주시고 큰 은혜 내려 주옵소서.

이 시간 주님의 종을 말씀의 증거자로 세워 주셔서 하나님이 기뻐하시는 예배를 드리게 하심을 감사합니다.

종을 강한 팔로 붙들어 주셔서 아합 왕 앞의 엘리야처럼 아그립바 왕 앞에 어엿이 섰던 사도 바울처럼 광야에서 외치는 세례 요한처럼 다윗왕의 죄를 책망한 나단 선지자처럼 시대를 압도하는 복음의 능력자로 외치게 하옵소서.

그리하여 하나님 앞에 "어찌 할꼬?" 하는 진정한 회개가 우리 교회를 비롯하여 한국교회와 이 나라 모든 백성들의 깊은 심령으로부터 일어나게 하시고 오직 하나님만을 두려워하고 의지하며 경외하는 전기가 되도록 인도하여 주옵소서.

또한 증거되는 말씀이 낙심과 걱정 근심에 매여 어찌 할 바 모르는 심령들에게는 용기를 가지고 미래를 준비하게 하시고 경제적인 위기와 질병으로 고통당하는 성도들에게는 놀라우신 손길로 문제의 해결과 치유의 기적을 보여 주는 은혜의 시간이 되기를 원합니다.

몸 된 교회를 통하여 하나님 나라를 세워 나가기 위해 각 기관에서 가르치거나 봉사하는 헌신자들에게 함께하셔서 "우리가 다 하나님의 아들을 믿는 것과 아는 일에 하나가 되어 온전한 사람을 이루어 그리스도의 장성한 분량이 충만한 데까지 이르게"(엡 4:13) 하여 주시기를 간절히 기도합니다.

시간과 정성을 다하여 영화로우신 하나님을 노래하는 찬양대의 찬양을 기뻐 받으시고 저희도 모두 이에 동참하여 오직 하나님만을 높이는 예배가 되게 하옵소서.

　예배의 순서 순서마다 성령께서 주장하셔서 오직 하나님의 영광만이 드러나는 복되고 아름다운 예배가 되게 하옵소서.

　이 모든 말씀을 인류를 죄악에서 구원하여 주신 우리 구주 예수 그리스도의 이름으로 기도합니다. 아멘.

7월의 기도

1. 첫째 주일 (맥추감사주일)
2. 둘째 주일 (제헌절)
3. 셋째 주일
4. 넷째 주일

7월 첫째 주일
맥추감사주일

맥추감사주일을 지키는 저희에게
내년 맥추감사주일을 맞이할 때까지
감사하는 일이 넘치게 하옵소서.

만복의 근원 되시는 하나님 아버지,
한결같은 사랑과 그 크신 은총에 감사하며 높으신 이름을 찬송합니다.
오늘은 맥추감사주일로 지킵니다. 저희 온 성도들이 때를 따라 돕는 은혜를 기억하며 지금까지 인도하여 주신 에벤에셀의 하나님께 예배를 드립니다.
먼 옛날 이스라엘 백성이 절기를 지킬 때마다 하나님께서 제정하신 그 깊으신 뜻과 교훈을 생생하게 기억하며 정성껏 지켰던 것처럼 이 시간 우리도 맥추절 속에 담긴 성경적 의미와 정신을 오늘의 삶 속에 되살려 지키게 하신 주님의 은혜에 감사를 드립니다.
오순절 성령께서 임하심으로 그리스도께로 뭇 영혼을 불러 열매 맺게 하셨고 이로 인하여 주님의 몸 된 교회가 탄생하고 모이게 하시는 가운데 선교적 사명을 감당하게 하신 이 맥추감사절이야말로 참으로 감격에 넘치는 절기임을 깨달아 알게 하신 하나님께 모든 영광을 돌립니다.

하나님께서는 이스라엘이 지키는 절기 때마다 백성들은 반드시 가난한 이웃인 "객과 고아와 과부와 함께" 여호와 앞에서 즐길 것을 명령하시면서(신 16:11), "너는 애굽에서 종 되었던 것을 기억하고 이 규례를 지켜 행하라"(신 16:12)라고 분부하셨습니다.

이는 지난날 비참했던 자신들의 애굽의 노예 시절을 상기하면서 오늘날 자신에게 풍성한 은혜를 내려 주신 하나님께 감사하는 마음으로 은혜를 입은 자답게 어려운 이웃들과 사랑을 나누는 것이 하나님의 자녀다운 삶인 것을 교훈하고 있습니다.

그러나 인간은 무지하여 쓰라린 과거를 잊어버리고 자기 소유에 대한 욕심에 젖어 하나님의 은혜를 망각한 채 창고를 늘리는 데 급급한 것이 현실임을 생각할 때 부끄러운 심령을 고백할 수밖에 없습니다.

불과 반세기도 되기 전 우리는 소위 보릿고개라는 궁핍의 절정기를 해마다 겪었습니다.

우리의 선조들은 탐관오리들의 수탈에 의해서 굶주림을 겪었고 일본 침략 시대에는 피식민으로 해방 후와 6.25전란에서는 폐허를 겪어야 했던 가난의 대물림이었습니다.

그러나 하나님께서는 미국을 비롯한 자유세계의 손길들을 펴게 하셔서 이스라엘에게 내려 주셨던 것처럼 만나와 메추라기로 공급해 주셨고 그 사랑의 수고를 뛰어넘어 이제는 우리가 가난한 이웃의 벗이 되게 하신 기적 같은 경제 중진국으로 진입하게 하셨습니다.

그러함에도 우리는 더 곡간을 채워야 한다는 소욕으로 사랑을 말하면서도 사랑을 실천하지 못하며 은혜를 말하면서도 은혜 갚지 못하고 이웃의 가난과 고통을 말하면서도 이웃이 되어 주지 못하는 이기적인 자아를 불쌍히 여겨 주옵소서.

　세상 사람들은 조건에 따라 감사하지만 우리 그리스도인들은 범사에 감사하는 생활하게 하옵소서.

　이와 같은 무관심한 세태 속에서도 세상 속의 교회로 우리를 세워 주셔서 선교적 사명을 감당하게 하심을 감사합니다.

　아직 미약하지만 선교 한국의 꿈을 꾸면서 제3세계로 선교사를 파송하여 복음의 역사와 더불어 그 민족들에게 필요한 것을 공급하게 하시고 정치적 사상적 질곡에서 모진 수난을 겪고 있는 북한 동포들의 자유와 굶주림에서의 해방을 위해 기도하게 하시며 지역 사회의 복지를 위해 관심을 기울이게 하시니 감사합니다.

　또한 성도들의 사랑의 근거가 그리스도이심을 알게 하신 성령께 감사 찬송합니다. 예수 그리스도께서는 자기희생적 사랑을 통하여 교회를 살리셨으며 우리에게 삶의 모범을 보여 주셨습니다(요일 3:16).

　사랑은 이론이 아니라 경험으로 배워 알듯이 금년 맥추감사주일을 지키고 있는 우리교회가 특별히 오늘 헌상하는 연보를 통해서 어둡고 그늘진 이웃에게 예수님의 사랑을 나누며 섬기는 일에 쓰이도록 하신 은혜를 감사합니다.

　주님께서 몸소 보여 주신 사랑의 무제한적 실천을 계속하는 개인과 교회 되게 하시고 사랑의 질과 양의 문제를 뛰어넘어 그 사랑의 본질이신 주님을 닮아 가는 교회와 저희들이 될 수 있도록 넉넉한 마음 부어 주옵소서.

　오늘 맥추감사주일을 지키는 저희에게 날마다의 생활과 모든 절기가 감사의 영으로 풍성해지는 계기가 되어 범사에 감사 하게 하옵소서.

　특히 한국 초대교회가 어려운 보릿고개를 넘기는 궁핍했던 시절에도 이를 감사하며 성도 간에 화목하고 참회하는 날로 지켰던 것처럼 우리도 이러한 믿음의 자세로 지킬 수 있도록 은총 베풀어 주옵소서.

　수확을 할 수 있게 하신 여호와 하나님께 기쁨과 감사를 표하기 위해 밀과 보리 추수의 첫 소산을 헌상하였던 선조들의 깊은 신앙을 저희도 본받아 마음을 다하고 목숨을 다하고 뜻을 다하여 하나님을 사랑하는 그 정성으로 주님께 감사하는 오늘의 절기가 되게 하옵소서.

　물질이 없어서 사랑을 베풀지 못한 것이 아니라 마음이 없어서 사랑하지 않는 성도가 한 사람도 없도록 성령께서 감동 감화시켜 주옵소서.

　이 시간 주님의 종이 말씀을 증거할 때에 교훈과 책망과 바르게 함과 의로 교육하는 능력 있는 생명의 말씀이 증거되게 하셔서 뭇 영혼들이 우리의 존재와 사명이 무엇인지를 바로 알고 행하도록 지혜를 더하여 주옵소서.

　특별히 하나님께 드리는 맥추감사 연보가 주님의 뜻을 온전히 이루는 데 귀하게 쓰일 수 있도록 공평과 지혜를 주옵소서.

　내년 맥추감사주일을 맞을 때까지 개인적으로 교회적으로 가정적으로 국가적으로 감사함이 더 넘치게 하시고 복된 한 해가 되게 하옵소서.

　이 시간도 절망과 실의에 빠진 성도들 주의 능력을 믿고 신앙 고백을 하고 있으면서도 세상적인 근심과 걱정에서 헤어나지 못하는 성도들 말할 수 없는 고통과 핍박 속에서도 이를 극복하려 몸부림치는 믿음의 성도들 가난해서 탄식하는 성도들과 군 복무로 조국을 지키는 젊은 성도들이 있습니다.

　여러 형편과 처지를 아시는 주님께서 이들에게 적절한 은혜를 내리셔서 위로하시고 용기와 희망을 주옵소서.

　이 예배를 위하여 순서 맡은 종들에게 성령께서 같이하시고 찬양대의 찬양이 오직 하나님께 영광이요 저희에게는 기쁨과 감사가 넘치게 하옵소서.

  이 예배 순서 순서마다 하나님께 영광이 되게 하시고 예배에 참석한 저희들에게 한 없는 은혜 내려 주옵소서.

  이 모든 말씀을 우리를 죄악에서 구원하여 주신 예수 그리스도의 이름으로 간절히 기도합니다. 아멘.

7월 둘째 주일
제헌절

하나님의 정의로운 공의가 바로 서는
건강하고 아름다운 복된 나라로 거듭날 수
있도록 지혜와 능력을 주옵소서.

우주 만물을 창조하시고 인류 역사를 다스리고 계시는 하나님 아버지, 베풀어 주시는 은총을 진심으로 감사합니다.
부족한 저희에게 만세 전부터 복 주시기로 예정하신 거룩한 주일을 허락하시고 이 무더운 여름 장마철에도 건강하게 하셔서 주의 존전에 나아와 전능하신 창조주 하나님께 예배하게 하시니 그 크신 은혜 감사하여 존귀와 영광을 돌립니다.
죄와 허물로 죽었던 저희를 극진히 사랑하셔서 예수 그리스도의 십자가의 보혈로 구속하여 하나님의 자녀 삼아 주신 은혜를 생각할 때 말로 다 표현할 수 없는 감격과 감사로 인해 "나의 힘이 되신 여호와여 내가 주를 사랑하며"(시 18:1) 찬송합니다.

특히 7월은 우리나라의 헌법이 제정된 달입니다.

우리 민족을 긍휼히 여기신 하나님께서 일본 제국주의에 주권을 빼앗기고 36년 동안 나라 잃은 서러움으로 살아왔던 치욕된 우리 역사를 주권국가로 회복시키셔서 자유민주주의 국가의 헌법을 제정 공포하여 대한민국이라는 국호로 세계 앞에 당당히 서게 하신 은혜를 잊을 수가 없습니다.

우리 모든 국민이 헌법제정의 정신을 인식하여 법 앞에 평등할 수 있도록 공의와 사랑을 베풀어 주심을 감사합니다.

생각하면 하나님께서는 국가적으로나 교회적으로 개인적으로 너무도 많은 것으로 은혜를 베풀어 주셨고 넘치도록 귀한 은사를 더하셨습니다.

그러나 우리는 이 귀한 은혜를 감당하지 못했고 알면서도 행하지 못했던 잘못도 있음을 고백합니다. 이 모든 허물을 용서하여 주옵소서.

죽음에서 구속하신 사랑을 어떤 상황에서도 기억하고 감사하면서 생활해야 함에도 세상 일로 잊을 때가 많았던 죄인들입니다.

그동안 우리나라의 헌정사를 돌아볼 때에 하나님께서 허락하신 헌법이 인간의 권력욕과 사욕에 악용당하여 온갖 풍상을 겪으며 오늘에 이르렀습니다.

헌법이 권력자에 의해 유린당하는 때도 있었고 국민의 기본권이 정권 유지로 짓밟히는 때도 있었으며 하나님께서 우리에게 경제적 자유를 주셨으나 이를 뒷받침하는 하나님의 법도와 윤리는 불의와 부정으로 얼룩졌습니다. 입법 사법 행정부의 요직에 많은 그리스도인들이 있지만 신앙은 기독교적이면서도 생활은 한국적인 권위주의와 비윤리적 행실로 말미암아 이런 비극을 초래했음을 고백합니다.

그 결과 하나님께서는 우리에게 많은 것을 주셨으나 인간은 교만하여 이를 악용하여 더 큰 사회악을 재생산하고 있으니 이 민족을 불쌍히 여기시고 이 모든 악에서 건져 주시기를 기도합니다.

공의로우신 하나님 아버지,

주님의 피로 값 주고 사신 우리 한국교회가 하나님께서 명령하신 십계명의 법도와 규례는 물론 국가가 제정한 모든 법 질서를 준수하는 기독교인으로서의 모범을 보이게 하시고 사회를 향하여 도덕성과 준법정신을 명확히 보여 주는 교회와 저희들이 되게 하옵소서.

특히 우리교회 온 성도들이 영원히 변치 않는 말씀으로(벧전 1:25) 즐거워하게 하옵소서.

또한 믿음으로 저희의 삶이 시절을 따라 풍성한 과실을 맺게 하시고 이 땅 위에 모범적인 교회로 서게 하신 목적에 따라 성령의 역사하심에 책임을 다하는 저희들이 되게 하여 주옵소서.

이 시대와 이 나라가 주님의 손에 달렸습니다. 우리나라를 귀히 여겨 주셔서 정치와 경제와 사회윤리가 하나님의 섭리에 의하여 다스려지는 모습이 우리교회로부터 먼저 나타나게 하여 주옵소서.

특별히 이 지구상에 유일하게 분단국가로 남아 있는 우리 조국이 이념적으로 군사적으로 대치 상태에 놓여 있음을 아시는 주님께서 이 불행을 거두어 주시고 하루속히 평화와 자유가 넘쳐흐르는 통일국가로 우뚝 서게 하여 주시고 삼천리 금수강산이 하나님 나라 되게 하옵소서.

지금 세계는 개혁과 개방의 물결을 타고 공생공존의 시대를 맞고 있습니다.

이런 때에 하나님의 뜻이 계셔서 이 나라에 문민정부를 세우시고 불법과 무질서를 추방하며 개혁의 변화를 일으켜 주심을 감사합니다.

하나님께서 세우신 국가 지도자를 통해서 사회 전반에 만연된 부정부패와 사회악을 제거시켜 주셔서 하나님의 공의와 사랑으로 건강하고 아름다운 정의로운 국가로 거듭날 수 있도록 지혜와 능력을 주옵소서.

우리교회의 각종 여름행사를 위하여 기도합니다.

금년에도 계획했던 어린이 여름성경학교를 비롯하여 중·고·대·청년 각종 수련회와 농어촌교회와 그 지역에 봉사 활동 등 다양한 복음사역을 시작하였습니다.

이 귀한 일을 위하여 기쁨으로 수고하는 교사와 배우는 학생과 배후에서 봉사하는 모든 성도들이 믿음으로 함께 성장하고 감사와 보람의 좋은 경험을 갖게 하여 주시기를 기도합니다.

그리하여 오직 하나님께만 영광을 돌리는 기독교 진리와 윤리가 바로 세워지는 생산적인 여름 신앙교육이 되게 하시고 각 기관마다 생명력 넘치는 성령 충만한 부흥으로 변화하는 놀라운 은혜가 넘치게 하옵소서.

오늘도 귀히 쓰시는 종을 세워 주심을 감사합니다.

항상 건강을 지켜 주시고 말씀에 능력을 더하셔서 증거되는 말씀을 통하여 성도들이 바른 신앙생활을 하기로 결심을 하고 우리 삶의 운전대를 잡으신 하나님의 놀라운 전환을 경험하게 하옵소서.

세상에서 걱정과 근심 속에서 시달리고 지친 상한 심령으로 예배에 참석한 모든 성도들에게 책망과 권면과 위로의 말씀으로 신령한 은혜 받는 귀한 시간이 되게 하여 주옵소서.

예배의 순서마다 하나님께 영광이 되게 하시고 특히 찬양대의 찬양을 받아 주셔서 저희의 심령에 감동이 되게 하옵소서.

이 모든 말씀을 우리를 죄악에서 구원하여 주신 예수 그리스도의 이름으로 간절히 기도합니다. 아멘.

| 7월 셋째 주일 |

오직 홀로 하나이신 하나님께
영광과 위엄과 권세가 세세에
드려지는 참된 예배가 되기를 원합니다.

우리의 반석이시요 산성이신 하나님 아버지,
　지난 한 주간도 하나님의 보호하심 아래 믿음으로 살게 하시고 주님께서 친히 거룩하게 구별하신 주일날 주의 몸 된 교회에 나아와 신령과 진리로 예배를 드리게 하시니 그 은총 감사하며 영광을 돌립니다.
　우리를 지으신 이도 하나님이시요 우리를 부르신 이도 하나님이심을 기억할 때 돌아온 탕자를 팔을 벌려 안아 주시며 용납하신 구속의 사랑이 얼마나 크고 고귀한 은혜인지 말로 다 표현할 수 없습니다.
　주님께 사유하심이 있고 무한한 용서가 있고 넓은 사랑이 있음을 믿기에 오늘도 알고도 또는 모르고 지은 죄인 된 저희들 아버지의 부르심에 부끄러움을 무릅쓰고 주님 앞에 나와서 머리 숙여 예배를 드립니다.
　"오직 홀로 하나이신 하나님께 우리 주 예수 그리스도로 말미암아 영광과 위엄과 권력과 권세가 세세에"(유 25) 드려지는 영화로운 예배가 되기를 기도합니다.

　은혜 베풀어 주시기를 기뻐 하시는 하나님 아버지,
　주님의 긍휼과 용서하심을 의지하여 세상 죄악에 때묻은 모습 그대로 주님 앞에 나와서 참회의 기도를 드립니다.
　지난날 국가적인 어려움과 가난과 굶주림으로 시련을 겪고 있을 때, 하나님께서 놀라우신 기적으로 이 백성을 불쌍히 여기시고 자유와 풍요로움을 주신 은혜가 너무도 큼을 믿습니다.
　이처럼 주신 은혜를 생각하면 감사하는 마음으로 생활해야 함에도 주신 축복을 망각하고 자력으로 이룬 것처럼 착각하고 살아가는 저희들과 이 민족의 불신앙적 교만에 빠진 죄악을 용서하여 주옵소서.
　영원한 하나님의 나라를 바라보고 살면서도 이 땅에 매이고 세속에 매이고 물질에 매이고 순간적인 것에 매여서 하나님의 뜻을 쉽게 저버리기도 하며 성령을 근심케 하며 주님의 말씀을 외면하고 살 때가 많았던 염치없는 저희들입니다.
　하나님께서 회복해 주신 조국을 하나님의 계획과 의도대로 가꾸고 세워 나가야 하는 책임이 한국교회와 저희들에게 있기에 좌로나 우로나 치우치지 않아야 함을 압니다.
　그러나 지역과 학연과 혈연의 올무에 걸려 오히려 하나님을 어느 특정 정파에 끌어들이는 망령된 행위를 자행하고 있습니다. 이 세상은 날이 갈수록 과학발달의 역기능으로 기후 변화가 급속도로 확산됨으로써 자연환경이 파괴되고 식량이 고갈됨은 물론 여러가지 새로운 병원체가 발생하는 등 말세적인 징조가 여기저기서 드러나고 있습니다.
　그럼에도 나 자신부터 오늘날의 기독교인들은 과학만능에 최면되어 다시 오실 주님을 기다리는 재림신앙도 말세에 볼 수 있는 신실한 믿음도 찾아볼 수 없는 "부요하여 부족한 것이 없다"(계 3:17)는 라오디게아 교회와 같은 현세주의에 빠져 있습니다.

이제 한국교회와 저희들이 하나님 아버지께로 돌아오는 구체적인 통회자복의 회개운동이 일어나기를 간절히 기도합니다.

오직 나라와 민족과 교회가 살길은 회개하는 길밖에는 없음을 알고 실천하게 하옵소서.

그러한 중에도 신실한 주의 종들과 성도들이 새벽마다 밤마다 눈물로 부르짖는 기도의 힘으로 "밤나무 상수리나무가 베임을 당하여도 그 그루터기는 남아 있는 것 같이 거룩한 씨가 이 땅의 그루터기"(사 6:13)라는 철저한 신앙으로 저희의 믿음을 굳게 세워 주시기를 기도합니다.

끝까지 견디는 자는 구원을 얻으리라는 주님의 약속을 믿고 정치적 경제적 사회적 도덕적 상황이 아무리 요동칠지라도 우리의 소망은 오직 예수 그리스도이시라는 확고한 믿음으로 이 땅을 하나님 나라로 확장시키는 데 최선을 다하는 온 교회 성도들이 될 수 있도록 인도하여 주옵소서.

각 교육부서를 비롯한 우리교회가 어린이 여름성경학교 등 하계 영성 훈련을 위해 기도하며 수고하게 하심을 감사합니다.

교육연령과 신앙수준에 맞게 잘 준비하여서 이번 여름 교육이 연중 행사에 그치지 않고 전 교인이 말씀의 능력에 힘입어 세상도 감당치 못하는 놀라운 변화의 계기가 될 수 있도록 지혜와 명철을 허락하여 주옵소서.

이 일을 위하여 지혜와 지식으로 물질과 시간으로 기도와 몸으로 헌신하는 성도들에게 성령님의 위로와 하늘의 신령한 복으로 가득 채워 주옵소서.

오늘도 주님의 종을 말씀의 증거자로 세워 주심을 감사합니다.

"기도하는 것과 말씀 전하는 일에 전무"(행 6:4)하는 종의 영육을 항상 보살펴 주셔서 선지자 엘리야와 같이 우상과 물질과 음란과 쾌락으로 영적 기갈이 극심한 오늘의 부패한 세대를 향하여 하나님의 절대 주권과 참 구원의 소망이신 예수 그리스도의 진리의 복음만을 증거 하는 하나님의 종이 되게 하여 주옵소서.

예배에 참석한 저희들의 마음문을 열어 주셔서 말씀을 통하여 이 시대에 필요한 하늘의 음성을 듣는 큰 은혜받는 시간되게 하옵소서.

병든 자에게 삶의 가치를 절망한 자에게 소망의 빛을 영적 낙담자에게 재기의 힘을 굶주린 자에게 사랑의 손길을 펴는 능력의 말씀이 되기를 간절히 기도합니다.

아침 일찍부터 교육과 봉사 현장에서 이름도 빛도 없이 겸손하게 헌신하는 모든 종들에게 위로하여 주시며 하늘에 신령한 복으로 채워 주옵소서.

예배를 위하여 시간과 정성을 바치며 수고하는 찬양대의 찬양을 받아 주시고 우리 모든 예배자들도 함께 공유하며 드려지는 찬양이 되게 하옵소서.

이 예배의 시종을 성령님께서 친히 같이하여 주시고 홀로 영광받아 주옵소서.

이 모든 말씀을 우리를 죄악에서 구원하신 예수 그리스도의 이름으로 기도합니다. 아멘.

7월 넷째 주일

허물 많은 죄인들이오나 주님께서
은혜 베푸셨기에 아버지 앞에 나아와
경배하게 하심을 감사합니다.

길이요 진리요 생명이 되신 하나님 아버지,
그리스도 예수 안에서 세상이 줄 수 없는 평강과 기쁨과 소망을 누리게 하심을 감사합니다.
또한 삶 속에서 저희들과 함께하셔서 선하신 손길로 인도하시는 전능하신 하나님의 크신 은혜를 감사하며 영광을 돌립니다.
재난과 질고와 환난이 계속되는 세상에 살면서도 은혜 안에 살고 또 은혜 안에 부르심을 받아 동서사방에 흩어져 생활하던 저희들이 주의 몸 된 교회에 나와서 하나님을 경배하게 하시니 홀로 영광 받아 주옵소서.
아름다운 교회당을 서울의 중심지인 이 좋은 곳으로 옮기게 하셔서 이 시대의 방주로서 뭇 영혼을 구원하는 복음사역을 감당하게 하시고 만민이 기도하는 집으로 우리의 영혼이 항상 이곳을 사모하게 하심을 감사합니다.
그동안 행정적으로 많은 어려움과 시련도 있었습니다. 그때마다 주님의 몸 된 교회를 견고하게 붙드셔서 지금까지 저희들로 하여금 섬기며 가꾸게 하신 하나님께서 베풀어 주신 은혜를 생각하면 얼마나 감사한지 말로는 표현할 수 없습니다.

이미 태초부터 예정하시고 세워 주신 주님의 교회입니다. 이 교회를 통하여 영광 받으시고 생명의 진리와 구원의 복음을 오늘의 역사 현장에 능력 있게 나타내는 성령 충만한 교회가 되게 하여 주옵소서.

한 주일 동안 은혜 가운데 살다가 주님의 손길에 이끌려 거룩한 주일날 이 아침에 하나님께 예배드리며 신령한 교제를 갖게 하신 무한하신 사랑에 감사합니다.

사랑과 은혜가 풍성하신 하나님 아버지,

여름 더위가 본격적으로 시작되고 각 학교는 여름방학에 들어가는 계절입니다.

교회는 이 기간을 성경교육과 영성회복에 중점을 두고 그동안 준비해 온 여름성경학교와 어려운 환경에서 목회하는 농어촌 교회와 미자립 개척교회를 섬기고 있는 교역자를 위하여 모든 경비를 부담 하고 초청 수련회에 진력하게 되었습니다.

이 귀중한 일에 시간과 지혜와 열심을 드려 생명의 말씀을 가르치며 땀 흘리며 섬기는 헌신자들에게 가장 위대한 스승이신 "예수 그리스도의 마음"(빌 2:5)을 주심을 감사합니다.

그러나 저희는 교회 교육의 중대성과 필요성에 대하여 무관심한 부분도 있었음을 고백합니다.

소리 없이 수고하는 뭇 종들을 통하여 시든 생명이 소생하고 잃었던 영혼들이 다시 아버지의 품으로 돌아오며 구원의 복음에 무지했던 자들이 주님을 영접하는 놀라운 일들을 갈망하고 있음에도 그 일꾼들을 향하여 무관심하고 소홀했던 부족한 점도 있었음을 용서하여 주옵소서.

말로는 장차 우리 조국과 세계와 주님의 영광을 위하여 크게 쓰임 받을 하나님의 생명들이라고 하면서도 한 생명을 주님의 백성으로 자라나게 하는 데는 무관심 하여 도움도 주지 못했고 주님의 능력의 변화가 나타나기를 간절히 기도하지도 않았던 소극적인 위선의 허물을 고백합니다.

하나님은 우리의 주인이시요 우리는 주의 종으로서 주의 명령에 충성해야 함에도 불구하고 아침에 들어온 삯꾼처럼 저희 마음대로 교만하게 행하였던 불의한 허물을 용서하여 주시기를 기도합니다.

우리의 처지를 아시는 하나님께서는 불꽃같은 눈으로 살피시는데 무슨 변명을 할 수 있겠습니까?

저희들은 이기적인 생각에 매여서 영적으로 나약한 인생으로 교회 문턱만 밟고 다녔을 뿐 주님이 원하시는 중대한 일에는 마음 쓰지 못했고 베풀지도 못했으며 주님의 일을 온전히 이루어 드리지도 못한 부족했던 점을 용서하여 주옵소서.

이처럼 허물 많은 죄인들이지만 주님께서 은혜 베푸셨기에 하나님의 자녀 된 것을 믿고 아버지 앞에 나아와 예배드리게 하시니 감사합니다.

우리를 세상에 태어나게 하셨고 귀한 가정을 주셨으며 믿음의 자손들을 허락해 주셔서 함께 주님을 섬기게 하신 모든 은혜를 생각할 때 하나님의 놀라운 축복임을 믿습니다.

이처럼 저희들이 "이 시대를 본받지 말고 오직 마음을 새롭게 함으로 변화를 받아 하나님의 선하시고 기뻐하시고 온전하신 뜻이 무엇인지 분별하라"(롬 12:2) 하신 말씀 따라 변화받은 새로운 피조물로서 하나님의 온전하신 뜻을 옳게 분별하여 봉사하게 하옵소서.

우리의 능력으로 사는 것이 아니고 하나님의 능력과 보호하심 가운데 평안이 있고 주님의 크신 사랑 안에 우리의 안정이 있음을 경험으로 알게 하심을 감사합니다.

한국전쟁 이후 70년 동안 우리 민족을 지켜 주시고 주님의 백성을 구원하셔서 교회를 지켜 주시며 저희도 그 은혜 안에 자유하게 하심이 이를 증명하고 있습니다.

오히려 그렇게도 당당하던 무신론 공산주의 세력이 무너진 역사적 사실을 우리가 목도할 때 하나님께서 친히 역사를 주관하시는 주권자이심을 믿습니다.

오늘날 저희들에게 이 같은 종교적 정치적 자유와 경제적 부요를 허락하신 것은 하나님께서 이루고자 하시는 큰 경륜과 뜻이 있고 교육과 구제와 선교적 사명이 있음을 다시 깨달아 오직 주님의 뜻에 순종하는 성도들이 될 수 있도록 마음 문을 열어 주옵소서.

오늘도 변함없이 주님의 종을 세우셔서 진리의 말씀 생명의 말씀을 증거케 하시니 감사합니다.

말씀 속에서 주님의 진리를 깨달을 수 있는 지혜를 주셔서 저희의 자아와 우상이 무너지게 하시고 실종되었던 하나님나라의 '절대 가치'를 회복하여 오직 하나님만이 우리의 참 구원이시요 산 소망이심을 확실히 믿게 하옵소서.

겸손히 주님을 섬길 때 괴로운 일이 많으나 이 시간 증거되는 말씀을 통해서 새 힘 받아 다시 일어서는 치유와 회복의 변화가 일어나게 하옵소서.

오늘날처럼 악한 영들과 성경을 부정하는 자유주의 신학과 신앙 불건전한 신비주의 세속주의 유사한 영성들이 여기저기서 기승을 부리는 신앙적 위기

시대에 사악한 세력에 자신도 모르게 물들어 가고 있는 기독교인들이 너무나 많습니다.

  이제부터 우리 온 성도들이 일상생활에 성경을 체계적으로 공부하고 깊이 묵상하며 항상 기도에 힘쓰며 교회 예배에 참석하여 은혜 받아 성도 간에 교제하고 이웃을 섬기며 하나님께 영광 돌리는 복음사역이 우선순위가 되게 하옵소서.

  찬양대의 찬양을 흠향하여 주시고 예배에 참석한 모든 성도들에게 감동적인 찬양으로 은혜가 되게 하옵소서.

  이 모든 말씀을 "길이요 진리요 생명"(요 14:6)이신 우리 구주 예수 그리스도의 이름으로 기도합니다. 아멘.

8월의 기도

1 첫째 주일
2 둘째 주일 (광복절)
3 셋째 주일
4 넷째 주일
5 다섯째 주일

┃ 8월 첫째 주일 ┃

주님을 뜨겁게 사랑하는 열정과 다시 오실
예수님을 기다리는 믿음으로 살게 하옵소서.

　천군 천사와 모든 성도들로부터 영원무궁토록 영광과 존귀를 받으시기에 합당하신 하나님 아버지,
　베풀어 주시는 은혜를 진심으로 감사합니다.
　이 거룩한 주일 아침 십자가에서 흘리신 예수님의 보배로운 피로 우리를 죄에서 구원하시기 위하여 택함을 받은 저희들이 한자리에 모여 전능하신 창조주 하나님의 성호를 찬송하며 예배를 드리게 하시니 감사합니다.
　이 예배를 통하여 하나님께서 영광을 받으시고 저희에게는 감사와 기쁨이 넘치는 복된 시간이 되도록 성령께서 주장하여 주옵소서.
　오늘도 성령님의 이끄심을 받아 주님의 몸 된 교회에 나아와 머리를 숙였습니다. 성령께서 함께하여 주셔서 우리의 지성과 감성과 의지와 전 인격을 하나님께로 향하여 예배드리며 은혜 받는 귀한 시간이 되게 인도하여 주옵소서.

금년의 여름 더위도 절정에 이르렀습니다.

많은 사람들은 들로 산으로 바다로 피서로 즐기지만 우리교회를 비롯하여 전국교회가 여름성경학교와 수련회를 비롯하여 농어촌 봉사활동 등 기독교 교육과 전도사역에 열심을 다하고 있습니다.

우리교회도 교육위원회 주관으로 각부서 교육기관들이 전 교인 신앙교육을 기획하고 준비한 사역들을 실시하고 있음을 감사합니다.

온 성도들이 말씀 배우는 일에 동참하게 하시고 하늘의 신령한 진리를 사모하는 것보다 육신의 안일을 우선시하는 자기중심적인 얕은 믿음으로 영성 회복을 경히 여기는 자들이 있다면 온전한 믿음으로 돌아서게 하옵소서.

일찍이 하나님께서 출애굽 백성에게 "너희가 내 말을 잘 듣고 내 언약을 지키면" 열국 중에서 왕 같은 제사장으로 하나님의 소유가 되고 거룩한 백성이 될 것을 후손에게 가르치라고 엄히 명령하셨습니다.(출 19:5-6)

그러나 그들은 인간적으로 먹을 것과 마실 것만을 추구할 뿐 말씀 교육을 거부하고 불순종한 결과 열하루 길을 40년 동안 광야에서 헤매다가 비참한 생을 마쳤습니다.

이러한 역사적 사실을 깨달아 이제부터는 적극적이고 구체적으로 성경 진리를 배우고 실천하는 성도들이 다 되게 하시고 성령의 감화를 받아 교회와 가정과 일터에 복음의 계절이 오도록 저희를 사용해 주옵소서.

그동안 무관심과 게으르고 나태한 가운데 하나님의 뜻을 외면하고 소홀했던 허물과 이기적이었던 생각을 용서하여 주시고 새롭게 하시는 주님의 뜻을 따르는 성도로 거듭나게 하옵소서.

은혜로우신 하나님 아버지,

우리교회에 신실한 믿음의 일꾼을 많이 보내 주셔서 적재적소에서 각자 은사를 따라 섬기게 하시니 감사합니다.

특별히 교육사역에 전문성을 가진 일꾼들을 세워 주셔서 서로 조화를 이루고 헌신하게 하신 결과 각부서 주일학교와 교육기관에서 철저하게 말씀으로 가르쳐 부흥 성장하게 하심을 감사합니다.

위로의 성령께서 이들과 함께하셔서 교사의 귀중한 직분에 긍지를 가지고 많은 열매를 맺어 드림으로써 장차 주님 앞에 서는 날 잘했다 칭찬받는 충성된 일꾼들이 되도록 지혜와 믿음과 사명감을 더하여 주옵소서.

우리교회는 한 영혼 한 영혼이 말씀으로 성장하여 하나님 나라를 확장하는 데 앞장서는 모범적인 성도들로 세움 받게 하옵소서.

사랑과 은혜가 풍성하신 하나님 아버지,

하나님께서 시절을 좇아 뜨거운 햇빛과 장마비를 적절히 내려 주심으로 풍성한 추수를 하게 하시듯이 저희 심령에 주님을 사랑하는 뜨거운 열정과 다시 오실 주님을 기다리는 믿음 주시기를 간절히 기도합니다.

그리하여 그리스도의 복음에 합당한 삶의 열매를 풍성히 맺어 드리는 진실한 그리스도인들이 될 수 있도록 인도하여 주옵소서.

온 교회로 하여금 "하나님의 사람으로 온전케 되며 모든 선한 일을 온전케"(딤후 3:17) 하는 삶의 방향으로 바로 잡아가는 맑은 영으로 정화시켜 주옵소서.

위대한 종교개혁자 칼빈은 "사랑은 혀 끝에 있지 않고 손 끝에 있다"라고 했습니다.

지금 우리나라는 눈부신 경제성장의 그늘에 가려 무서운 반기독교적이며 세속적이며 종교다원주의적 혼합주의 사상이 만연되어 가고 있습니다.

쾌락주의와 한탕주의와 물질주의 및 권력 남용으로 수단이 목적화된 결과 마치 라멕의 노래처럼 사랑을 잃어버린 인간 상실의 증오만이 요동하는 종말의 때를 보여 주고 있습니다(창 4:23-24).

그 동안 땀흘리며 준비한 이번 여름성경학교와 농어촌 봉사활동을 통하여 말씀의 진리를 분별하는 지혜를 주셔서 비록 작은 불빛이나마 어두운 이 세상을 밝히는 등불처럼 사랑으로 풍성한 열매를 맺는 성숙한 신앙의 소유자들이 다 되게 하옵소서.

그리하여 무질서와 불안감이 팽배한 이 나라에 하나님의 사랑과 공의가 강물처럼 흘러넘치는 변화가 일어나기를 간절히 기도합니다.

오늘도 주님의 종을 세우시고 능력 있는 말씀으로 섬기게 하시니 감사합니다.

성령 하나님께서 종을 강하게 붙들어 주셔서 다윗왕의 죄를 책망한 나단 선지자 처럼 광야에서 외쳤던 세례 요한처럼 하나님의 진리의 말씀만을 외치게 하옵소서.

말씀을 받는 저희들은 그 말씀에 힘 입어 걱정과 근심이 많은 세상을 승리하게 하시고 말씀으로 재무장하여 가정과 일터와 사회에서의 삶이 예배자로서의 섬김이 되게 하옵소서.

이 예배에 참석하고 싶으나 병환으로 참석하지 못한 교우들도 있습니다. 예수 그리스도와 그를 보내신 하나님에 대한 믿음과 순종으로 놀라운 치유의 경험을 하게 하옵소서.

낙심한 자 있습니까? 하늘의 소망으로 새 힘을 얻게 하옵소서.

생활고에 지친 가정이 있습니까? 주님께서 친히 그 손을 잡아 주시고 오병이어를 주님께 바친 소년의 지성이 바로 우리가 되기를 원합니다.

마음에 상처를 받은 자 있습니까? 마음을 위로하시고 영혼의 깊은 곳에서 하나님의 경이로운 음성을 듣게 하옵소서.

마음과 뜻과 정성을 다하여 주님의 영광을 노래하는 찬양대의 찬양을 기쁘게 받으시고 우리 모두에게 은혜가 되게 하옵소서.

예배 순서순서마다 하나님께 영광이 되게 하시고 예배에 참석한 저희들은 은혜받고 감사와 기쁨이 넘치는 복된 시간되게 하옵소서.

이 모든 말씀을 우리를 죄악에서 구원하여 주신 예수 그리스도의 이름으로 기도합니다. 아멘.

│8월 둘째 주일│

광복절

하나님의 영을 부어 주셔서 영원한
가나안을 향하여 전진하는 영적 이스라엘로
바로 서는 나라가 되게 하옵소서.

상한 갈대도 꺾지 아니하시고 꺼져 가는 등불도 끄지 아니하시는 사랑의 하나님 아버지,
　측량할 수 없는 하나님의 크신 사랑과 권능을 찬송합니다.
　돌보시는 하나님의 은혜에 힘 입어 오늘도 복 주시기로 예정하신 거룩한 주의 날 주의 존전에 나아와 신령과 진리로 예배하게 하시니 그 크신 사랑 감사하며 영광을 돌립니다.

　8월은 우리나라가 해방이 된 달입니다.
　지난날 일본의 침략으로 국권이 찬탈되어 36년간 나라를 잃은 서러움 속에 민족적으로 말할 수 없는 고통과 질고의 세월을 보내는 가운데 잔인한 정책으로 특히 우리 기독교가 신사참배를 강요당하는 등 온갖 핍박의 역사를 기억합니다.

이 뼈 아픈 고난의 세월은 말로 다 표현할 수 없는 순교의 역사였습니다.

그동안 우리 민족은 너무나도 오랜 세월 동안 지배자로부터 착취와 멸시를 당했고 침략을 당하면서 한을 품고 살아왔습니다.

이러한 질곡의 역사 속에서 한국교회는 하나님께 부르짖었고 하나님께서 그 피맺힌 간구를 들어 응답하셔서 8.15해방으로 자유를 주신 그 감격을 생각하면 전능하신 하나님 앞에 엎드릴 수밖에 없습니다.

이스라엘의 역사를 돌이켜 볼 때 "그때에 이스라엘에 왕이 없으므로 사람들이 저마다 자기 뜻에 맞는 대로 행하였던"(삿 21:25) 사사 시대와도 같이 해방의 기쁨도 잠시 사회적으로 교회적으로 혼란한 때에 또다시 북한 공산집단의 불법 남침으로 6.25동란을 겪었습니다.

백성들의 생활은 도탄에 빠졌고 굶주림과 극심한 가난은 백성들을 절망하게 했지만 하나님께서 이 나라를 사랑하셔서 이를 극복하는 힘을 주신 축복으로 부흥하고 성장하게 하신 은혜와 사랑을 감사합니다.

이렇듯 국가적 위기 때마다 저희 믿는 자들로 하여금 하나님 앞에 영혼의 무릎을 꿇고 회개케 하시며 "믿음의 주요 온전케 하시는 이인 예수님만을 바라보게"(히 12:2) 하심으로써 십자가의 도가 이 땅에 편만하게 전파되게 하신 주님의 깊으신 사랑과 은혜에 감사할 수밖에 없습니다.

하나님 아버지,

다시는 우리나라가 민족적 비극을 당하지 않도록 보호하여 주옵소서.

아직도 우리나라는 정치적 사회적으로 안정되지 못하였고 세계는 재난과 전쟁과 천재지변으로 말할 수 없는 고통을 당하고 있습니다.

그러나 저희들이 이러한 상황 중에서라도 주님께서 함께하여 주시는 평안 가운데 하나님 아버지께 예배드릴 수 있음은 하나님의 은총임을 알고 감사를 드립니다.

하나님께서는 이처럼 한없는 은혜로 저희들을 인도하셨지만 그 은혜를 깨닫지 못하고 예수 그리스도의 사랑을 바로 이해하지 못했기에 늘 낙심하고 근심하고 좌절하며 때로는 교만하여 성도로서 하나님의 이름을 부끄럽게 했던 죄인임을 고백합니다.

역사의 주권자이시며 모든 민족의 흥망성쇠를 주관하시는 신실하신 하나님 앞에 우리 인간의 나약한 죄성은 끊임없이 되풀이되는 타락으로 때로는 공의의 징벌로 때로는 사랑의 용서와 회복으로 감싸 안으신 주님 앞에 저희가 머리를 숙였습니다.

이 시간 간절히 기도합니다. 한국교회와 바로 나 자신부터 회개의 영을 부어 주셔서 영원한 가나안을 향하여 전진하는 영적 이스라엘로 바로 서도록 온전히 다스려 주옵소서.

인류 역사를 다스리시는 하나님 아버지,
우리나라와 이 민족을 위하여 기도합니다.
세계는 지금 개혁과 개방의 물결을 타고 자유와 공존의 시대를 맞고 있습니다.

이 세계적 시류를 타고 우리 조국에 문민정부를 세워 주시고 우리교회의 김영삼 장로님을 대통령으로 세워 주셨습니다.

하나님께서 대통령에게 선과 악을 분별하는 지혜와 국민을 섬기는 그리스도의 지도력과 믿음을 주셔서 다윗과 같이 하나님을 기쁘시게 하고 백성들을 희망과 보람으로 살피며 다스리는 참된 통치자가 되게 인도하여 주옵소서.

우리교회 성도들 모두가 이 시대에 맡겨 주신 국가와 사회와 교회적 사명이 무엇인지 함께 기도하며 주님께서 하라 하신 일을 이루어 이 세상에서 하나님을 영화롭게 하는 새로운 광복운동이 일어나도록 우리를 사용하여 주시기를 기도합니다.

  빛이 되라 하셨으니 어두움과 타협하지 않고 밝고 맑게 살아가게 하시고 소금이 되라 하셨으니 부패할 수밖에 없는 육체를 위한 삶이 아니라 이 세상에 그리스도인다운 맛과 품위를 드러내는 주님의 자녀 되도록 하늘의 능력을 부어 주옵소서.

  이제는 우리나라가 하나님의 은총 아래 시련을 딛고 일어나 하나님께서 바라시는 모범된 국가로 발전하게 하셔서 나라 안과 전 세계에 흩어져 있는 우리 민족이 하나님을 올바로 섬김으로써 정치와 경제와 사회와 문화 등 모든 분야에서 지역과 국가마다 한국 국민으로서 긍지를 갖게 하여 주시기를 간절히 소원합니다.

  오늘도 귀히 쓰시는 주님의 종을 세워 주심을 감사합니다.

  일평생 그리스도와 하나님의 영광을 위하여 철저한 청교도적 신앙으로 목양하며 저희들을 가르치게 하신 주님의 은혜에 감사합니다.

  종에게 건강을 주시고 말씀에 능력을 주셔서 우리의 잠든 영혼을 깨우며 어두움에 있는 백성들에게 소망이 되게 하시고 우리의 심령이 하늘의 하나님과 깊은 교제를 갖는 인격적 만남이 되게 하옵소서.

  말씀을 받는 저희에게는 책망과 권면과 위로의 말씀이 되어 결단하는 시간 되게 하시고 하나님을 바로 섬기며 건강한 시민의식으로 나라를 사랑하는 신앙으로 생활 할 수 있도록 은혜 내려 주시기를 간절히 기도합니다.

  이 시간 경배하는 예배자와 같은 모습으로 세상에 나아가 구별된 신앙생활로 그리스도인답게 살게 하옵소서.

찬양대의 찬양을 받아 주셔서 찬양에 담긴 가사가 우리 모두의 신앙 고백이 되게 하시고 위로와 치유의 은혜로운 찬양이 되게 하옵소서.

참 자유 되시며 소망이 되신 우리 구주 예수 그리스도의 이름으로 간절히 기도합니다. 아멘.

8월 셋째 주일

하나님의 섭리로 모든 일이 합력하여
선을 이루도록 인도하여 주시기를 원합니다.

  말씀으로 우주를 창조하시고 인류역사를 질서 있게 운행하시는 하나님 아버지, 한없는 사랑과 한결같으신 아버지의 자비하심을 찬송합니다.
  지난 한 주간 동안 태풍으로 인한 재난과 불볕더위며 질고와 고통이 계속되는 세상에 살면서도 은혜 안에 살다가 은혜 안에 부르심을 받아 거룩한 주일 아침 모든 성도들을 주님 앞에 나오게 하심을 감사합니다.
  이 시간 우리의 마음을 다하고 뜻을 다하여 전능하신 하나님께 예배를 드립니다. 홀로 영광 받아 주옵소서.
  저희들은 비록 하나님의 권속인 신분을 갖고 있지만 믿음이 연약하여 이 세상에 살 때에 때로는 환난을 당하기도 하고 때로는 고난의 파도가 산 위에까지 넘쳐나는 절망의 때도 있었습니다.
  그러나 피난처 되시는 만유의 주 하나님께서 도우시고 구하심을 믿기에 두려움 없고 세상의 창검도 쓸데없다는 확신으로 오늘도 아버지 앞에 머리 숙여 경배를 드립니다. 우리의 정성어린 예배를 받아 주옵소서.

이 시간 우리의 속마음까지 아시는 의로우신 하나님 앞에 세상 생활에 때 묻고 일그러진 모습으로 나와 머리를 숙였습니다.

오직 믿음으로 말미암아 의롭다 칭함을 받는 은혜에도 불구하고 옛사람의 속성에서 벗지 못한 채 진리 안에서 살아가지 못한 부끄러운 모습으로 참회의 기도를 드립니다.

사도들과 초대교회 성도들이 고백했던 그 신앙은 성부와 성자와 성령 하나님을 가슴으로 고백하고 몸으로 살아가는 믿음이었습니다.

그러나 무지한 저희들은 사도들의 고백대로 믿지 못하고 살지 못했으며 다만 '믿는다' 하는 말만 있을 뿐이요 믿음의 행위가 없었음을 부끄러운 마음으로 자복하오니 용납하여 주옵소서.

영원한 하나님의 나라를 바라보고 살면서 이 땅에 매이고 세속과 물질에 매이고 순간적인 것에 매여서 하나님의 뜻을 쉽게 잊어버리기도 하며 주님의 말씀을 외면하고 살 때가 많았던 죄인들입니다.

또한 하나님은 우리를 사랑하셨지만 사랑에 응답하지 못하였으며 하나님은 저희를 용서하셨지만 이웃을 용서하지 못하며 살아왔습니다.

무지한 저희들을 깨우쳐 주시고 성령님의 인도하심 따라 바른 신앙생활 하게 하옵소서.

우리나라와 한국교회를 위하여 기도합니다.

우리나라가 역사적 전환기를 맞이하였으나 정치적 당파싸움과 이념적 갈등이 그 도를 넘고 있습니다. 그럼에도 불구하고 우리 민족을 고비고비마다 붙들어 주셔서 모진 고난과 환난을 통하여 조국의 소중함과 자유의 참 가치를 알게 하시고 다양성 속의 일치를 도모하는 지혜를 주셔서 지금까지 인도하여 주셨습니다.

  아직까지 지구상에 유일한 분단국가로 남아 있는 우리나라에 긍휼을 베풀어 주셔서 하루 빨리 피흘림 없이 복음으로 평화적 통일이 이루어지는 제2의 광복이 있기를 기도합니다.

  우리교회를 섬기는 당회와 교역자들로 하여금 온 성도들을 믿음으로 성장하도록 도와서 그리스도의 성숙된 제자들을 만드는 것이 지도자의 최우선적인 소명이라는 생각을 뛰어넘어 자신의 죄를 깨닫게 하시는 성령의 사역에 응답하는 성령 충만한 믿음 주옵소서.

  오직 겸손하고 온유함으로 예수님의 음성을 들으며 성령의 감화를 한층 실제적이고 생생하게 경험하는 지혜와 분별력으로 교회와 이웃을 섬기게 하옵소서.

  불꽃같은 눈으로 살피시는 하나님 아버지,

  날이 갈수록 교회 풍조가 '생각하는 신앙'에서 '느끼는 신앙'으로 변질되어 가고 있습니다.

  예배를 드리는 자의 심상은 경건성보다 지극히 감성적이며 말씀은 바르게 해석되고 증거되기보다 자의적 흥미 위주로 바뀌는 망령된 오락적 환경이 되어 가고 있는 부흥회가 문전성시를 이루고 있는 실정입니다.

  이러한 불건전한 열광주의가 복음의 본질을 왜곡시키고 있으며 능력 주시는 그리스도 안에서 모든 시련을 이기고 승리하는 신앙적 의지보다도 축복의 은사와 무속적이며 현세적인 요행이 기독교의 본질인 양 생각하는 사조가 교회 안에 팽배해 있습니다. 오늘날 한국교회와 주의종들이 예수 그리스도의 십자가의 구원의 복음만을 전하게 하옵소서.

  우리는 교회 안에 이처럼 만연되고 있는 불건전한 사상을 단호히 거부하고 전능하신 하나님과 그의 보내신 예수 그리스도의 십자가와 부활과 재림하실 복음만 증거하며 생명력 넘치는 교회가 되게 하옵소서.

예수의 이름을 빙자하여 거짓 가르침이 심각한 이 때에 이단사상을 물리치고 진리 안에서 바른 신앙생활을 하는 교회와 성도들이 다 되게 하옵소서.

신앙생활 때문에 고난과 핍박이 있을지라도 장차 누릴 영광과 비교할 수 없는 하늘의 소망으로 끝까지 복음을 사수할 수 있는 믿음의 군사로 사용하여 주시기를 간절히 기도합니다.

오늘도 주의 종을 말씀의 대언자로 세워 주셔서 예배를 인도하며 생명의 말씀을 증거하게 하시니 감사합니다.

하나님께서 친히 세우신 종을 권능으로 붙잡아 주셔서 저희의 자아와 인격을 변화시키는 능력의 말씀으로 교훈과 책망과 바르게 함과 의로 교육하는 하늘의 음성을 듣는 귀한 시간 되게 하옵소서.

믿음이 약한 자에게 강한 힘이 되는 말씀 고통과 근심의 신음 소리가 찬송 소리로 바뀌는 은혜로운 말씀으로 가득 채워 주옵소서.

그동안 우리가 세상을 살아오면서 나 자신의 야망과 욕심에 젖었으며 혈기에 빠졌으며 교만과 고집을 부리던 인생관을 십자가 밑에 장례를 치르게 하옵소서.

특히 북한 공산 치하에 있는 동포들을 기억하시고 하루속히 마음껏 예배드릴 수 있는 신앙의 자유를 허락하여 주시기를 기도합니다.

삼복더위 속에서도 땀흘리며 찬양으로 여호와 하나님께 영광을 돌리는 찬양대의 찬송을 받아 주시며 주님의 영광이 충만하게 하옵소서.

이 모든 말씀을 구원의 빛 되신 존귀하신 우리 구주 예수 그리스도의 이름으로 기도합니다. 아멘.

|8월 넷째 주일 |

세상에 속하지 않는 천국 백성으로서
말씀의 순수성과 생활의 순결을 지키며
오직 주님만을 따르게 하옵소서.

알파와 오메가가 되시며 언제나 동일한 사랑으로 보살펴 주시는 자비로우신 하나님 아버지,
오늘도 주님께서 친히 정하신 거룩한 주일, 부족하고 허물 많은 저희들이 주님의 부르심에 힘입어 창조주 하나님께 예배를 드립니다. 영광 받아 주옵소서.
아담의 원죄로 진노의 자식이었던 저희를 예정 가운데 택하셔서 예수 그리스도 십자가의 보혈로 구속하시고 새 언약의 백성으로 하나님을 아버지라 부르게 하시니 그 놀라운 사랑과 은혜 측량할 수 없습니다.
아무리 생각하여도 그럴 만한 자격이나 인격을 갖추지 못한 죄인들이지만 무조건적인 하나님의 선택적 사랑에 감사 감격하는 마음으로 주님 앞에 나아와 머리를 숙였습니다. 저희들에게 은혜의 복을 내려 주옵소서.
아무런 보상이나 조건 없는 은혜로 구원의 선물을 주신 사랑을 생각하면

한없이 감사하지만 저희 자신의 허물을 돌아볼 때 고개를 들 수 없는 죄인 중에 괴수임을 고백합니다.

우리의 영혼은 세상 문화의 정서에 오염되어 질식되어 살아가는 허약한 체질로 변질되어 시대의 골리앗을 감당하지 못하고 역사의 변방으로 점점 밀려가고 있습니다.

초신자는 자신의 영적 건강을 더욱 잃어 가고 직분자는 피 흘려 사신 그리스도의 몸인 교회를 올바로 섬기지 못하며 교역자는 영혼을 올바르게 양육하지 못하고 성도들의 귀감이 되지 못하는 불미스러운 일들이 여기저기서 일어나고 있습니다.

이는 하나님 앞에 진정한 의미의 회개가 없기 때문임을 자복합니다.

회개는 단지 종교 행위가 아닌 실제적 삶의 변화로서 옛사람에서 새사람이 되는 전인격의 본질적 전환을 의미하며 세상적 삶의 방식을 청산하고 하나님 나라 백성으로의 전향임을 믿습니다.

그러함에도 우리는 여전히 옛사람의 속성을 버리지 못하여 인간적인 사유함이 깊어 여전히 불평과 원망이 많았으며 오직 주님의 은혜로 살면서도 자기 스스로 살 수 있는 것처럼 자신의 지혜와 지식과 직위를 자랑하고 의지하는 교만한 행실을 용서하여 주옵소서.

사랑과 은혜가 풍성하신 하나님 아버지,

특별히 지난 주일에는 입당 후 첫 주일로 저희들이 한자리에 모여서 감격적인 예배를 드릴 수 있는 기쁨을 주신 은혜를 감사합니다.

어서 속히 모든 여건을 갖추게 하셔서 온 성도가 그토록 소망하고 있는 헌당예배를 드리는 날을 허락하여 주시기를 기도합니다.

격동하는 역사 속에서 시대적 환경이 말할 수 없이 빠른 속도로 변하는 와중에 우리교회는 비록 세상 속에 있으나 세상에 속하지 않는 천국 백성으로서 복음을 파수하고 국내뿐만 아니라 세계를 향하여 복음을 전파하게 하시니 놀라우신 축복임을 믿습니다.

교회는 본질적으로 하나이지만 거짓 교사와 이단적인 종교혼합주의와 진리의 탈을 쓴 사탄의 세력들이 여기저기에서 일어나고 있습니다.

종교 다원화를 합리화시켜 연합사업이라는 미명 아래 복음이 아닌 것을 교회 속으로 끌고 들어오는 시대적 조류에 우리교회는 이를 단호히 거부하며 철저한 신앙으로 하나님이 원하시는 참된 교회로 부흥 성장하게 하심을 진심으로 감사합니다.

한국교회와 우리가 아직도 영적 유년기에 있음을 고백합니다. 우리가 말씀으로 더 자라나 성숙한 모습으로 신앙의 표현과 진심 어린 열정으로 황무한 이 땅을 오직 말씀으로 진리가 자유케 하는 변화가 있게 하옵소서.

하나님 아버지, 또한 감사한 것은 태풍이 오고 있다는 언론보도에 국민들이 긴장한 한 주간이었으나 자연을 다스리시는 하나님께서 이 땅을 비켜 가게 하셔서 바람을 잔잔케 하심을 볼 때 우리나라와 민족을 극진히 사랑하심을 알고 진심으로 감사합니다.

오늘은 직분자를 택하는 공동의회가 있습니다.

사람이 제비는 뽑으나 "모든일을 작정하기는 여호와께 있느니라"(잠 16:33)라는 말씀대로 참된 주의 종들을 택하여 주셔서 몸 된 교회와 그리스도의 영광을 위하여 열심을 품고 겸손히 주를 섬기는 기쁨이 있게 하옵소서.

이 시간 주의 귀한 종을 말씀의 대언자로 세워 주심을 감사합니다.

연로하신 종이오니 건강을 지켜 주옵소서.

말씀을 증거할 때에 성령께서 힘과 능력을 더하셔서 이 시대에 필요한 생명의 말씀으로 예배에 참석한 모든 성도들이 큰 은혜 받아 지난날의 잘못을 회개하고 바른 신앙생활을 하겠다고 결심하는 시간 되게 하옵소서.

우리 교우들 중에는 병마에 시달려 고생하거나 사업에 실패해서 가난하여 힘들어 하는 지체들이 있습니다.

하나님 아버지, 이들에게 위로하여 주시고 자비를 베풀어 주셔서 고통의 신음 소리가 찬송으로 바꾸어지는 놀라운 기적의 변화가 일어나게 하옵소서.

이 시간 예배를 통하여 믿음의 주인이신 하나님의 위대하심과 독생 성자 예수 그리스도를 구주로 믿는 축복을 다시 확인하며 감사와 기쁨이 넘치는 하늘에 신령한 복으로 은혜 받는 귀한 시간 되게 하여 주옵소서.

예배의 순서를 맡은 종들과 찬양대에 같이하여 주시고 특히 찬양을 통해서 모든 성도들이 은혜 받고 하나님께 영광 돌리게 하옵소서.

오늘도 방방곡곡에서 주의 이름으로 모이는 교회와 특별히 북한 공산 치하에 있는 동포들에게도 긍휼을 베풀어 주셔서 하루속히 자유롭게 예배드릴 수 있는 시온의 때를 허락하여 주옵소서.

이 모든 말씀을 우리를 죄악에서 구원하여 주신 우리 구주 예수 그리스도의 이름으로 기도합니다. 아멘.

8월 다섯째 주일

가을 햇살에 알곡이 영글듯이 우리의
심령에도 성령의 열매가 풍성해지는
그리스도의 계절이 오게 하옵소서.

선하시고 인자하심이 영원하신 하나님 아버지,
그 영화로우신 이름을 찬송하며 영광을 돌립니다.
 엿새 동안 힘써 일한 저희에게 안식할 수 있는 주일을 허락하시고 이날을 거룩하게 지킬 수 있는 믿음과 건강 주심을 감사합니다.
 부족하고 허물 많은 저희들을 위하여 십자가의 보혈로 구속하여 주신 위대하신 예수님의 사랑을 그 어디에 비교할 수 있겠습니까?
 끝없는 세상 일과 분주함의 사슬에 매여 사는 죄악에 오염된 인간의 때 묻은 모습 그대로 주님 앞에 나아와 머리 숙였습니다. 저희들을 용납하시고 예배를 통하여 드려지는 모든 영광을 주님 홀로 흠향하여 주옵소서.
 시절을 따라 불볕더위와 많은 비를 주셔서 들녘마다 풍년의 기쁨을 주심을 감사합니다.
 때로는 가뭄과 태풍으로 인한 홍수의 시련도 함께 주신 것은 하나님의 섭리와 인간의 연약한 한계를 절감하게 하신 주님의 뜻을 이 민족에게 알려 하심인 것을 믿습니다.

금년도 우리교회가 기획했던 여름성경학교 교육과 수련회의 봉사사역을 성황리에 마치게 하심으로 새로운 영적 활력을 공급받은 교회로 인도하여 주심을 감사합니다.

이를 통하여 각 부서마다 부흥이 되고 넘치는 은혜 가운데 헌신하는 일에 더욱더 열심을 다하게 하심은 하나님의 은혜인 줄 믿습니다.

"하늘에서는 주 외에 누가 있으리요 땅에서는 주 밖에 나의 사모할 자 없나이다 내 육체의 마음은 쇠잔하나 하나님은 내 마음의 반석이시요 영원한 분깃이라"(시 73:25-26)라고 고백했던 아삽의 신앙을 저희들의 신앙으로 받아들이도록 깨달음을 주신 하나님 감사합니다.

이 일을 위하여 많은 일꾼들을 세우셔서 하나님의 일에 쓰임 받게 하시고 몸과 마음과 물질과 시간을 바쳐 헌신하게 하셨으니 위로의 성령께서 그들과 함께하셔서 진리와 삶의 전환을 경험하고 함께 실천할 수 있는 분기점이 되게 하옵소서.

우리는 우리의 믿는바 신앙을 고백했습니다.

말씀을 듣고 깨닫기도 했습니다.

그렇지만 신앙고백처럼 살지 못했고 경건의 능력도 경건의 모양도 없는 바리새주의적이며 형식과 외식에 머물렀던 죄과를 고백합니다. 우슬초로 나를 청결케 씻어 주옵소서.(시 51:7)

진리를 알고 교회가 어떤 곳인지 알았으며 사랑하라는 계명도 많이 들었습니다.

그러나 에베소 교회처럼 처음 사랑을 잃어버렸습니다.(계 2:4) 차지도 덥지도 아니하고 자기도취에 빠진 라오디게아 교회와 같습니다.(계 3:15)

저희들로 하여금 "자녀들아 우리가 말과 혀로만 사랑하지 말고 오직 행함과 진실함으로 하자"(요일 3:18) 하신 성경 말씀을 몸으로 실천하는 신실한 그리스도인으로 거듭나게 하옵소서.

무더운 여름철이라고 세상적 사유에 얽매이며 게으르고 나태한 가운데 교회를 섬기는 일에 핑계가 많았고 주저함이 많았음을 용서하시고 다시는 체면과 타성에 젖은 옛길로 가지 않도록 새로운 각오로 결심하고 말씀에 순종하게 하옵소서.

그리하여 가을 햇살에 알곡이 영글듯이 우리의 심령에도 풍성한 열매가 맺어지는 그리스도의 계절이 오게 하옵소서.

지극히 높으신 하나님 아버지,

아무리 생각해 보아도 믿음이 부족하고 허물 많은 저희들은 무늬만 예수 믿는 자 같아서 부끄러움이 많은 저희들이지만 긍휼과 자비로 탕자와 같았던 저희들을 팔을 벌려 안아 주시며 사랑해 주시는 은혜를 무엇으로 보답하겠습니까?

"여호와는 자비로우시며 은혜로우시며 노하기를 더디 하시며 인자하심이 풍부하신"(시 103:8) 분이시기에 회개와 뉘우침으로 무거운 짐을 지고 나올 때에 그 짐을 벗겨 주시고 자유케 하신 한없이 크신 사랑을 감사합니다.

이처럼 무지하고 어리석은 저희를 의롭다 칭하시고 십자가와 부활의 복음을 전하며 가르칠 수 있는 믿음과 지혜를 주셨으니 하나님 앞에서 감사하는 마음으로 맡겨 주신 사명을 충실히 감당하게 하옵소서.

우리교회에 각 기관과 많은 부서들이 있습니다.

주님께서 이 기관들을 잘 살펴 주셔서 세운 목적에 따라 겸손하게 섬김으로 균형 잡힌 무지개처럼 아름답고 조화로운 주님의 뜻을 이루는 참된 교회가 되게 하여 주시기를 간절히 기도합니다.

　주님께서 피로 값 주고 세우신 우리교회에 신실한 종을 세우셔서 오로지 "말씀과 기도에 전무"(행 6:4)하게 하신 가운데 오늘도 하나님의 말씀을 기도와 눈물로 대언하게 하시니 감사합니다.
　종에게 건강과 영력을 충만히 더하셔서 주님께서 뜻하신바 진리만을 온전히 증거하게 하시고 말씀을 받는 저희에게는 새로운 진리를 깨달아 그 말씀에 순종하며 살아가는 결심의 시간이 되게 하옵소서.
　우리의 삶 자체가 영적 싸움임을 항상 염두에 두고 불의와 대항하고 유혹과 미혹에 대적하며 세상 풍조에 거스르는 이 싸움에서 성령의 검(엡 6:17)인 성경 말씀과 기도로 사탄의 세력을 능히 물리칠 수 있는 힘과 믿음을 주셔서 승리의 삶을 살아가는 성도들이 다 되게 하여 주시기를 기도합니다.
　이 진리의 말씀이 죽어 가는 영혼뿐만 아니라 죽음의 수용소와 같은 북한 땅에까지 전파되어 현대적인 출애굽 사건과 같은 기적이 일어나게 하옵소서.
　삶에 지치고 고단한 영혼들과 상처 입은 뭇 심령에게도 새로운 소망과 용기를 얻는 은혜스러운 예배가 되게 하여 주옵소서.
　이 시간 드리는 예배가 하나님께 영광이 되게 하시고 구원받은 자의 감격으로 하나님을 노래하는 찬양대의 찬양을 받아 주옵소서.
　예배의 시종을 성령께서 주장하여 주시며 우리를 죄악에서 구원하여 주신 예수 그리스도의 이름으로 기도합니다. 아멘.

9월의 기도

1 첫째 주일
2 둘째 주일
3 셋째 주일
4 넷째 주일
5 다섯째 주일

9월 첫째 주일

구속의 은혜를 감사하지도 못하며
감상적 타성에 젖어 버린 형식주의를
자복하오니 용서하여 주옵소서.

  찬송과 영광을 영원토록 받으시기에 합당하신 하나님 아버지, 우리를 향하신 하나님의 선하심과 인자하심을 찬송합니다.
  죄와 허물로 죽었던 저희를 예수 그리스도의 십자가 보혈로인하여 새 생명으로 다시 태어나게 하시고 하나님을 아버지라 부를 수 있는 놀라운 구속의 은혜를 베풀어 주심을 감사합니다.
  오늘도 그 넓고 크신 사랑으로 세상 사람들이 알지 못하는 복된 주일을 허락하셔서 마음과 뜻과 정성을 다하여 창조주 하나님께 예배를 드리게 하시니 생명의 빛과 지혜와 권능으로 우리를 지키시는 하나님께서 홀로 영광 받아 주옵소서.
  하나님의 아들이신 예수님께서 우리를 구원하시려고 친히 인간의 몸을 입으시고 말구유에 탄생하셨으며 머리 둘 곳조차 없으셨고 사랑하는 제자들에게 배신의 수모까지 당하셨습니다.

우리 죄인들을 위하여 십자가에서 고초를 당하셨음에도 불구하고 저희는 감사해야 할 마음을 잊어버리고 타성에 젖어 형식과 최면을 앞세워 외식으로 바리새주의적인 신앙생활을 해 왔음을 용서하여 주옵소서.

사도 바울은 "하나님을 알되 하나님으로 영화롭게도 아니하며 감사치도 아니하고 오히려 그 생각이 허망하여지며 미련한 마음이 어두워졌다"(롬 1:21)라는 경고가 우리의 깊은 심령으로부터 넘쳐날 때 내가 살고 가정이 살고 교회가 살고 나라가 사는 은혜를 체험하게 될 것을 믿습니다.

인류 역사를 주관하시는 하나님 아버지,
우리나라와 민족을 위하여 기도합니다.
지금 우리 사회는 부정부패와 온갖 사회악이 독버섯처럼 기승을 부리고 어느 것 하나 성한 데가 없는 위험 수위를 넘는 세상이 되어 가고 있습니다.
겸손의 윤리는 땅에 떨어졌습니다.
선생이 제자로부터 수모를 당하고 어른이 젊은이들로부터 횡포를 당하는 슬픈 세상이 되어 가고 있습니다.
현실에 대한 좌절과 배금주의 사상은 급기야 마약 인신매매 무질서 생명경시와 향락주의라는 말세적 현상이 급속도로 파급되고 있으며 또한 냉소주의로 사회질서가 유린당하고 있습니다.
특히 우리나라의 장래를 짊어지고 갈 젊은 학생들과 배움의 전당인 학원에 데모 수업거부 이념 논쟁으로 혼란을 겪고 있습니다. 하루속히 그리스도의 복음에 계절이 오게 하옵소서.
하나님을 경외하는 것이 지식의 근본(잠 1:7–9)이라 하셨으니 모든 학문의 기초가 하나님으로부터 출발하여 시냇가에 심은 나무처럼 교육계에 아름다운 열매가 맺히는 학풍이 일어나게 하옵소서.

이런 현상이 이 나라 전반에 일어나게 하셔서 사회 각계각층의 지도자를 비롯하여 특별히 먼저 한국교회가 모범을 보이며 도덕과 윤리가 무너져가는 무서운 사회악을 치유하는데 앞장서는 운동이 일어나게 하옵소서.

하루속히 하나님의 공의가 이 땅에 충만하여 이 백성으로 하여금 하나님만이 민족과 국가의 장래를 다스리시며 보호하시며 주장하시는 분임을 믿게 하옵소서.

우리 한국교회가 국가의 양심이 되고 기독교라는 정원에서 민주주의가 자라고 꽃피며 열매 맺고 여호와 하나님을 우리 민족의 하나님으로 알고 그리스도를 민족의 주로 삼으며 성령을 민족의 얼굴 삼아 하나님만을 높이며 두려워하는 백성들이 되게 하여 주시기를 기도합니다.

그리하여 우리 사회의 정신문화가 기독교 정신으로 정착하는 변화를 이루게 하셔서 주님을 영접하는 사람들이 날로 더해 가는 젖과 꿀이 흐르는 복되고 행복한 평화로운 나라가 되게 하여 주옵소서.

우리교회를 위하여 기도합니다.

하나님께서 친히 우리교회를 세우셔서 여기까지 인도하여 주심으로 든든히 서 가게 하시고 철저한 주일학교 교육과 세계선교와 새 예배당 건축 등에 온 교우가 한마음 한뜻으로 헌신하며 기도함으로 질적으로 양적으로 부흥 성장하게 하신 은혜를 진심으로 감사합니다.

"내가 이 반석 위에 내 교회를 세우리니 음부의 권세가 이기지 못하리라" (마 16:18) 하신 예수님의 변함없으신 약속의 말씀을 믿고 예수님께서 세상에 다시 오실 그날까지 맡은바 사명을 귀하게 여기며 충성되이 봉사하는 성도들이 다 되게 하여주옵소서.

이 시간 귀히 쓰시는 주의 종을 세워 주셨습니다. 주님의 장중에 붙들어 주셔서 진리의 말씀을 사모하는 뭇 영혼들에게 세상이 감당치 못하는 생명의 말씀으로 충만하게 하옵소서.

말씀을 받는 저희에게는 목마른 사슴이 목숨을 걸고 시냇물을 찾기에 갈급함같이 우리 영혼이 주님을 찾고 말씀을 사모하는 믿음을 갖기를 원합니다.

그리하여 생명수 넘치는 말씀을 받은 저희들은 은혜와 은사를 따라 하나님나라 확장에 헌신하는 그리스도인으로서의 소명을 다시 일깨움 받는 뜻 깊은 은혜로운 시간이 되게 하옵소서.

교회가 주님 중심으로 한뜻을 이루어 땅 끝까지 이르러 그리스도 증인의 직분을 능력 있게 감당하는 사명을 다할 수 있도록 인도하여 주시기를 기도합니다.

우리의 연약함을 아시는 하나님,

우리 교우들 중에 믿음에 시험 든 자 있습니까? 모진 수모도 감내하며 시험을 이기신 주님을 본받아 참된 평안을 얻게 하옵소서.

낙심한 자 있습니까? 죽은 자 가운데서 부활하신 주님의 능력을 받아 새 힘을 얻게 하옵소서.

질병으로 고통당하는 자 있습니까? 죽은 자도 살리신 주님의 능력 있는 손길로 어루만져 주셔서 하루속히 치유의 은총을 내려 주셔서 다음 주일에는 감사 헌금들고 뛰어나와 예배드릴 수 있는 기쁨이 있게 하옵소서.

하나님의 성호를 노래하는 찬양대를 세워 주셨습니다. 부르는 자나 듣는 자들이 은혜 받는 찬양이 되게 하시고 하나님께 영광이 되게 하옵소서.

이 예배의 시종을 성령께서 주장하여 주시며 우리를 죄악에서 구원하여 주신 예수 그리스도의 이름으로 기도합니다. 아멘.

| 9월 둘째 주일 |

복음 전파를 위하여 우리의 시간과 물질과 은사를
주님의 선하신 뜻대로 사용하게 하옵소서.

    오묘하신 솜씨로 우주를 창조하시고 인류역사를 다스리고 계시는 전능하신 하나님 아버지, 베풀어 주신 은총을 감사합니다.
    주님의 크신 사랑에 감격하여 만세 전에 복 주시기로 예정하신 거룩한 주일에 저희들을 주의 몸 된 교회로 모이게 하시고 높으신 하나님을 예배하게 하신 은혜를 진심으로 감사합니다.
    지난 한 주간을 돌이켜 볼 때 하나님을 믿는 성도라고 하면서도 그 신분에 합당한 삶을 살지 못했던 부족하고 연약한 저희들이지만 이 자리에 기쁨으로 나오게 하셔서 용납하여 주시고 주님과의 신령한 교제를 갖게 하시니 우리 영혼이 하나님을 찬양할 수밖에 없습니다.
    우주를 창조하시고 세상 만물을 지배하시며 운행하시는 놀라운 섭리에 감사하며 독생 성자 예수 그리스도를 이 땅에 보내셔서 십자가의 대속 제물로 저희를 택하여 구원하여 주신 무조건적인 그 크신 사랑을 감사와 찬송합니다.
　걱정과 근심에 젖어 가시덤불과 같은 험한 세상을 살아가고 있는 저희들을 주님의 포근한 날개 아래 늘 품어 주시고 절망에서 소망으로 인도해 주시는 하나님의 사랑에 온 몸과 마음을 다하여 존귀와 영광으로 예배를 드립니다. 하나님 홀로 영광 받아 주옵소서.

　전능하신 하나님 아버지,
　우리를 향하신 하나님의 선하시고 인자하심이 이처럼 크고 넓기에 소망 중에 영원한 하나님 나라를 바라보며 세상을 살아가도록 힘과 능력과 믿음 더하여 주옵소서.
　지난 일주일 동안 험한 세상에 살다가 다시 주님의 부르심에 응할 수 있도록 힘을 주셨기에 허물 많고 죄악에 젖은 저희들이지만 용납하셔서 주님의 피로 값 주고 사신 몸 된 교회에 나오게 하신 은혜와 사랑을 감사합니다.
　지난 주일에도 하나님의 말씀을 들었고 성경을 읽고 묵상하면서 배우고 깨달은 대로 살려고 결심을 했지만 너무도 쉽게 잊어버리고 그 결심을 무너뜨린 연약함과 무지함을 고백합니다.
　하나님의 뜻대로 살기를 간절히 바라면서도 하나님의 뜻을 이루지 못했고 사랑해야 할 줄 알면서도 실천하지 못했으며 참아야 할 때에 참지 못했고 우리에게 주어진 시간과 물질과 은사들을 주님의 선하신 뜻대로 쓰지 못했던 인색함을 용서하여 주옵소서.
　이처럼 베풀어 주신 은혜를 생각하면 감사뿐이지만 성도답게 살지 못한 나 자신을 돌아볼 때 부끄럽기 한이 없는 죄인임을 자복합니다. 주님의 보혈로 깨끗이 씻어 정결케 하여 주시고 우리의 삶이 주님이 기뻐하시는 새

사람으로 거듭나게 하여 주시기를 기도합니다.

그리하여 옥합을 깨뜨린 여인처럼 우리 각자에게 귀하고 소중한 것들을 주님이 필요로 하시는 곳에 자원하여 드리는 기쁨이 넘치게 하옵소서.

주님은 부활하시면서 "너희는 온 천하에 다니며 만민에게 복음을 전파하라"(막 16:15)고 분부하셨습니다.

세계를 향한 하나님의 안타까운 마음을 우리로 하여금 깨닫게 하시고 우리교회가 선교에 대한 비전과 사명감으로 지금보다 더욱 더 적극적으로 힘쓰게 하옵소서.

국내전도는 물론 북한과 세계선교를 향하여 마음을 열고 각 민족과 열방을 향하여 복음이 전파되는 그 날까지 몸으로 물질로 기도로 자원하여 동참하는 우리교회가 되게 하여 주옵소서.

지금 이 순간에도 주님의 분부에 순종하여 복음을 증거하다가 목숨을 잃거나 환난에 처한 선교사들이 있습니다.

공산권에서 이슬람권에서 박해를 당하고 있는 주의 종들에게 자비를 베푸셔서 옥에 갇혔던 베드로가 "헤롯의 손에서 벗어나게 하신"(행 12:6-11) 기적을 저들에게도 베풀어 주시기를 간절히 기도합니다.

선교지에서 건강을 잃거나 타 문화권에서 이방인으로 살면서 고통을 당하거나 너무 지쳐서 영적 침체에 빠졌거나 자녀의 교육환경으로 통한의 눈물을 흘리는 선교사 가족도 있습니다.

그리스도의 사명 때문에 고난당하는 이들을 위하여 기도의 끈을 놓지 않고 도움을 주는 교회가 되게 하여 주옵소서. 성령님이여 이 어려운 영적 싸움에서 승리하게 하옵소서.

하나님의 뜻이 하늘에서 이룬 것 같이 이 땅에서도 이루어지기를 기도합니다.

이 땅이 그리스도의 복음으로 변화되어 우리나라가 복음의 나라로 확장되게 하시고 세계를 향하여 복음을 증거하는 데 귀하게 쓰임 받는 제사장 나라가 되게 하옵소서.

이 사명감에 불타서 우리 교회가 철저한 신앙으로 사역해 온 종들을 세워 주심을 감사합니다.

많은 교역자와 허다한 일꾼들과 함께 은사에 따라 협력하여 선을 이루게 하시고 요엘서의 말씀처럼 우리의 "자녀들은 장래 일을 말할 것이며 젊은 이들은 환상을 보고 노인들은 꿈을 꾸는"(욜 2:28-32) 생명력 넘치는 교회를 이루어 가는 은혜스러운 복된 교회가 되게하여 주옵소서.

이 시간 주의 귀한 종을 말씀의 대언자로 세워 주심을 감사합니다.

전하는 말씀이 성령의 감동으로 증거되어서 말씀을 받는 우리의 심령이 주님의 거룩한 뜻을 따라 믿음으로 순종하게 하시고 희생과 사랑의 수고를 다할 수 있는 믿음과 열심을 주옵소서.

마귀의 궤계에 눌려 온갖 중독과 거짓말 증오 방종 음란과 과소비와 사치에 방향감각을 상실한 뭇백성들에게 회개를 촉구하는 강력한 복음이 전해져 죄악에서 해방되는 기적이 일어나게 하옵소서.

우리 온 성도들은 이와같은 악한 시대에 사도행전적 성령충만으로 교회가 질적으로 양적으로 부흥되고 나 자신은 진리안에서 자유함을 누리는 새 인생의 비젼을 경험하게 하옵소서.

저희가 처한 환경과 여건이 어떠하든 예수님이 십자가에 달리신 모습을 바라보며 현재 받는 고난을 두려워하지 않는 담대함을 허락하시고 주님의 명령을 준행하는 것을 생명보다 귀하게 여길 수 있는 믿음을 더하여 주옵소서.

그리하여 하나님의 뜻이 우리를 통해 이루어져서 많은 열매를 맺는 주님의 몸 된 교회가 되게 하여 주시기를 기도합니다.

하나님을 찬양하는 자로 구별하여 영적 레위 백성으로 세우신 찬양대가 아름다운 음성으로 하나님의 성호를 찬송합니다. 영광 중에 받아 주시고 이에 동참하는 온 성도들의 감격을 흠향하여 주옵소서.

이 모든 말씀을 우리를 죄악에서 건져 주신 구원의 주 예수 그리스도의 이름으로 기도합니다. 아멘.

| 9월 셋째 주일 |

증거되는 말씀이 이 시대에 가장 적절한
하나님의 음성으로 들려지게 하옵소서.

우주를 창조하시고 인류 역사를 지배하고 계시는 전능하신 하나님 아버지,
끊임없이 은혜 베풀어 주시기를 기뻐하시는 하나님의 크신 사랑에 진심으로 감사와 영광을 돌립니다.
지난 한 주간도 저희의 삶 전체를 지켜 주시고 돌보아 주시는 구원의 은총에 힘입어 온 성도들이 이 거룩한 주일 아침에 주님 앞에 나와서 신령과 진리로 예배를 드리게 하심을 감사합니다.
이 세상에 살면서 전쟁의 소문으로 위기를 의식하면서 살아가고 이 순간에도 사고와 위험과 병마와 걱정과 근심으로 내일 또 무슨 일이 일어날지 모르는 불안과 초조로 떨고 있지만 이 시간 자비로우신 하나님 앞에 나와서 예배를 드리게 하신 은혜에 다시금 감사와 영광을 돌립니다.
때를 따라 쉬임없이 도우시는 은혜를 생각하면 모든 것이 다 감사요 하

나님을 높여 찬송할 수밖에 없습니다.

하나님께서 만물 위에 은혜를 내려 주셔서 금년에도 풍년을 주시고 들녘마다 풍성한 열매와 곡식으로 넘치게 하여 주셨습니다.

하나님을 알지 못하는 백성들은 이러한 하나님께서 다스리시는 자연의 이치를 자력으로 이룬 것으로 잘못 알고 있습니다.

이 어리석은 백성들이 예수 그리스도를 믿고 하나님의 전능하심과 전지성을 알게 하옵소서.

특별히 이번 주는 이른바 우리나라 2대 명절 중 하나인 추석명절로, 민족 대이동이라 할 만큼 많은 사람들이 귀향하는 절기입니다.

귀향 자체가 잘못된 것이 아니라 하나님을 모르는 사람들은 물론 심지어 믿는 자들까지도 '차례' 라는 이름으로 유교적 전통을 따라 조상을 우상시하는 어리석음을 행하고 있는 실정입니다.

먼저 믿는 저희들이 이러한 우상숭배에 대하여 복음적 사명에 책임을 다하지 못한 점도 있습니다.

"너는 말씀을 전파하라 때를 얻든지 못 얻든지 항상 힘쓰라"(딤후 4:2) 하신 시대적 사명을 감당치 못한 저희들입니다.

이 백성들로 하여금 뿌려진 씨앗을 자라게 하시고 때를 따라 바람과 햇볕을 주시며 이른 비와 늦은 비를(욜 2:23-24) 적절히 내려 풍성한 열매를 맺게 해 주시는 전능하신 하나님의 은총을 바로 보게 해야 할 전도의 사명이 저희들에게 있음을 깨닫게 하옵소서.

금년에도 우리교회를 사랑하셔서 농어촌교회 봉사와 여러나라 파송 선교지의 단기선교와 농어촌에서 수고하는 교역자 초청 수련회 등, '전도자의 아름다운 발길' 을 통하여 듣고 믿고 전파하게 함으로써(롬 10:14-15) 많은 영혼에게 구원의 말씀을 가르치며 전하게 하시니 감사합니다.

온 교회가 한 영혼 한 영혼에게 깊은 사랑의 관심을 가지고 "유모가 자기 자녀를 기름과 같이…복음으로만 아니라 우리의 목숨까지도 주기를 즐거워하는 심정으로"(살전 2:6-8) "그리스도의 장성한 분량이 충만한 데까지 자라도록"(엡 4:13) 양육하는 일에 최선을 다하며 지속적인 사랑의 열심을 갖게 하여 주옵소서.

우주만물을 다스리고 계시는 하나님 아버지,

금년도 곡물 수확이 예년에 비해 풍년이라는 언론의 보도가 연일 계속되고 있습니다만 한편 태풍과 홍수의 피해로 가옥과 삶의 터전을 잃어버리고 눈물까지 메말라 버린 이재민들이 있습니다.

병충해로 일 년 농사를 망친 농부들의 피 맺힌 고통이 있습니다.

우리 한국교회가 그들의 고통과 어려움에 기도와 물질로 복음을 전하며 그리스도의 사랑을 전하게 하옵소서.

저희의 심령에 영적 병충해는 없습니까? 영적인 태풍과 홍수와도 같은 시련과 고난은 없습니까? 주님을 믿노라 하면서도 세상 즐거움에 빠져 있지는 않습니까?

창조주가 되시기에 우리가 어떤 모습으로 살아왔으며 이 자리에 있는지를 불꽃같은 눈으로 살피시며 다 알고 계시는 하나님께서 명령하신 진리의 말씀을 따름으로써 먼저 믿는 저희들이 타성에 젖은 고정관념의 신앙에서 벗어나게 하옵소서.

절망과 실의와 원망과 불평으로부터 자유함을 주시며 세상 즐거움의 유혹에서 깨어나 심오한 진리의 말씀안에서 참 평안을 누리게 하옵소서.

우리교회에 속한 성도들을 위하여 밤낮 없이 수고하는 많은 남녀 교역자들을 세워 주심을 감사합니다.

서로 협력하여 교회를 섬길 때에 성령의 충만한 은혜를 더하셔서 곤비치 않게 하옵소서.

양 떼를 돌보는 데 조금도 부족함이 없도록 인도하여 주시기를 기도합니다.

각 기관에서 교육과 봉사로 헌신하는 일꾼들이 유기적으로 활동함으로 사랑과 은혜로 생명력 넘치는 교회가 되게 하옵소서.

이 시간 귀히 쓰시는 종으로 하여금 말씀을 증거하게 하시니 감사합니다.

증거되는 말씀이 이 시대에 적절한 하늘의 음성으로 들려지게 하시고 "어찌 할꼬?" 하는 회개의 영이 열리게 하셔서 찢기고 상한 뭇 심령에게는 치유와 위로의 광선으로 비취는 큰 은혜 받는 귀한 시간 되게 인도하여 주시기를 기도합니다.

불의와 부패로 타락해 가는 위정자나 국가를 향해서는 선지자의 경고적 메시지로 심기일전하는 변화의 계기가 되게 하옵소서.

육신의 질고와 불가피한 사정으로 이 자리에 참석하지 못한 성도를 자비로우신 손길로 붙잡아 일으켜 세워 주셔서 "주님께서 생명의 길로 보이시는… 영원한 기쁨과 즐거움을"(시 16:11) 회복하게 하옵소서.

찬양대가 섰습니다. 천사도 흠모할 만한 아름답고 신령한 은혜스러운 찬양으로 하나님께 영광을 돌리며 예배에 참석한 성도들에게 은혜가 되게 하옵소서.

이 모든 말씀을 풍성한 은혜로 채워 주시는 존귀하신 우리 구주 예수 그리스도의 이름으로 기도합니다. 아멘.

▮9월 넷째 주일 ▮

우리는 시국문제나 정치현황 등 세상 일에는
동물적인 감각으로 민감하게 반응하면서도 하나님의
신령한 말씀에는 둔감한 저희들임을 고백합니다.

우주 만물을 창조 하시고 영원부터 영원까지 모든 인류역사를 공의로 판단하시며 다스리시는 전능하신 하나님 아버지,
때를 따라 베풀어 주시는 은혜를 진심으로 감사합니다.
그 어느 때보다도 어려운 때 저희에게 오늘 거룩한 주일을 허락하시고 주의 피로 값 주고 사신 교회에 나와서 창조주 하나님께 예배를 드릴 수 있도록 건강과 믿음 주심을 감사합니다.
동이 서에서 먼 것 같이 우리의 죄과를 우리에게서 멀리 옮기셨으며 아비가 자식을 불쌍히 여김같이 여호와께서 자기를 경외하는 자를 불쌍히 여기시고 구원하여 주신 자비하신 하나님께 영광을 돌립니다(시 103:12-13).
요셉은 자기의 영혼이 쇠사슬에 매였다고 할 정도로 아픔과 고통과 고난의 시절이 있었지만 이는 형들의 소행이 아니라 하나님께서 친히 단련하신 것이라는(시 105:17-19) 하나님의 주권 신앙을 저희로 하여금 알게 하시고 믿

게 하심을 감사합니다.

　무지한 저희는 우리가 죄인 됨을 알고 있으면서도 회개하기에 주저하였고 하나님 앞에 감히 설 수 없는 존재임을 알면서도 주님께서 의롭다 하심을 감사하지 못하였으며 자행자지하며 교만하게 행하였던 어리석음을 용서하여 주옵소서.

　이제 또다시 부끄러움을 무릅쓰고 세속에 오염된 때 묻은 인간의 모습 그대로 주 앞에 나아와 머리를 숙였습니다. 세리와 죄인을 영접하시며 과거를 묻지 않으셨듯이 저희들의 허물을 책하지 마시고 너그러우시며 인자하신 주님의 품에 안기게 하옵소서.

　우리가 신앙생활을 한다고 하면서 시국문제나 정치현황 등 세상 일에는 동물적인 감각으로 민감하게 반응하면서도 하나님의 신령한 말씀에는 둔감하며 풍랑 중에도 배 밑층에서 깊이 잠든 요나처럼 영적으로 무감각하여 말씀을 듣지 못하고 수면상태에 있지는 않습니까?(욘 1:4-6)

　풍년을 주셨지만 감사할 줄 몰랐고 귀한 물질을 주셨지만 바로 쓰지 못했으며 내가 편안하므로 어렵게 생활하며 고생하는 이웃들의 심정을 헤아리지 못했습니다.

　하나님 아버지, 말로는 예수님의 성품을 닮아 가야 한다고 하면서도 이웃 사랑을 실천하기보다 내 이익을 위해 이웃에 대하여 무관심한 저희의 허물을 용서하시고 선한 사마리아 사람처럼 나 자신이 먼저 강도 만난 자의 이웃이 되는 믿음을 주옵소서.(눅 10:34-37)

　지금 우리가 살고 있는 세상은 그 어느 때보다도 총체적으로 어려운 현실에 처해 있습니다.

　정치 사회 경제적인 문제가 난마와 같이 헝클어져 혼란한 상태이지만 사회 지도층이나 지식인 정치인 종교인 그 누구 한 사람도 책임 의식이 없이 자기 주장만 고집하고 있습니다.

　교회는 침묵하고 지식인은 냉소와 무관심으로 일관하고 있습니다.

　하나님 우리 민족을 불쌍히 여겨 주셔서 이름도 빛도 없이 그루터기 신앙을 가진 성도들이 새벽마다 밤마다 눈물로 기도하는 소리를 들으시고 낮에는 구름 기둥으로 밤에는 불 기둥으로 이스라엘을 인도하여 주셨던 그 긍휼하심으로 우리나라를 살려 주옵소서.

　한국 교회를 위하여 기도합니다.

　산업화시대를 지나면서 교회가 어느새 하나님 중심보다 인간 중심이 되어 가는 세상 풍조가 만연하고 있습니다.

　죄를 책망하고 회개하기를 호소하며 바르게 살아가도록 가르치기보다 사람 듣기에 좋은 감정을 느끼게 하는 것이 목표가 되어 가고 있으며 주일을 거룩히 지켜야 한다는 말조차도 강단에서 사라진 지 오래되었습니다.

　예배는 하나님을 알고 하나님을 영화롭게 하는 데 초점을 맞추며 하나님의 이름만이 높여져야 참 예배임에도 불구하고 세상적인 방법을 동원하여 '생각하는' 사유의 은총에서 사람 중심의 '느끼는' 교회로 변질되어 가는 감성적 교회가 점점 늘어 가고 있는 추세입니다.

　우리교회는 시종일관 청교도적 개혁주의 보수신앙의 터전 위에 '오직 하나님의 영광을 위하여' 최선을 다해 가르치며 섬겨 오게 하심을 생각할 때 얼마나 감사한지 말로 다 표현 할 수가 없습니다.

　천지가 변하여도 영원히 변하지 않는 하나님의 진리의 말씀을 기초로 세워진 이 신앙을 주님 재림하실 때까지 변함없이 이어가는 교회가 되게 하옵소서.

　한편 한국 교계는 교리적으로 분별없는 연합 사업으로 인하여 종교다원주의 사상이 밀물처럼 들어와 총체적으로 문제가 되고 있으며 교권 싸움으로 얼굴 뜨거운 일이 비일비재한 이때에 우리 민족과 교회가 살길은 너도 나도 오직 회개하는 길밖에 없음을 자복하게 하옵소서.

니느웨 성이 죄로 말미암아 멸망할 수밖에 없는 상황이었지만 사십 일이 지나면 니느웨가 무너지리라 외쳤던 오늘의 요나가 바로 우리교회와 저희 자신임을 깨닫고 나아가 외치게 하옵소서.

그리하여 왕을 비롯하여 온 백성이 굵은 베옷을 입고 회개함으로 구원 받았던(욘 3:1-10) 사실을 되새겨 이 민족이 하나님께로 돌아오도록 입을 열어 세상을 향하여 바른 나팔을 부는 신앙의 결단이 있게 하시며 진심으로 새 생명으로 이끄는 제2의 종교개혁이 일어나게 하옵소서.

우리교회 역시 신실한 교역자와 서울 중심지인 이곳에 동양 최고의 장엄한 예배당과 많은 교인이 회집하고 있다는 오만에 빠지지 않게 하시고 오직 겸손함으로 하나님만을 영화롭게 하는 예수 그리스도 중심의 교회로 성장시켜 주시기를 간절히 기도드립니다.

당회원과 교역자들은 모든 세대에게 하나님 사랑과 이웃 사랑의 새 계명(마 22:37-40)으로 믿음과 생활의 일치를 보이게 하여 주옵소서.

결단코 "사람을 외모로 취하지 않게"(약 2:1-4) 하시며 바로 믿고 거듭나서 유대인이나 헬라인이나 그리스도의 사랑으로 일체가 되어 지적인 신앙과 실천적 신앙이 조화를 이루는 섬김의 종들로 쓰임 받게 하옵소서.

오늘도 주님의 종을 세워 주시고 말씀을 증거 할때에 성령께서 능력으로 함께하셔서 이 시대에 필요한 생명의 말씀으로 온전히 변화되는 큰 은혜 내려 주시기를 원합니다. 말씀을 듣는 모든 성도들이 세상에 나가서 살때에 영적 전쟁에서 승리하게 하옵소서.

우리 교우들 중에 추호라도 의례적인 종교인으로 습관적으로 교회 출석하는 자 한 사람도 없게 하시고 그리스도인으로서 하나님 앞에서 어떻게 바른 신앙생활을 해야 하는지를 깨달아 결심하며 구원의 확신과 감격으로 교회 문을 나설 수 있도록 은혜를 내려 주시기를 간구합니다.

이 한 시간 온 성도들이 한마음 한뜻으로 드리는 예배가 하나님께 영광이 되게 하시고 정성을 다하여 찬양대가 부르는 찬양이 하나님께서 기뻐 받으시는 아름다운 영성있는 찬양으로 은혜가 되게 하시고 하늘에 사무치게 하옵소서.

이 모든 말씀을 우리를 죄악에서 구원하여 주신 예수 그리스도의 이름으로 기도합니다. 아멘.

I 9월 다섯째 주일 I

한국 교회는 이 사회를 향하여
충고와 격려로 나라의 진로를 제시하는
제사장적인 교회가 되게 하옵소서.

우리의 피난처가 되시며 소망이 되시는 전능하신 하나님 아버지, 베풀어 주시는 은혜를 진심으로 감사합니다.
부족하고 허물 많은 저희들을 사랑하셔서 지난 주일 후 일주일 동안도 지켜 주시고 복 주시기로 예정하신 주일을 허락하시고 주님의 몸 된 교회에 불러 주셔서 창조주 하나님께 예배를 드릴 수 있도록 믿음과 건강을 주심을 감사합니다.
죄로 말미암아 죽었던 저희들을 창세전에 택하여 주시고 예수 그리스도의 십자가의 보혈로 값없이 구원하여 주신 은혜로 하나님을 아버지라고 부를 수 있는 특권을 주심을 감사 찬송합니다.
이 놀라운 구속의 은혜와 사랑을 세상의 그 무엇과도 비교할 수 있겠습니까?
그럼에도 불구하고 믿음이 연약한 저희들은 이 무조건적인 구원의 은혜를 순간순간 잊어버리고 육신의 소욕대로 세상에서 영원히 살 것처럼 현실에 도취되어 그리스도인다운 신앙생활을 하지 못한 허물을 가지고 또다시 주님 앞에 나아와 머리를 숙였습니다.

이 시간 우리의 허물을 용서하시고 죄인들을 구원하시기 위하여 십자가에서 흘리신 예수님의 보배로운 피로 우리의 마음을 깨끗이 씻어 정결케 하여 주옵소서.

이 시간 드리는 예배가 구원의 감격으로 경건하고 감사하는 마음으로 드리는 예배가 되게 하시고 하나님께서 기뻐 받으실 만한 아벨이 드린 제물이 되게 하옵소서.

우주를 다스리시며 주관하고 계시는 하나님 아버지,

지금 세계의 불신자 학자들까지도 세상의 종말이 임박했다고 하면서 언제 어떻게 인류의 마지막이 올 것인지에 대하여 저마다 언론과 저서를 통하여 발표하고 있습니다.

문화의 충돌 지구온난화와 세계적인 식량 문제며 물 부족과 악성 대형 바이러스의 전염병과 탄저균과 천연두와 같은 병원체가 전염되어 많은 사람들이 희생될 것이라고 경고하고 있습니다.

인류문명을 동시에 파괴할 수 있는 핵 전쟁이 일어날 위험과 생태계의 이변 테러에 사용되는 화학무기 유성체 충돌 인간이 만든 로봇의 반란 지진 홍수 가뭄 초대형 화산 폭발 등, 이러한 것들에 의해서 세계가 비참해질 것이며 대재앙이 도래할 것이라고 미래학자들이 공통된 견해를 계속 발표하고 있습니다.

성경은 말세가 되면 나라가 나라를 민족이 민족을 대적하여 일어나고 처처에 기근과 지진이 있을 것이며 지식이 발달하고 거짓 선지자들이 사람들을 미혹하며 불법이 성한다고 말씀하고 이 모든 것이 재난의 시작이라라고 하였습니다(마 24:3-14).

현재 이 땅 위에 일어나고 있는 모든 징조가 하나도 틀림없이 성경 말씀 그대로 이루어져 가고 있다는 사실을 깨닫게 하는 이때에 우리의 신앙은 다시 오실 신랑 되신 주님을 기다리는 등불에 기름 준비한 지혜로운 다섯 처녀와도 같은 믿음으로 바로 서야 할 때임을 알게 하옵소서(마 25:1-13).

그러나 우리의 신앙생활의 현실은 너무나도 둔감하여 피리를 불어도 춤출 줄 모르고 애곡을 하여도 울 줄 모르는 무감각하고 형식적인 신앙생활임을 고백합니다.

세상이 어지럽고 천지는 변하여도 영원히 변하지 않는 하나님에 진리의 말씀만(벧전 1:25) 믿고 따라가며 순종하는 그리스도인들이 되게 하옵소서.

우리나라를 위하여 기도합니다.

지금 우리나라는 총체적으로 어려움에 처해 있습니다.

정치불신 당파싸움 노사관계 지역감정 학원가의 소요 이념갈등 부정부패 도덕적 타락 빈부의 격차 세대 간의 갈등이 심화되고 거리에는 최루탄으로 나라의 정체성과 진로를 놓고 서로 갈등하고 대립하여 국민들은 불안해 하고 있습니다.

OECD국가 중 자살 이혼율이 세계 1위라고 합니다. 어쩌다 나라가 이 지경에 이르렀는지 사회 각계각층이 이렇게 된 데에는 한국교회도 큰 책임이 있는 줄 압니다.

교회가 세상을 향하여 한목소리를 내며 복음을 증거해야 함에도 일부 교회와 목회자들이 정치에 개입하여 세상적인 방법으로 이념 논쟁과 과격한 행동으로 사회를 혼란시키거나, 한편 사회문제에 대하여 바른 나팔을 불어야 하는데 오히려 침묵하고 있는 무관심도 있습니다.

하나님, 하나님, 하나님 아버지, 우리나라를 살려 주옵소서.

한국교회가 먼저 전 교회적으로 마음을 찢으며 회개 운동을 일으켜 이 죄악의 허물을 용서받게 하시고 진리에 바로 서서 나라의 진로를 명확히 제시하는 선지자적 사명감으로 그 역할을 감당하게 하옵소서.

우리교회를 비롯해서 한국교회 청소년들을 위하여 기도합니다.

청소년들을 타락의 길로 유혹하는 사탄의 타락한 세속문화가 대중음악을 통해서 교회 안에까지 밀려와 막을 길이 없는 상황에 이르렀습니다.

미래를 이끌어 갈 한국교회의 청년 대학생 중고등학생들이 경건훈련과 기독교 세계관을 확립하여 개혁하는 지도자로 양육받게 하옵소서.

그리하여 하나님의 말씀대로 반듯하게 성장하여 학교에서는 모범생으로 가정에서는 부모의 자랑감으로 교회에서는 천국 일꾼으로 사회에서는 사랑과 정의를 구현하고 허물어져 가는 사회윤리와 기독교문화를 회복케 하는 크리스천 리더로 세워 주시기를 간절히 기도합니다.

추호라도 세속적인 유행에 휩쓸리지 않게 하시고 하나님을 두려워하고 믿음을 지켜 하나님의 권능을 나타내며 유혹과 시험을 이긴 요셉처럼 포로로 잡혀간 고난 중에서라도 조국을 위하여 창문을 열어놓고 하루 세 번 기도하며 생명 내놓고 믿음을 지킨 다니엘처럼 어릴 때부터 성전에서 하나님의 음성을 들은 사무엘과 같은 인물들로 세워 주시기를 기도합니다.

이 시간 주의 종이 말씀을 증거할 때에 예배에 참석한 뭇 심령들에게 천국복음을 능력 있게 전파하여 큰 은혜 받는 시간 되게 하옵소서.

교우들 중에 믿음이 부족해서 혹은 사업에 실패해서 가난과 병마 때문에 이 모양 저 모양으로 예배에 참석하지 못한 성도들에게 희망과 용기를 주셔서 수치와 고난과 십자가의 죽음도 부활의 능력으로 이기신 주님만을 붙잡고 다시 일어서는 믿음을 주시기를 기도합니다.
　다음 주일에는 다같이 함께 모여 창조주 하나님께 예배드리는 기쁨이 있게 하옵소서.
　이 예배를 위하여 시간과 정성을 다하여 수고하는 찬양대의 찬양을 받아 주시고 듣는 저희들에게는 한없는 은혜로 채워 주옵소서.
　이 모든 말씀을 우리를 죄악에서 구원하여 주신 예수 그리스도의 이름으로 기도합니다. 아멘.

*10월*의 기도

1 첫째 주일
2 둘째 주일
3 셋째 주일
4 넷째 주일
5 다섯째 주일 (종교개혁주일)

| 10월 첫째 주일 |

경건의 능력도, 경건의 모양도 잃어버린
중세의 타락한 교회처럼 회칠한 무덤으로 변질된
오늘의 교회가 오직 말씀으로 개혁되기를 원합니다.

자비로우시고 거룩하신 하나님 아버지,
크고 놀라우신 구속의 은혜와 날마다의 삶 속에서 베푸시는 주님의 사랑과 영화로우신 하나님의 인도하심을 감사하며 찬송합니다.
"말씀이 육신이 되어 우리 가운데 거하시는"(요 1:14) 예수 그리스도의 영광이 온 누리에 가득 찬 추수의 계절인 10월 첫 주일 아침, 주님의 사랑으로 하나 된 우리가 한자리에 모여서 신령한 교제 속에 존귀하신 삼위일체 하나님을 예배하게 하시니 그 은혜 진심으로 감사합니다.
우리를 태어나게 하시고 택하시고 부르신 하나님께서는 우리의 허물 됨과 죄인 됨을 아시고 때로는 구제불능한 인간임을 아시면서도 오래 참으시고 사랑하시며 구원해 주시는 그 거룩하신 구속의 은혜 앞에 겸손한 마음으로 예배를 드리오니 주님 홀로 영광 받아 주옵소서.
이 시간에도 저희들은 세속에 때 묻은 모습 그대로를 가지고 주 앞에 나왔습니다. 용납하여 주옵소서. 저희들에게 예수님이 보여 주신 분명한 방향은 위로부터 아래를 향한 것으로 우리에게 계속 낮아지라 말씀하셨습니다. 그러나 세상은 언제나 올라가라고 말하고 더 높이 올라간 그곳에서 삶의 의미를 찾기를 원하며 더 높이 올라가야 더 많이 베풀 수 있다는 성공지향주의에 너무도 익숙해져 버린 저희들 입니다.

자기 손안에 쥔 것을 지키기 위해 발버둥치는 것은 이미 기독교 정서라 할 수 없음에도 자기자신을 남에게 내어 주는 그리스도인의 모습을 잃어버리고 자기 것을 지키기 위해 온갖 불의와 부정을 서슴지 않는 이 백성들과 저희들의 허물을 용서하여 주시기를 기도합니다.

사랑과 성경의 바른 해석과 실천을 통한 교회의 교회 됨 그리스도의 가르침을 그대로 따르는 거룩하게 구별 된 교회 공동체의 존재를 세상에 알리고 믿게 하는 '세상 속의 교회'가 되게 하여 주옵소서.

끝없는 양적 성장과 상향성 추구라는 세상 논리에 중독되어 완전히 교회 속의 세상이 되어 버린 현실을 불쌍히 여기시고 우리 한국교회가 세상을 향하여 빛과 소금의 역할을 감당하여 그리스도의 향기를 사방에 퍼지게 하옵소서.

"내가 의인을 부르러 온 것이 아니요 죄인을 부르러 왔노라"(마 9:13) 하시고 세리와 죄인들과 함께하신 주님의 삶을 알고 있으면서도 우리의 현실생활은 남을 배제하는 것으로 잘못 하고 있는 허물을 불쌍히 여기시고 우리의 삶의 한복판에 죄인을 용납하고 함께하시는 그리스도의 형상이 회복되는 변화가 일어나게 하옵소서.

은혜로우신 하나님 아버지,

예배는 인간적인 취향의 기쁨과 즐거움이 아니라 전적으로 하나님의 구속하여주신 은혜를 감사하며 섬기며 믿고 드리는 것임을 알고 실천하게 하옵소서.

예배의 근본 동기가 오직 창조주 하나님께 영광과 존귀와 기쁨으로 헌상하는 현재적인 사건으로 기억하게 하시고 찬송과 경배로 응답하게 하심을 감사합니다.

특히 멸망 받을 인간들을 구원하시고자 주님께서 친히 하늘 영광 보좌를 내어 놓으시고 육신을 입고 이 땅에 오셔서 십자가에서 죽으시고 부활승천 하심으로 영원히 사는 천국의 소망의 길을 열어 주셨습니다.

누구든지 저를 믿는 자마다 영생하는 구원의 길을 열어 주신 하나님께 믿음의 성도들이 한자리에 모여서 신령과 진정으로 예배드리게 하심을 생각할 때 큰 축복임을 믿고 감사를 드립니다.

주님의 얼굴을 뵈올 그날까지 저희의 발걸음을 인도하셔서 진리 안에서 다시 오실 주님을 소망하며 바른 신앙생활 하도록 성령께서 인도하여 주옵소서.

자비하신 하나님 아버지,

오늘의 한국교회가 국가적 경제발전과 삶의 향상에 비례하여 세상풍조를 따라가는 노아 홍수 때와 같은 삶을 살아감으로써 하나님나라와 의를 구하기보다는 자기 안일과 세속주의 육적 감각주의와 기복신앙과 종교혼합주의에 기울어져 하나님의 영광을 가리며 성령님을 근심하게 하는 일들이 여기저기서 너무나도 많이 일어나고 있습니다.

경건의 능력도 모양도 잃어버린 중세의 타락한 교회처럼 오늘의 교회가 회칠한 무덤으로 변질 된 부분도 있습니다. 오직 말씀으로 개혁되고 진리가 회복되는 놀라운 변화를 일으켜 주시기를 기도합니다.

남이 하기를 기다리기보다 나 자신과 우리교회가 먼저 통렬히 회개함으로 자기개혁을 이루어 바른 신학과 신앙이 재정립되게 하시고 참된 진리가 예배에서 되살아나게 하시며 개혁신앙으로 이 땅에 하나님 나라를 건설하는 그리스도인들이 되기를 간구합니다.

황무한 이 땅에 주님의 교회가 아버지께서 바라시는 모습으로 회복될 때 사탄의 권세가 무너지고 하나님의 사랑과 공의가 강물처럼 흐를 줄 믿습니다. 위대한 개혁자들이 진리를 위해 목숨을 걸었던 희생의 아픔과 고통에 우리 한국교회와 온 성도들이 동참하기를 기도드립니다.

우리의 심령과 가정과 교회와 나아가서 우리 조국의 곳곳에 주님의 놀라우신 말씀의 역사와 성령의 충만함이 임하도록 저희 한 사람 한 사람을 진리 위에 올바로 세워 주시고 지켜 주옵소서.

오늘도 주의 종을 세워 주셔서 진리와 생명 되신 하나님 말씀을 증거 할 때에 영력을 칠 배나 부어 주시고 이 시대에 꼭 필요한 생명의 말씀으로 큰 은혜 받는 귀한 시간 되게 하여 주시기를 기도합니다.

교회는 다녀도 구원의 확신이 없는 자들에게는 그리스도의 십자가에 구원의 도리가 가슴에 사무치는 말씀이 되게 하옵소서.

안일하고 형식적이며 종교적인 신앙생활을 하는 자들에게는 구원의 확실한 믿음 주시고 삶에 지치거나 고통당하는 자들에게는 하늘의 소망으로 다시 일어서게 하옵소서.

이 시간 드리는 찬양대의 찬양이 하나님께는 영광이 되고 예배에 참석한 저희들에게는 가사 한 구절 한 구절이 신앙고백이 되게 하옵소서.

이 모든 말씀을 인류를 죄악에서 구원하여 주신 우리 구주 예수 그리스도의 이름으로 기도합니다. 아멘.

| 10월 둘째 주일 |

오직 믿음의 눈으로 세상을 바라보고 행하며
성경적 방법대로 사명을 감당하게 하옵소서.

존귀와 영광을 영원무궁토록 받으시기에 합당하신 하나님 아버지,
죄로 말미암아 죽어 마땅한 죄인들을 위하여 십자가에서 흘리신 예수 그리스도의 보혈로 인하여 영원한 생명으로 다시 살게 하신 구속의 은혜를 감사합니다.
이 은총으로 죽음 속에 있던 이 땅의 역사가 새로워지고 멸망의 저주 아래 있던 우리 인생이 새 삶을 찾은 그 크신 사랑에 감격하여 이 거룩한 주님의 날에 온 성도들이 함께 모여 마음을 다하고 뜻을 다하여 창조주 하나님께 예배를 드립니다. 주님 홀로 영광 받아 주옵소서.
"눈을 들어 밭을 보라 희어져 추수하게 되었도다."(요 4:35)라고 주님 말씀하신 이 계절에 저희를 영혼의 추수를 위하여 일꾼으로 부르시고 예수님을 생명의 구주로 믿게 하여 하늘나라의 추수를 감당하게 하는 사명을 주신 하나님께 영광을 돌립니다.

은혜가 풍성하신 하나님 아버지,

　공허하고 혼란한 세상에 살지만 지금까지 저희들을 지켜 주시고 보호해 주심을 생각할 때 감사를 드릴 수 밖에 없습니다.

　많은 사건들과 닥쳐오는 고난으로 인하여 우리의 마음이 흔들렸으나 바른 믿음을 지켜 살게 하셨으며 여러 가지로 걱정되는 일이 많았지만 영육간에 풍성한 은혜를 베풀어 주신 것을 진심으로 감사합니다.

　저희들이 신앙생활에 하나님의 경이로운 개입이 계셨기에 말씀을 지적으로 납득하게 하셨고 인격적으로 항복하게 하셨으며 삶으로 드러나도록 헌신을 보여 주셨고 선물로 임하신 성령님이 저희의 삶에 어떻게 충만하게 이루어 주시는지를 가르쳐 주셨습니다.

　그러나 우리는 이 모든 복음의 진리에 대해 감사의 기쁨도 메말라 버린 채 처음 사랑을 잃어버린 에베소교회처럼(계 2:4) 틀에 박힌 교회생활에 만족하고 있는 외식적이고 형식적인 신앙생활의 허물을 고백합니다.

　우리가 하나님께 받은 복음을 전하는 일에도 오직 믿음의 눈으로 세상을 바라보며 행하는 성경적 방법대로 사명을 감당해야 함에도 실제 마음은 세상의 기준을 따라 인간적인 전략으로 접근할 때가 많았던 저희들입니다.

　천하 만국에 예수가 그리스도이심을 증거하기보다 예수 믿고 복 받으라는 기복신앙으로 교회가 능력을 잃어버린 현실을 생각할 때 먼저 믿는 저희들의 책임을 느끼지 않을 수 없습니다.

　우리가 죄인임을 아시면서도 끝까지 사랑해 주시는 주님,

　생각과 뜻이 죄의 습관에 젖어 있고 행동이 인간적 의지대로 갈 때가 많았으며 나 자신이 죄인 됨을 모르거나 그것을 숨기고 항상 의로운 자요 위선자로 때로는 가해자이면서 피해자처럼 이중생활로 살아온 잘못한 점도 있

습니다. 우리를 용서하여 주옵소서.

오늘 날 한국교회가 신학적으로 신앙적으로 매우 혼란한 시대임에도 우리교회의 본질은 말씀을 성경의 총체적인 계시의 관점으로 바르게 배우고 깨달아 이를 신앙과 삶의 도리로 붙잡고 살아가게 하심으로 바르고 건강하게 성장하게 하심을 생각할 때 하나님의 놀라우신 축복임을 믿습니다.

이 진리를 따라 의의 길로 가도록 저희를 이끄신 성령님의 은혜에 감사를 드리며 우리가 주님의 얼굴을 뵈올 그날까지 저희의 발걸음을 선한길로 인도하여 주시기를 기도합니다.

"한 알의 밀이 땅에 떨어져 죽지 아니하면 한 알 그대로 있고 죽으면 많은 열매를 맺는다."(요 12:24)고 말씀하신 주님을 기억하며 우리 자신도 하나님의 나라와 우리교회와 일터를 위하여 한 알의 밀알로 죽어지는 섬김이 있게 하옵소서.

그리하여 이 시대에 우리에게 맡겨진 사명을 잘 감당하게 하시고 마지막 날에 결산보고서를 주님 앞에 내어 놓을 때 부끄럽지 않은 그리스도인으로 칭찬들으며 그날을 즐거운 마음으로 기대하는 믿음 주시기를 간절히 원합니다.

국가적으로 경제적으로 많은 어려움이 있지만 하나님의 사랑과 공의의 손길이 우리 조국의 역사현장에 함께하셔서 온 백성이 하나님을 알고 하나님 안에서 살아갈 수 있는 은혜를 내려 주시기를 간구합니다.

특히 기본권을 유린당하며 지옥 같은 생을 살아가는 북한동포들에게 그리스도의 복음으로 자유를 회복하고 통일 한국을 이루는 기적이 일어나기를 간절히 기도합니다.

먼저 나 자신 심령의 밭에 성령의 열매를 맺게 하셔서 어렵고 절망에 빠진 사회적 약자들의 이웃이 되어 믿음과 소망과 사랑 위에 희생과 봉사로 하나님 나라의 기쁨을 함께 나누게 하옵소서.

은혜 베풀어 주시기를 원하시는 하나님 아버지,
이 시간 주님의 종을 말씀의 증거자로 세워 주심을 감사합니다.
성령님 함께하셔서 뭇 영혼들을 향한 뜨거운 사랑과 진리를 저희에게 증거케 하옵소서.
저희 믿음이 부족한 부분을 채워 주시고 잃어버린 부분을 회복시켜 주시며 건강을 잃고 고통당하거나 정치적 경제적 가정적으로 어려움을 겪고 있는 지체들에게 이 말씀으로 새로워지는 변화가 일어나게 하옵소서.
우리교회 당회와 제직회와 남녀전도회 교육부서를 비롯한 여러 기관을 세워 섬기게 하심을 감사합니다.
여기에 헌신하는 직분자들이 다양성 속의 일치를 이루며 유기적으로 협력하여 모두가 "하나님의 아들을 믿는 것과 아는 일에 하나가 되어 온전한 사람을 이루어 그리스도의 장성한 분량이 충만한 데까지 이르도록"(엡 4:13) 최선을 다하게 하옵소서.
오늘도 열방을 향하여 파송된 선교사들을 기억하시고 사도 바울처럼 언어와 문화와 관습을 뛰어넘어 그리스도의 복음을 전파하는 데 조금도 부족함이 없도록 주님께서 동행하여 주옵소서.
예배의 순서마다 성령님이 친히 주관하여 주시고 특히 찬양대가 부르는 찬양이 온전히 하나님의 이름을 높이는 찬양이 되게 하옵소서.
이 모든 말씀을 우리를 죄악에서 구원하여 주신 우리 구주 예수 그리스도의 이름으로 간절히 기도합니다. 아멘.

▌10월 셋째 주일 ▌

형식과 습관에 빠졌던 우리의 신앙이 힘을 얻고
생명력이 넘치는 헌신된 삶으로 거듭나게 하옵소서.

영화로우시며 은혜가 풍성하신 하나님 아버지,
때를 따라 돕는 은혜를 베풀어 주심을 감사합니다.
영원히 사망 권세에 매여 죽을 수밖에 없는 저희들을 의롭다 하시고 부활 승천하심으로 영원한 생명의 길을 열어 주신 크고 넓으신 구원의 은총에 감사와 영광을 돌립니다.
이처럼 죄인들을 용납하신 것은 하나님의 값없는 무조건적인 사랑으로 우리가 하나님의 형상을 좇아 새로워짐을 얻음으로써 죄에 대하여서는 죽고 의에 대하여서는 능히 살게 하시며 그리스도의 향기를 드러나게 하심을 감사합니다.
넓으신 주님의 사랑으로 자유를 누리고 이 귀한 믿음의 증거로 오늘 거룩한 주일에 아버지의 부르심에 응답하여 찬송과 예배로 영광을 돌립니다.
성부 성자 성령 하나님의 영화로우신 이름이 영원무궁토록 빛나시기를 기도합니다.

생명의 근원이신 하나님 아버지,
하나님께서 저희에게 요구하시는 본분은 그 나타내 보이신 뜻을 복종하는 것일 뿐, 피조물인 인간이 할 수 있는 권리는 아무것도 없습니다.
교회란 무엇입니까? 주님이 주님 되심을 고백하는 부름 받은 자들의 모임입니다.
그럼에도 불구하고 우리는 자신을 부인하고 그리스도의 십자가를 짊어지고 예수님을 따르는 삶만이 하나님께 복종하며 회개한 자의 모습이라는 진리를 망각하고 자기 스스로 살 수 있는 것처럼 자기 영화를 추구했던 어리석고 목이 곧은 교만을 용서하여 주옵소서.
구원은 하나님이 값없이 주신 선물임을 알면서도 우리의 의식 속에는 자기 의로 구원을 이루어 간다는 공로신앙으로 봉사하거나 선을 행하는 잘못된 신앙이 있음을 고백합니다.
성공할 때에 오만했고 실패할 때에 겸손히 주님의 뜻을 찾지 못했던 미련하고 어리석고 하나님 앞에 외람되었던 저희들의 잘못을 용서하시고 이 허물과 죄악에서 우리를 건져 주옵소서.
탕자가 회개하여 아버지 품에 돌아오는 것처럼 저희의 심령을 불쌍히 여기시고 긍휼을 베풀어 주셔서 이제부터는 우리의 마음과 뜻과 정성을 다하여 주님만을 섬기는 신실한 자녀들로 바로 살게 하여 주옵소서.
하나님께서는 저희들을 극진히 사랑하셔서 너그럽게 용서하시고 길이 참아 주셨기에 이 험한 세상 가운데에 죄로 물든 우리를 부르셔서 성령과 진리로 이끌어 주심을 감사합니다.
이 시간도 우리가 하나님이 어떤 분인지를 깨닫고 주님을 높이기 위하여 말씀과 기도와 헌상과 찬송으로 전심을 다하여 예배드리게 하옵소서.

오직 하나님의 이름을 거룩히 높이고 공경하며 주님의 속성에 걸맞게 바르고 경건한 예배를 드리며 순종하는 심령들이 되게 하옵소서.

우리가 하나님을 바로 섬긴다고 하면서 성경적 예배모범이 아닌 세속화된 인간적인 프로그램과 방법으로 예배하지 않게 하옵소서.

세상이 물질적인 것으로 인간의 감각적인 욕구를 위하여 하나님을 나타내고자 할 때 하나님의 속성과 뜻을 왜곡하고 모독하는 중세 암흑기의 형상주의나 현대의 감성적 열광주의 사조에 빠지게 되는 위험이 있습니다.

개혁자들이 가르쳐 주었던 바른 신학과 바른 신앙으로 하나님의 영광만을 드러내는 경건하고 아름다운 예배가 되도록 우리를 이끌어 주옵소서.

우리교회 세우신 각 기관과 부서들을 통하여 주님의 몸 된 교회가 양적으로 질적으로 더욱 성숙되고 부흥되기를 원합니다.

오직 그리스도와 하나님의 영광을 위하여 교회와 이웃을 더욱 잘 섬기며 한마음 한뜻으로 헌신하는 지체들이 되게 하옵소서.

특히 주일학교 등 교육기관을 진리 위에 든든히 서게 하셔서 신앙으로 훈련받는 주님의 자녀들이 장차 이 세상을 변화시킬 신실한 제자들로 우리 민족과 교회의 장래에 희망이 되기를 기도합니다.

이 사역을 위하여 수고하는 교역자를 비롯하여 가르치는 교사들에게 하늘에 신령한 복으로 채워 주옵소서.

이 시간 주님의 귀한 종을 말씀의 증거자로 세워 주심을 감사합니다.

주님께서 친히 강한 팔로 붙들어 주셔서 하나님의 진리의 말씀을 온전히 증거할 수 있도록 능력으로 함께하여 주옵소서.

일찍이 선지자들이 역사의 한복판에 서서 하나님께서 맡기신 말씀을 외침으로 구원과 심판을 나타내셨던 것처럼 종이 증거하는 말씀을 통해서 시대의 방향을 하나님께로 향하는 놀라운 변화가 일어나게 하여 주옵소서.

말씀을 듣는 중에 자신의 죄를 깨닫고 애통하며 회개하는 변화가 일어나 죄의 사슬에서 벗어나는 체험을 갖게 하시고 유혹이 많은 악한 세상에서 염려와 두려움에서 참 평안을 얻게 하시며 상처 받은 영혼들이 치유되는 놀라운 변화가 일어나게 하옵소서.

형식과 습관에 빠졌던 우리의 신앙이 새 힘을 얻게 하시고 생명력 넘치는 헌신된 삶으로 거듭나기를 원합니다.

그리하여 깨어 있는 신앙으로 사탄과의 영적전쟁에서 날마다 승리하여 그리스도의 십자가와 부활의 능력으로 온 세상을 새롭게 하는 주님의 자녀다운 삶을 누리게 하옵소서.

우리가 세상에 살면서 어려움을 당할 때 고난도 하나님의 은혜요 더 큰 믿음을 주시기 위한 시련인 것을 깨닫는 시간 되게 하옵소서.

오늘도 마음은 원이지만 병마로 고생하는 자와 어쩔 수 없는 환경으로 시험에 빠져 예배에 참석하지 못한 성도를 기억하셔서 어떠한 환경에 있든지 위로하시고 오직 갈보리 언덕의 십자가만이 소망인 것을 믿고 따르게 하옵소서.

찬양대의 정성을 다한 찬양을 받아 주시고 영감 있는 노래로 오직 하나님을 영화롭게 하는 찬양이 될 수 있도록 인도하여 주시기를 원합니다.

제사보다 순종이 낫다 하신 우리 구주 예수 그리스도의 이름으로 기도드립니다. 아멘.

10월 넷째 주일

우리 조국을 귀히 여겨 주셔서 정치와 경제와
사회윤리가 바로 서게 하시고 하나님의 섭리로
다스려지는 나라가 되게 하옵소서.

진리요 생명이시며 주권자이신 하나님 아버지,
베풀어 주시는 은혜를 진심으로 감사합니다. 하나님 아버지께서 친히 만물을 지으셨고 만물이 주의 뜻대로 있었으며 또 지으심을 받았음을(계 4:11) 믿고 사모하는 마음으로 예배를 드리며 감사와 영광을 돌립니다.
예수님께서 제자들을 "세상에서 데려가시기를 위함이 아니라 다만 악에 빠지지 않게 보전하시기를 위해서"(요 17:15) 기도하셨던 것처럼 지난 한 주간도 죄악이 관영한 세상에서 현실도피를 하지 않고 세상의 죄악과 당당히 싸워 이기는 정의로운 삶을 살게 하신 주님의 능력에 감사와 영광을 돌립니다.
성령강림으로 이 땅 위에 교회를 세우심은 주님의 머리 되신 교회를 통해 하나님의 나라를 확장하며 참 소망이신 예수 그리스도의 복음을 전파하는 사명을 감당하게 하심을 믿고 감사합니다.

태풍이 오기 전에 그 징조가 나타나듯이 치명적인 상태가 판명되기 전에 미미한 징조들이 경고음을 내듯이 개혁주의 신학과 신앙을 추구하는 교회 안에까지 어느 사이에 실용주의와 보편적인 문화가 수용됨으로써 신학과 신앙의 기준이 성경이 아닌 세상의 흐름과 경향에 기울어져 가고 있는 것이 오늘의 현실입니다.

　수적 성장과 변화에 대해 물불을 가리지 않는 세속적인 번영신학을 따라가는 신앙적으로 혼란한 시대에 우리는 살고 있습니다.

　피로 값 주고 세우신 주님의 교회 안에 중세시대의 성직주의가 되살아남으로써 예수님의 권위가 훼손되고 교회 직분자는 양산되고 있습니다.

　이렇듯 반 개혁주의적 값싼 복음의 남발과 무질서하고 절제되지 않는 은사주의 불건전한 신비주의 열광주의 기복신앙으로 인하여 하나님의 거룩성과 성경의 권위와 교회의 능력을 잃게 하고 있는 이때에 참 신앙을 분별할 줄 아는 영안의 눈을 뜨게 하옵소서.

　이처럼 인간 중심적이며 세속적인 세상 유행을 따라가는 그릇된 변화를 깨우쳐 주시고 진정 성경의 진리가 회복되는 새로운 신앙운동을 일으켜 주옵소서.

　우리는 바른 신학과 신앙을 배웠고 말씀으로 깨우침을 받았으며 사도들이 가르쳤던 정통신앙을 고백하여 왔습니다.

　우리의 공로나 능력으로 구원을 이루며 사는 것이 아니라 전적으로 하나님의 은혜로 살며 보호하심 가운데 참 평화가 있고 주님의 크신 사랑 안에 참된 안정이 있음을 깨달아 알게 하옵소서.

　하나님은 우리가 겸손히 주님을 섬기기를 기뻐하시며 진리와 생명 되신 주님께 우리 몸도 마음도 드리기를 원하시며 세상도 감당치 못하는 복음의 역사를 이루기를 원하십니다.

여기에 교회가 교회 됨이 있고 세상을 변화시킬 하늘의 동력이 있음을 믿습니다.

우리교회가 개혁주의의 3대 지표인 복음의 바른 선포와 성례의 바른 집행과 권징의 바른 실행으로 거룩성과 질서가 회복되는 교회 되기를 간절히 기도합니다.

"하나님 곧 우리 아버지의 뜻을 따라 이 악한 세대에서 우리를 건지시려고 우리 죄를 위하여 자기 몸을 드리신"(갈 1:4) 예수님의 의와 사랑을 따라 우리교회가 앞장서서 개혁되는 진리의 등대가 되게 하옵소서.

그리스도의 십자가와 그리스도를 믿는 믿음 이외에는 아무것도 보장되지 않는 주님의 교회로 반듯하게 세워 주시기를 기도합니다.

사도 바울처럼 "무엇이든지 자신에게 유익하던 것을 다 해로 여길 뿐더러 모든 것을 포기하고 배설물로 여기게 하시고 어떻게 해서든지 영원히 사는 부활에 이르기를 위하여 예수 그리스도를 아는 지식만이 가장 고상함인 것"(빌 3:8-11)을 붙잡고 신앙생활 하는 저희들이 되게 하옵소서.

그리하여 진정 거듭난 성도로 그리스도의 고난에 동참함으로써 옛사람인 나를 십자가에 못 박고 부활의 권능을 체험하며 사는 신실한 성도들과 교회의 공동체가 되게 하여 주시기를 간구합니다.

이 믿음의 터 위에 세우신 저희 가정과 일터와 소산을 지켜 주시고 아름답고 풍성하게 가꾸는 지혜를 허락하여 주옵소서.

특히 우리교회에서 자라나는 자녀들을 지켜 주셔서 허탄하고 망령된 신화를 따르지 않게 하시고 성경적인 가치관과 세계관을 가지고 주님의 자녀답게 성장하여 미래의 희망이 되도록 인도하여 주시기를 기도합니다.

이 시대와 우리나라가 주의 장중에 달려 있습니다. 우리 조국을 귀히 여겨 주셔서 정치와 경제와 사회윤리가 바로 서게 하시고 사람의 모략으로가 아니라 하나님의 섭리로 다스려지는 나라 되게 하옵소서.

민족분열의 적대적 불행을 거두어 주시고 평화와 자유와 정의가 넘치는 정직과 진실이 지배하는 하나님의 나라로 세워 주옵소서.

오늘도 말씀의 대언자로 세우신 종에게 성령님 함께 하셔서 증거되는 말씀으로 진리를 깨달아 알게 하옵소서.

말씀을 받는 저희들에게 마음문을 열어 주시고 책망과 권면과 위로의 말씀으로 큰 은혜 받아 세상과의 영적 싸움에서 승리하는 우리교회 모든 성도들이 되게 하여 주시기를 기도합니다.

이 시간도 예배에 참석하고 싶으나 세상살이로 마음 아파하는 심령들에게 거룩하신 성령의 능력으로 치유의 은혜를 체험하게 하시고 낙패와 실망에 빠져 있는 성도에게는 독수리 날개치며 올라감 같은 힘과 용기와 믿음 더하여 주옵소서.

오늘도 방방곡곡에서 주의 이름으로 모여 하나님께 예배드리는 모든 교회 위에 성령에 인도하심의 축복으로 신령한 은혜 받는 귀한 시간 되게 하여 주시기를 간구합니다.

구원의 감격으로 하나님을 찬양하는 찬양대의 찬양이 우리 온 성도들의 신앙고백이 되게 하시고 하나님을 영화롭게 하는 신령한 찬양이 되게 하옵소서.

예배의 시종을 성령께서 함께하여 주시며 하나님 홀로 영광받아 주옵소서.

이 모든 말씀을 우리를 죄악에서 구원하여 주신 예수 그리스도의 이름으로 기도드립니다. 아멘.

｜10월 다섯째 주일｜

종교개혁주일

교권주의 세속주의로 타락한 중세교회를 말씀으로
회복시킨 위대한 종교개혁자들의 신앙적 용기와
개혁사상을 오늘의 교회가 이어가게 하옵소서.

거룩하시고 자비로우신 하나님 아버지,
 복되신 성부 성자 성령 하나님, 참되시고 유일하신 하나님께 우리의 찬송과 경배를 드립니다.
 멸망 받을 수밖에 없는 죄인들을 구원하시고자 하나님 되신 예수님께서 친히 육신을 입고 이 땅에 오셔서 십자가에서 죽으시고 부활 승천하시며 장차 재림하심으로 영원히 사는 생명의 길을 열어 주신 은총을 진심으로 감사합니다.
 이 시간 우리는 이 놀라운 은혜를 감사와 감격으로 하나님께 예배를 드립니다. 기쁘게 받으시고 이 자리에 함께한 온 성도들이 하나님의 임재를 경험하는 거룩한 예배가 되도록 인도하여 주옵소서.

특히 오늘은 개혁자들의 신앙을 기리며 다시금 되새기고자 한국교회가 교파를 초월하여 종교개혁주일로 지키고 있습니다.

교회가 오직 믿음으로 오직 말씀으로 오직 은혜로 이루어지는 복음의 빛을 새롭게 이 땅에 비춘 역사적 전환점을 기억하고 도전받게 하신 하나님의 경륜을 찬송합니다.

형식주의와 교권주의로 인한 세속화와 영적타락에 맞서 하나님의 영광을 위해 교회를 교회답게 회복시키기 위하여 분연히 일어났던 16세기의 루터, 쯔빙글리, 칼빈, 존 낙스 등 위대한 개혁자들의 신앙의 용기와 개혁신앙을 오늘의 교회가 이어받게 하옵소서.

이 땅에 세우신 주님의 교회와 성도들의 신앙과 생활이 믿음과 말씀과 은혜의 빛 아래 날마다 새로워지도록 일깨워 주신 하나님의 다스리심에 존귀와 영광을 돌립니다.

오늘날 한국교회가 세계 선교 역사상 경이로운 부흥발전을 이루어 전 국민의 4분의 1이 그리스도를 믿는 1천만 성도라고 자랑을 합니다만 하나님의 시각으로 이 땅의 교회와 우리 자신을 돌아볼 때, 오직 믿음으로 말미암아 의롭다 함을 얻은 올바른 성도로 살아가지 못하고 있는 허물이 있음을 고백합니다.

날마다 개혁되고 날로 새로워지는 개혁교회의 전통에 서 있는 주님의 교회들이 이제는 오히려 또 하나의 낡은 의식과 고정관념의 전통에 매여서 우리 자신을 속박하는 현대판 바리새인이 되어 중세의 타락한 교회처럼 회칠한 무덤으로 살아가는 위선과 이중성을 자복합니다. 용서하여 주옵소서.

구원이 인간의 어떤 공로로 이루어지는 것이 아니라 오직 하나님의 은혜로 의롭다 칭함을 받는 것임을 믿는다고 하면서도 우리의 내면 세계는 또 하나의 구교 의식이 되살아 나서 새로운 교권적 성직주의와 탐욕으로 고집하는 교만한 죄가 있음을 고백합니다.

불의 앞에서는 무장한 용사처럼 장부답게 굳게 서야 함에도 불구하고 세상의 물질과 명예를 위해 편법과 불의에 타협하는 것을 당연시하는 부도덕성으로 생활 해 온 저희들을 용서하여 주옵소서.

인류 역사를 주관하시는 하나님 아버지,
오래 참으시고 노하기를 더디 하시는 하나님의 사랑과 은혜를 생각하면 감사와 찬송을 드릴 수밖에 없습니다.
이제 다시 우리교회로부터 종교개혁의 바른 정신을 되살려 우리 모두가 새롭게 하시는 하나님의 능력을 덧입어 나라와 민족을 치유하고 참된 믿음으로 살아가는 한 알의 밀알이 되게 하옵소서.
주님의 말씀에 온전히 순종하며 담대하게 의로운 일을 감당했던 믿음의 선진들처럼 하나님의 뜻을 따라 목숨을 아끼지 않고 종교개혁을 했던 개혁자들처럼 우리도 주님께서 원하시는 길을 순종하며 따라 가도록 인도하여 주시기를 기도합니다.
오늘 우리가 종교개혁주일을 맞아 외치는 진리의 음성과 변화를 갈망하는 시대적 열망이 교회를 바로 서게 하시고 다가오는 세대 속에서도 끝없이 일어나는 계속적인 사건이 되게 하옵소서.
개혁되기를 바라는 우리 자신이 또다시 개혁의 대상이 되어 청산되어야 할 유산으로 남지 말게 하시고 언제나 개혁의 주체가 되어 주님이 원하시는 삶을 살도록 이끌어 주옵소서.
비록 오늘의 역사가 혼돈의 소용돌이에 휘말려 있다 하더라도 그 중심에 하나님의 뜻은 계속 이루어질 것이며 장래에도 미래에도 간교한 사탄의 방해와 반대 속에서도 변함없이 하나님의 의도하신 뜻대로 이루어질 것을 믿음으로 기대하며 주님만 바라보게 하옵소서.

사랑과 은혜가 풍성하신 하나님 아버지,

이곳에 주님의 몸 된 교회를 세우셔서 종으로 하여금 항상 순교자적인 말씀으로 새롭게 하시고 진리로 든든히 서 가게 하심을 감사합니다.

종에게 주님의 뜻을 온전히 분별할 수 있는 지혜를 주셔서 하나님의 뜻을 행하며 증거하는 사역에 영력을 넘치도록 더하여 주시기를 간절히 기도합니다.

당회로부터 주일학교 어린이에 이르기까지 하나님의 뜻에 일치를 이루어 말씀의 터 위에 굳게 서서 사랑의 봉사와 섬김의 공동체로서 세상을 하나님의 선하신 뜻대로 새롭게 하는 일에 쓰임 받는 교회로 세워 주옵소서.

이 시간 주님의 종이 말씀을 증거합니다. 진리의 말씀을 통하여 이 험악하고 고단한 세상을 능히 극복할 수 있는 결단의 시간 되게 하옵소서.

오직 예수 그리스도안에서 믿음과 은혜의 법을 회복하고 말씀 중심으로 돌아가고자 했던 개혁자들의 신앙을 본받는 교회와 저희들이 되게 하옵소서.

찬양대의 찬양을 받아 주시고 이 예배에 동참하는 온 성도들에게 큰 은혜가 되게 하시며 오직 주님 홀로 영광 받아 주옵소서.

이 모든 말씀을 우리를 죄악에서 구원하여 주신 예수 그리스도의 이름으로 기도합니다. 아멘.

11월의 기도

1 첫째 주일
2 둘째 주일
3 셋째 주일 (추수감사주일)
4 넷째 주일 1
5 넷째 주일 2

┃ 11월 첫째 주일 ┃

하나님의 변함없는 은혜를 입고도 주님께서
기뻐하시는 삶을 살지 못하고 하나님과 세상 사이를
오가며 머뭇거렸던 부끄러운 모습을 회개합니다.

영광과 찬송을 영원무궁토록 받으시기에 합당하신 하나님 아버지, 우리를 향하신 하나님의 선하심과 인자하심을 찬송합니다.
걱정 근심과 병마가 많고 전쟁의 위험이 있고 질고가 그칠 날이 없는 험악한 세상에 살아가지만 한 주일 동안 주님의 사랑과 은혜 가운데 지내게 하시고 다시 주님 앞에 나아와 예배하게 하시는 하나님의 자비하심을 진심으로 감사합니다.

벌써 금년도 10개월을 보내고 11월 첫 주일을 맞이했습니다.
특히 오늘은 절기상 입동(立冬)으로 겨울의 문턱에 들어선 계절입니다.
생각하면 올해도 풍년을 주셨고 10개월 동안 우리 교회에 베푸신 은혜가 너무도 컸으며 주님을 사모하는 심령으로 온 교회가 금년에도 가난한 가정의 많은 학생들을 격려하며 장학금을 전달하는 예배를 드렸습니다.

이처럼 그리스도의 사랑으로 이웃을 섬기게 하신 은혜를 감사합니다.

몇 차례의 태풍과 홍수로 인한 재난으로 큰 피해와 삶의 터전을 잃은 이재민들의 고통에 한국교회가 앞장서서 전 국민적 공감대를 형성하여 도움의 손길을 펴게 하심으로써 재기의 소망을 갖게 하신 나눔과 사랑의 마음을 주신 주님께 영광을 돌립니다.

세상을 임의대로 주관하시며 다스리시는 하나님 아버지,

그러나 한편 이런 놀라운 은혜를 입고도 여전히 육체의 정욕과 이생의 자랑을 따라 사느라 우리에게 주신 시간과 물질과 은사들을 하나님의 선하신 뜻대로 사용하지 않고 하나님과 세상 사이를 오가며 머뭇거렸던 우리의 부끄러운 모습들을 고백합니다.

금년에도 우리나라는 놀라운 경제성장을 이룩하였으며 과학기술의 발달로 생활은 편리해지고 인간의 수명이 늘어나며 삶의 질은 높아 가는 반면에 도덕적 타락은 극에 달하여 생명경시 사상과 물질만능 풍조가 노아 홍수 때와 소돔 고모라 때와 같습니다.

이에 따라 소득의 양극화가 심화되어 계층별로 쌓여 가는 불만과 미래에 대한 불안감과 사회적 병리현상은 이미 도를 넘어서고 있습니다.

이는 세상을 향한 구원의 문제에 교회를 비롯하여 우리의 관심이 적었고 그 불쌍한 영혼들을 주님께로 인도하는 전도의 사명에 우리의 정성과 시간과 정열을 쏟지 않았으며 공평케 하시는 하나님의 뜻을 이루지 못했던 불의의 현상임을 회개하오니 불쌍히 여겨 주옵소서.

주님께서는 옥합을 깨뜨린 여인처럼 우리에게 맡겨진 복음적인 소중한 것을 관심과 시간과 물질을 드리게 하시고 그리스도의 향기로 이 사회에 가득히 채우기를 바라셨으나 이에 부응하지 못했던 허물을 고백합니다.

"땅 끝까지 이르러 내 증인이 되리라."(행 1:8) 하신 예수님의 지상명령을 깨달아 우리교회가 국내외 전도와 세계선교를 향하여 더욱더 마음을 열게 하시고 열방과 민족을 향하여 복음이 전파되도록 몸으로 물질로 기도로 주님의 뜻을 이루게 하옵소서.

우리교회가 주님의 명령에 더욱 적극적으로 동참하게 하셔서 이 땅을 고쳐주시고 하나님의 나라가 널리 확장되게 하시며 세계만방에 많은 선교사들을 파송하며 복음을 전하는데 최선을 다하는 교회가 되게 하옵소서.

"진리를 알지니 진리가 너희를 자유케 하리라."(요 8:32) 하신 말씀을 따라 우리교회가 각별히 교회교육에 더욱 더 힘쓰게 하시니 감사합니다.

진리이신 예수 그리스도를 통해서 계시된 하나님의 말씀을 철저히 가르쳐서 '예수 안에 있는 생명의 법'이 죄와 사망을 이기는 정의로운 사회를 만드는 귀한 천국 일꾼을 배출하는 교회 되게 하여 주시기를 기도합니다.

온 성도가 배우게도 하시고 가르치게도 하시되 하늘의 신령한 지혜를 채워 주시고 성령의 능력과 사랑으로 예수님의 형상을 드러내는 귀한 사명을 감당하게 하옵소서.

신앙교육은 영적인 생명이 달려 있는 너무나 귀중한 사명인줄 알고 특별히 교사 된 지도자는 먼저 온전한 믿음으로 무장하고 맡겨주신 직분을 잘 감당함으로써 하나님의 격려와 칭찬을 받는 일꾼들 되게 하옵소서.

이 시간 하나님께서 영광을 받으시고자 주님의 백성들을 이 자리에 부르시고 그 부르심에 응답하는 모든 주님의 자녀들이 하나님을 기쁘시게 하도록 섬기고 복종하며 사모하는 신령한 교제의 시간 되도록 성령께서 인도하여 주옵소서.

특별히 주님의 종을 영적 지도자로 세우시고 목양하게 하시니 감사합니다.

대내외적으로 큰 일을 감당하고 있습니다. 건강을 지켜 주옵소서.

이 시간 말씀을 증거할 때에 성령 충만하게 하시며 능력 있게 외치게 하셔서 구원과 치유와 회복의 변화가 일어나게 하옵소서.

말씀을 듣는 우리 모두는 그 말씀을 통해 이 험악한 세상을 이길 새 힘을 얻게 하시고 그 말씀에 순종하여 바른 신앙생활 함으로 아름다운 열매를 맺는 생명의 양식이 되게 하여 주옵소서.

하나님께서 친히 세우신 저희들 가정과 일터와 생활 주변이 오늘 받는 말씀으로 풍성한 은혜와 감사와 기쁨을 누리는 복된 삶을 살게 하옵소서.

오늘 주일을 지키지 못한 성도들이 있습니까?

어떤 형편과 처지에 있는지 알지 못하지만 저들에게 주님의 날을 귀하게 여기는 믿음 주셔서 하나님께 드리는 예배를 삶의 최우선 순위에 둘 수 있게 해 주옵소서.

예배를 사모하지만 몸의 병으로 혹은 낙심하여 혹은 생활고로 나올 수 없는 어려운 성도들의 심령을 헤아려 위로하시고 각자 처한 자리에서 하나님을 예배하게 하시며 오직 주님만이 생명이 되시고 구원을 이루시는 전능하신 하나님이심을 믿게 하옵소서.

우리가 드리는 예배와 찬양대의 찬양을 통하여 하나님 홀로 영광 받으시고 저희에게는 하늘로부터 내리는 신령한 은혜를 경험하게 하옵소서.

이 모든 말씀을 생명 되시고 우리를 죄악에서 구원하여 주신 예수 그리스도의 이름으로 기도합니다. 아멘.

11월 둘째 주일

저희에게 맡기신 직분과 사명을 충실히
감당하여 개인과 가정과 교회와 나아가 우리의
삶의 터전이 하나님 나라가 되게 하옵소서.

만유의 주재 되시고 사랑과 질서로 우주 만물을 다스리시는 전능하신 하나님 아버지,

지난 한 주일 동안 세상의 분주함 속에 살던 저희들을 주님 전에 불러 주셔서 신령과 진리로 예배를 드리며 안식을 누리게 하신 은혜와 사랑에 감사와 영광을 돌립니다.

저희가 이 자리에 있게 하심은 사랑의 용서가 있고 이 자리에서 찬송하게 하심은 하나님의 약속이 있으며 이 자리에서 주님의 말씀을 듣게 하심은 저희를 통하여 역사하심이 있음을 분명히 믿고 그 존귀하신 이름을 찬송합니다.

부족하고 허물 많은 저희들을 예수님의 무한하신 자비로 구원하여 주셔서 그리스도 안에서 믿음으로 영생을 누리며 살 수 있게 하여 주신 하나님께 존귀와 영광을 돌립니다.

인생의 제일 되는 목적이 '하나님을 영화롭게 하고 영원토록 주님을 즐거워하는 것' 임에도 불구하고 우리의 생각은 하나님의 뜻과는 달리 헛된 것에 치우쳐 자기 영광과 만족으로 살아왔던 어리석음을 고백합니다.

하나님께서는 확실한 하나님나라의 약속을 주셨습니다.

그러나 우리는 땅의 것에 매여서 하나님을 바로 섬기지 못하고 성령님을 근심케 하는 일들을 하는 때도 있었습니다.

나 자신의 자존심을 살리기 위해 예수님의 이름을 나타내지 못한 때가 많았던 죄인임을 불쌍히 여기시고 용서하여 주옵소서.

하나님께서는 금년에도 국가적으로나 교회적으로 또 개인적으로 많은 것을 주셨지만 우리는 감사할 줄 몰랐고 엄청난 번영과 자유와 행복을 누리면서도 주의 거룩한 뜻을 이루어 드리지 못한 부끄러움을 가지고 참회의 기도를 드립니다. 자기를 쳐서 복종케 하는 겸손으로 거듭나는 그리스도인들이 되게하여 주옵소서.

주님의 몸 된 교회와 그리스도의 영광을 위하여 세상 어느 것과도 바꿀 수 없는 직분과 사명을 주셨지만 그 귀한 직분을 가볍게 여기고 내 뜻대로 행했던 교만과 게으름을 용서하여 주시기를 기도합니다.

우리 인생을 눈동자와 같이 사랑하시는 하나님은 우리의 모든 죄를 사하시며 우리의 모든 병을 고치시며 우리의 생명을 파멸에서 구하시고 좋은것으로 소원을 이루게 하시며 우리의 영혼을 새롭게 하시고 자비로우시며 은혜로우시며 노하기를 더디 하시고 인자하심이 풍부하신(시 103:3-8) 하나님 이심을 믿는 다는 것이 얼마나 큰 축복인지를 깨달아 알게 하옵소서.

하나님을 영화롭게 하고 영원토록 그를 즐거워해야 하는 하나님의 자녀들은 세상과는 멀어져야 할 구별된 인생인 것을 알게 하심을 감사합니다.

우리는 문 밖에 서서 두드리시는 주님의 음성에 귀를 기울이며 문을 열어 드리는 믿음을 간직하게 하옵소서.

"인생은 그 날의 풀과 같으며 그 영화가 들의 꽃과 같다."(시 103:15)고 노래한 다윗의 고백처럼 저희로 하여금 세상 부귀의 허망함을 깨달아 알게 하시고 하나님의 자비하신 영원함을 붙잡고 세상 사는 날 동안 믿음생활 잘하게 하옵소서.

이 신실한 믿음으로 저희에게 맡기신 시대적 사명을 하나님의 뜻대로 충실히 감당하게 하시고 우리의 삶의 터전이 하나님 나라가 되게 하옵소서.

사랑과 은혜가 풍성하신 하나님 아버지,

우리가 새로운 한 주간을 살아갈 때 오직 하나님만을 영화롭게 하며 임마누엘 되신 주님을 믿는 믿음으로 삶의 기쁨을 누리도록 인도하여 주옵소서.

이 땅에 세우신 주님의 몸 된 교회를 통하여 하나님의 뜻을 이루는 데 저희를 아름다운 도구로 사용하여 주옵소서.

죄에서 자유를 얻게 된 저희의 발걸음에 사탄의 궤계가 아무리 거세다 할지라도 죄에 대한 치열한 투쟁의 결단에서 성령님의 도우시는 능력으로 승리를 완수하는 주님의 자녀들이 되게 하여 주시기를 간절히 기도합니다.

예배를 통해서 누리는 기쁨과 감격이 날마다 새롭게 하시고 예배를 통해서 공급받는 영적 자신감이 저희의 삶을 지배하게 하옵소서.

오늘도 말씀을 증거하기 위하여 세우신 종을 붙들어 주셔서 이 시대에 외치는 선지자적 예언이 온전히 증거될 수 있도록 능력으로 함께하여 주옵소서.

말씀을 통하여 마음 찢으며 "어찌할꼬" 하는 회개의 영이 우리 마음속에서부터 일어나게 하시고 이 세상을 살아갈 넉넉한 영혼의 양식이 되게 하시며 마음의 시험과 육신의 곤고함과 경건치 못한 불신앙의 소행에서 거듭나게 하옵소서.

우리 모두가 가정에서 일터에서 하나님의 사람으로 담대히 살아가는 하나님의 일꾼 되게 하여 주시기를 간구합니다.

이 예배를 통하여 거룩하신 하나님의 이름을 높이게 하시고 온 성도들이 영생하도록 솟아나는 생명수를 마시는 귀한 시간 되도록 인도하여 주옵소서. 복잡한 도시생활에서 고단하고 피곤한 무거운 짐 모두 십자가 밑에 내려놓고 큰 은혜 받아 홀가분한 마음으로 감사하면서 교회문을 나설 수 있도록 인도하여 주옵소서.

찬양대의 찬양을 받아 주시고 예배하는 모든 성도들이 같은 마음으로 드리는 향기로운 찬양이 되게 하여 주옵소서.

이 모든 말씀을 우리를 죄악에서 구원하여 주신 예수 그리스도의 이름으로 간절히 기도합니다. 아멘.

| 11월 셋째 주일 |
추수감사주일

금년에도 우리나라에 풍년을 주시고
추수의 계절에 풍성한 열매를 거두게 하신
하나님 아버지의 은총을 감사합니다.

  전능하신 창조주 하나님 아버지,
크고 놀라우신 은혜와 날마다의 삶 속에서 베풀어 주시는 사랑을 진심으로 감사합니다.
  풍성한 추수의 계절에 한 해 동안 하나님께서 햇빛과 단비를 주시고 바람과 이슬을 적절히 내려 주심으로 풍성한 열매를 거두게 하신 은혜를 찬송합니다.
  오늘은 추수감사주일로 지킵니다. "너희가 애굽에서 종 되었을 때에 하나님의 권능으로 너희를 인도하셨음을 기억하라."(신 6:10-12) 하신 말씀 따라 이스라엘백성을 애굽에서 인도해 내시고 광야에서 먹이시며 구원하여 주신 여호와의 선하심을 기억하며 초막절을 지켰던 절기를 저희들이 추수감사절로 지키게 하심을 감사합니다.
  초막절에 이스라엘 백성이 하나님께서 베푸신 모든 것을 기억하며 감사

했듯이 저희들이 개인적으로 교회적으로 국가적으로 오늘이 있기까지 보살펴 주셨고 무엇보다도 예수님께서 우리를 죄악에서 구원하여 주신 그 은혜를 진심으로 감사하게 하옵소서.

　수많은 믿음의 선진들이 도저히 감사할 수 없는 환경과 여건 속에서도 하나님의 약속의 말씀을 의지하며 감사하는 신앙으로 모범을 보였습니다.

　신앙의 자유를 찾아 미국 대륙에 정착한 청교도들은 농사를 지어 처음 수확한 곡식을 먼저 하나님께 드리고 추수감사절로 지켰습니다. 성경을 가르치기 위해서 세운 학교가 오늘날의 하바드대학과 예일대학으로 발전 했습니다. 우리의 신앙도 고통스럽고 극복하기 힘든 환경과 여건을 초월하여 전능하신 창조주 하나님께 추수감사절 예배드리는 은혜를 베풀어 주심을 감사합니다.

　온 땅이 주님의 것이요 거기에 자라는 온갖 생명도 주님의 것임을 믿으면서도 내가 주인이라는 생각을 갖고 교만하게 살아왔던 어리석음을 고백합니다.

　심은 대로 거둔다는 진리를 알면서도 저희는 적게 심고 많이 거두기를 원했으며 게으름과 안일로 지내면서도 최상의 효과를 기대한 부끄러움이 많은 죄인들입니다.

　하나님의 영광보다 이생의 자랑과 육신의 정욕에 사로잡혀 있었으며 형제와 이웃의 아픔이나 국가적 정치적 위기에는 남의 일처럼 무관심하며 기도하지 않았던 저희들의 좁은 마음을 용서하여 주옵소서.

"눈물로 씨를 뿌리는 자는 기쁨으로 그 단을 거두리라."하신 주님,
　농부가 흘린 땀과 수고가 추수 때에 알곡으로 보상받는 것처럼 우리의 신앙도 이 땅에 믿음으로 좋은 씨앗을 심고 인내함으로 잘 가꾸어 하나님

앞에서 상급을 받아야 함에도 한 달란트 맡았던 종처럼 복음의 열매도 맺지 못했던 부끄러운 행실을 고백합니다.

이처럼 한 해를 적자 인생으로 살아왔던 게으름을 불쌍히여겨 주옵소서.

지난 한 해 동안에도 하나님께서는 우리에게 영육 간에 필요한 것으로 채워 주시고 위기와 시험의 순간들마다 피할 길을 여심으로 큰 어려움 없이 극복하게 하셨으며 실패의 순간에 용기와 새 힘을 주셔서 소망 중에 기쁨으로 주님 앞에 나아오게 하셨습니다.

낙심 가운데 주님만을 바라보고 있는 저희의 눈물을 씻어 주셨고 다시 일어설 수 있도록 격려해 주셨기에 우리가 주님 앞에 나와 머리를 숙였습니다.

무엇보다 지난 한 해 동안 우리교회를 지켜 주셔서 풍성한 은혜 내려 주신 것을 감사합니다.

저희의 봉사와 헌신은 미약하지만 하나님 아버지께서는 인자하셔서 많은 것으로 열매 맺게 하셨습니다.

우리교회에 많은 물질을 허락하셨고 많은 영혼들을 구원하여 질적으로 양적으로 부흥성장하게 하심을 하나님의 큰 축복임을 감사를 드립니다.

세상이 타락하고 세속화의 거센 파도가 몰아쳐 온다 하더라도 우리교회는 영원히 변치 않는 반석 위에 세워진 진리의 등대로 생명의 빛을 비추어 세상을 구원하는 방주가 되게 하옵소서.

악령의 세력들과 거짓 교사들이 예수 그리스도의 이름을 빙자하여 끊임없이 믿는 자를 유혹하고 이단의 집단으로 끌어들이는 현실에서도 우리교회는 오직 예수 그리스도의 십자가와 부활의 능력으로 진리만 증거하는 교회로 인도하여 주심을 감사합니다.

우리 교회 모든 성도들이 이 결실의 계절에 물질의 수확보다도 이 시대에 진정 부족한 말씀의 기갈과 사랑의 결핍을 서로 나누며 채워 주는 삶을 누리게 하옵소서.

이 시간 주님의 귀히 쓰시는 종을 세워 주심을 감사합니다. 주님의 오른팔로 강하게 붙들어 주셔서 시대정신에 합당한 생명력 넘치는 말씀을 증거하게 하옵소서.

우리가 "이 세대를 본받지 말고 오직 마음을 새롭게 함으로 변화를 받아 하나님의 선하시고 기뻐하시고 온전하신 뜻이 무엇인지 분별"(롬 12:2)할 줄 아는 지혜를 공급받아 이 땅 위에 하나님 나라를 확장해 나아가는 적극적인 삶을 살게 하옵소서.

일찍이 시편 기자는 "고난 당한 것이 내게 유익이라. 이로 인하여 내가 주의 율례를 배우게 되었나이다."(시 119:71)고 고백했습니다.

아픔과 고통을 당하고 있는 형제나 자매들이 이러한 간증을 할 수 있게 하시고 "즐거워하는 자들로 함께 즐거워하고 우는 자들로 함께 우는"(롬 12:15) 신앙 공동체로서의 일체감을 삶으로 실천하는 교회와 저희들이 되게 하옵소서.

오늘 추수감사주일에 드리는 특별헌금을 받아 주시고 또한 찬양으로 하나님께 영광을 돌리는 찬양대의 찬양을 받아 주시며 우리 모두가 감사하는 마음으로 동참하여 하나님을 높이게 하옵소서.

이 예배의 시종을 성령께서 함께하여 주시며 공중의 새도 먹이시고 들에 피는 들풀까지도 주관하시는 우리 구주 예수 그리스도의 이름으로 기도합니다. 아멘.

11월 넷째 주일 1

순교의 때는 아니지만 순교의 정신으로 우리에게
도전해 오는 반기독교적 사탄의 세력들과 싸워
이길 수 있는 믿음으로 무장하게 하옵소서.

우리의 산성이시며 피난처가 되시고 힘이 되시는 하나님 아버지, 베풀어 주시는 사랑과 구원의 은혜에 감사와 영광을 돌립니다.
 죄와 허물로 죽었던 죄인들을 예수 그리스도의 십자가의 보혈로 구속하여 주셔서 거룩하신 하나님을 아버지라 부를 수 있는 놀라운 특권을 허락하여 주신 사랑을 감사하며 찬송합니다.
 오늘 복되고 거룩한 주님의 날을 맞이하여 하나님께서 베풀어 주신 은혜와 사랑을 다시금 기억하며 예배로 모이게 하신 성령님의 인도하심에 감사합니다.
 이 시간 예배에 참석한 저희들의 마음을 주장하여 주셔서 한마음 한뜻으로 오직 하나님만을 높이며 영광을 돌리게 하옵소서.
 우리에게 향하신 놀라운 하나님의 사랑과 은혜를 깊이 깨닫는 시간 되게 하시고 주님이 주시는 참된 평화가 넘치는 감격의 예배가 되게 하옵소서.

지금까지 지내 온 것이 주님의 크신 은혜요 저희에게 허락하신 이 땅에서의 생명의 삶이 오직 하나님의 영광을 드러내는 일에 아름답게 쓰임 받을 수 있는 크신 복임에도 그렇게 살지 못한 불충함을 고백합니다.

지난 주일 우리 교회가 추수감사주일로 지키게 하시고 한 해 동안 베풀어 주신 하나님의 크신 은혜와 사랑을 기억하게 하셨습니다.

자연만물이 아름답게 열매를 맺고 하나님의 솜씨를 노래하는데 정작 그 크신 은혜를 감사해야 할 저희들은 감사하는 생활에서 멀어져 불평과 고정관념과 타성에 젖은 신앙으로 살아온 허물을 회개합니다.

뿌려진 씨앗을 자라게 하시고 적당한 바람과 햇빛을 주시고 또 이른 비와 늦은 비를 적절히 허락하신 하나님의 섭리가 있었기에 풍성한 결실의 복을 주셨다는 진리를 알면서도 무지한 저희들은 적게 심고 많이 거두기를 바라고 염치없는 삶을 살아왔음을 고백합니다.

감사하지도 진실하지도 못했으며 겸손하지 못하고 교만했던 우리의 바리새주의적인 신앙생활을 용서하여 주옵소서.

우리가 때로는 물질과 명예와 권세의 노예로 살았던 어리석음을 십자가의 보혈로 속량하시고 크신 성령의 능력으로 새롭게 하여 주시기를 기도합니다.

우주를 창조하시고 다스리시는 하나님 아버지,

하나님께서 국가적으로 교회적으로 가정과 개인의 삶 속에서 참으로 크신 사랑을 베풀어 주신 은혜를 감사합니다.

때로는 위기와 시험의 순간을 당하기도 하였지만 주께서 피할 길을 열어 주셔서 오히려 그것이 우리의 믿음을 강하고 성숙하게 연단시켜 주신 은총임을 알고 감사를 드립니다.

비록 순교의 때는 아니지만 순교의 정신으로 우리에게 도전해 오는 반기독교적인 비진리와 악령의 세력들과 싸워 이길 수 있는 믿음의 전신갑주로 무장하여 승리하게 하옵소서.

우리교회를 말세에 나타날 이단과 거짓 가르침에 단호히 대처하는 경건의 능력으로 진리 안에 굳게 서서 잘못된 교리와 세속화된 도덕적 타락을 능히 이길 수 있는 견고한 산성이 되게 하여 주옵소서.

하나님께서는 이 목적을 이루시고자 귀한 종을 세우셔서 개혁주의 신학과 청교도적인 신앙의 터전 위에 우리교회를 세워 주시고 때를 맞추어 믿음과 하나님을 아는 지식을 겸비한 헌신된 주의 종들을 보내주셔서 오늘까지 우리교회가 든든히 서 가게 하심을 너무나 감사합니다.

이제 우리교회 성도들은 나라를 걱정만하고 세상을 한탄하며 진실한 고백과 믿음의 삶을 살지 못했던 지금까지의 소극적인 생활에서 벗어나 하나님께서 베풀어 주시는 은총과 능력의 말씀으로 일으켜 세워 주셔서 이 시대를 변화시키는 주의 신실한 일꾼으로 헌신하게 하옵소서.

특별히 우리교회는 북한선교에 큰 관심을 가지고 복음으로 평화통일과 무너진 교회를 세우기 위하여 끊임없이 기도하고 있습니다. 분단의 아픔 속에 있는 우리 조국을 불쌍히 여겨 주시고 백두산 소나무 찍어 북한의 무너진 교회를 하루속히 재건하는 시온의 때를 허락하여 주옵소서.

또한 이 모양 저 모양으로 어려움에 처해 있는 성도들의 아픔과 형편을 아시는 주님께서 치유하시며 회복시키는 변화가 있게 하시고 저들이 말씀에 의지하여 간구할 때에 응답받는 기적이 있게 하옵소서.

우리교회 당회와 모든 기관들이 잘 연합하여 조화를 이루고 서로 돌보아 주님의 몸 된 교회와 성도들을 지성으로 섬기는 건강하고 아름다운 지체가 되게 하여 주시기를 기도합니다.

자비로우신 하나님 아버지,

특별히 기도드리는 것은 입시 때를 맞이하여 근심 걱정에 싸여 있는 자녀들이 최선을 다할 수 있도록 영육 간에 건강과 지혜를 갑절이나 더하셔서 기독교인답게 믿음과 소망 가운데서 잘 극복하여 원하는 학교에 진학하여 하나님께 영광이 되고 부모에게는 효자 효녀로서 자랑감이 될 수 있는 자녀들이 다되게 하옵소서.

오늘도 변함없이 주에 종을 말씀을 전할 수 있도록 세워 주심을 감사합니다.

종의 건강을 지켜 주시고 하나님의 말씀을 증거할 때 성령께서 함께하셔서 말씀을 받는 우리의 심령에 새로워지는 놀라운 변화가 있게 하여 주시기를 기도합니다.

미스바의 회개운동처럼 통회하게 하시고 세속에 매인 자와 상한 심령이 참 자유를 얻으며 하늘의 평화가 강물처럼 흘러넘치는 복된 은혜의 시간이 되게 하옵소서.

찬양대를 세우셔서 창조자이신 여호와 하나님을 찬양합니다. 이들이 부르는 찬양이 온전히 하나님의 이름을 높이게 하시고 찬양대원 각자의 신앙고백으로 영성 있는 찬송이 우리 모두에게 은혜가 되게 하옵소서.

우리의 예배가 오직 하나님을 영화롭게 하는 신령한 예배가 되게 하여 주시며 이 모든 말씀을 우리를 죄악에서 구원하여 주신 예수 그리스도의 이름으로 기도합니다. 아멘.

11월 넷째 주일 2

민족의 진로를 제시하는 제사장적인 교회로서
빛과 소금의 역할을 감당할 수 있는
살아 움직이는 교회가 되게 하옵소서.

거룩하시고 영원하신 하나님 아버지,
때를 따라 베풀어 주시는 은혜와 사랑을 진심으로 감사합니다.
  부족하고 허물 많은 저희들을 지난 한 주간도 격동하는 세상에서 지켜 보호하여 주시다가 오늘 거룩한 주일, 믿음의 식구들을 주님 앞에 불러 주셔서 마음과 정성과 뜻을 다하여 전능하신 창조주 하나님께 예배드리게 하시니 감사합니다.
  특별히 지난 한 주간 동안 환경과 여건을 뛰어넘어 오직 주님만 바라보며 세상사람들이 알지 못하는 복된 이날을 사모하게 하신 은혜를 생각할 때 진심으로 감사를 드립니다.
  이 시간 드리는 이 예배를 기쁘게 받으시고 아벨이 드린 제물과 같은 아름다운 복된 예배가 되도록 성령께서 주장하여 주옵소서.

거룩하신 하나님 아버지,

예배에 참석한 우리들의 모습을 생각할 때 세상적인 탐욕과 승부욕이 있기에 수시로 실족하는 허물이 있음을 고백합니다.

주님께서 충성하라 하실 때 저희는 주저했고 온유하라 하실 때 무관심했으며 절제하라 하실 때 낭비했던 허물이 큽니다.

부족한 저희들은 타성에 젖어 명색뿐인 신앙생활을 하면서 이렇게 주 앞에 나와서 머리를 숙이는 염치없는 우리의 부끄러운 허물들을 십자가의 보혈로 깨끗하게 씻어 정결케 하여 주옵소서.

사랑많으신 하나님 아버지,

우리 교회를 위하여 기도합니다.

그동안 하나님께서 주님의 몸 된 교회를 다스려 주셔서 질적으로 양적으로 부흥 성장케 하심을 감사합니다.

주님께서 친히 세우신 이 교회를 말씀과 은혜와 사랑이 넘치게 하셔서 세상에서 시달리고 지친 심령들이 용기를 얻고 치유함을 받는 백성들이 모이는 구원의 방주가 되게 하옵소서.

말씀 위에 굳게 서서 좌로나 우로나 치우치지 않는 십자가와 부활신앙 위에 세워진 교회로서 창수가 나고 바람이 불지라도 흔들림이 없는 견고한 신앙의 터전이 되기를 기도합니다.

또한 민족과 사회의 나아갈 길을 제시하는 제사장적인 교회로서 빛과 소금의 역할을 감당할 수 있는 생명력 넘치는 교회가 되게 하옵소서.

지금 봉사관 건축과 동산 조성공사와 장애자교육을 위한 제2교육관 건립에 온 교회가 기도하고 있습니다. 차질 없이 완공하여 이 지역과 사회를 위하여 복음을 전하며 특수 교육에 힘쓰는 일에 열심으로 섬기게 하옵소서.

우리나라를 위하여 기도합니다.

국가가 어려움에 처할 때마다 에벤에셀의 하나님께서 지금 여기까지 우리나라를 지켜 보호하여 주셔서 오늘에 이르게 하신 은혜를 감사합니다.

이 백성들이 사람보다 하나님을 두려워하여 하나님의 뜻을 따라 살게 하시고 나보다 남을 낫게 여기며 이웃과 더불어 서로 사랑으로 도우며 생활하게 하옵소서.

불신풍조와 부정부패가 이 사회에서 사라지게 하시고 사치와 향락과 과소비와 무절제와 남을 시기하고 질투하며 미워하는 한국병이 하루속히 이 땅에서 사라지게 하옵소서.

지도자로부터 먼저 회개하고 맑고 밝은 공법이 하수같이 흐르는 정의로운 사회가 되어 서로가 서로를 믿고 신뢰하는 정직한 사회를 만들어 가는 데 우리 기독교인들이 먼저 솔선수범할 수 있게 하옵소서.

지금 우리나라는 중대한 역사적 전환기에 서 있습니다.

온 교회가 국가의 장래를 위하여 공고한 기틀을 다지기 위해서 개혁을 추진하며 민족 통일을 위해서 기도하고 있습니다.

이 땅의 황무함을 아시는 하나님께서 사사시대와도 같은 현실을 하나님의 뜻에 부합하도록 질서 있게 개혁하게 하셔서 우리 모든 국민들에게 희망과 용기를 줄 수 있는 정치문화를 이루도록 역사하여 주시기를 기도합니다.

이제 우리 민족이 우상과 미신을 섬기는 일이 없게 하시고 참되신 여호와 하나님만을 섬기는 민족이 되어 그리스도의 복음으로 하늘의 평화가 이루어지게 하옵소서.

애굽 땅에서 종살이하던 이스라엘 백성을 약속의 땅 가나안으로 인도하실 때에 모세를 지도자로 세워 주셨던 것처럼 범죄한 사울 왕을 버리시고 다윗을 택하여 이스라엘 왕으로 세워 주셨던 것처럼 하나님의 마음에 합한 종들로 교회와 국가를 섬기게 하옵소서.

이 시간 주님의 종을 말씀의 대언자로 세워 주심을 감사합니다.

종에게 건강을 더하시고 성령께서 함께 하셔서 증거하는 하나님의 말씀을 통하여 우리의 심령이 감동을 받고 구원의 감격으로 변화되는 역사가 있게 하옵소서.

주님의 몸 된 교회를 위하여 수고하는 당회원과 남녀 교역자 직분자 온 성도들이 말씀 위에 굳게 서서 사랑과 진리와 섬김으로 그리스도의 형상을 나타내게 하옵소서.

이 자리를 사모하면서도 믿음이 연약하거나 병고나 갖가지 사정으로 예배에 참석하지 못한 성도들에게 지극하신 사랑의 손길을 펴셔서 다음 시간에는 기쁨으로 함께 예배드릴 수 있도록 인도하여 주시기를 기도합니다.

특별히 북한 공산치하와 이슬람권에서 신앙의 자유를 박탈당하여 굶주리며 신음하고 있는 백성들을 기억하시고 그들이 절규하며 부르짖는 간절한 소망을 들어 응답하여 주시기를 간구합니다.

이 시간 드리는 예배 순서 순서마다 하나님께서 홀로 영광을 받으시고 특히 찬양대에 같이하여 주셔서 저들이 부르는 찬양이 은혜가 되게 하옵소서.

예배의 시종을 주님께서 함께하여 주시며 영광받아 주옵소서. 이 모든 말씀을 우리를 죄악에서 구원하여 주신 예수 그리스도의 이름으로 간절히 기도합니다. 아멘.

*12월*의 기도

1 첫째 주일
2 둘째 주일 (성서주일)
3 셋째 주일
4 넷째 주일 (성탄주일)
5 다섯째 주일 (송구영신)

| 12월 첫째 주일 |

형식과 외식적인 예배가 아니라 헬몬 산의
이슬이 내림 같이 우리의 심령이 진리의
말씀으로 은혜 받는 귀한 예배가 되게 하옵소서.

　알파와 오메가요 처음과 나중 되신 하나님 아버지,
　역사의 시작(창 1:1)이 있었고 역사의 마지막 때(계 21:21)가 있음을 믿고 주의 재림을 기다리는 실존의 삶을 살아가게 하시는 하나님의 오묘하신 경륜을 찬송합니다.
　세상 삶의 여정 속에 염려와 불안의 삶을 살아가고 있었으나 하나님은 쉼없이 역사하셨고 이 세상 만물을 다스리시고 주관하시며 우리의 발걸음을 인도하셔서 오늘 일 년 중 마지막 달 첫 주일에 전능하신 하나님께 예배를 드리게 하시니 베풀어 주시는 은혜를 감사합니다.
　예수님께서 "무화과나무의 비유를 배우라 그 가지가 연하여지고 잎사귀를 내면 여름이 가까운 줄 아는 것 같이"(막 13:28) 세상에 징조가 나타날 때 그리스도의 재림이 임박한 것을 알게 하심으로써 다시 오실 그리스도의 재림의 소망과 섭리의 확실성을 갖게 하신 하나님께 영광을 돌립니다.

이 소망 가운데 지난 열한 달도 믿음 안에 살게 하시고 맡겨진 일에 충성으로 감당케 하신 하나님의 인도하심에 감사를 드립니다.

때로는 환난과 시련이 징계로 작용하였지만 피할 길을 열어 주셔서 믿음으로 극복하게 하신 주님의 크신 은혜를 감사하며 영광을 돌립니다.

예수님은 우리가 장차 거하게 될 천국을 예비하러 가신 여호와 이레(창 22:14)의 삼위일체 하나님이심을 믿습니다.

그러나 오늘날 기독교인들 중에는 진리를 합리적 논증과 객관적 정당화로 주장하는 종교다원주의사상에 오염되어 예수 그리스도 십자가의 사랑과 그리스도인의 정체성을 잃어 가고 있는 세상적인 교회로 점점 변질되어 가고 있습니다.

한편 예수님을 현세적 공리주의 기복신앙의 대상으로 삼는 무서운 죄과를 범하고 있는 오늘날의 기독교인들을 불쌍히 여겨 주옵소서.

예수님은 이 세상에 다시 오시는 그날까지 "그리스도께서 너희를 사랑한 것 같이 너희도 서로 사랑하라."(요 13:34-35) 하신 새 계명을 주셨습니다.

이 새 계명은 신앙 공동체를 이루는 성도 상호 간의 신적(神的)이고 헌신적인 사랑을 요구하신 유언임에도 불구하고 이 새 계명을 지키지 못하고 의례적이며 상식적인 선에서 관계를 유지해 온 위선과 이중으로 생활 해온 저희들임을 고백합니다.

은혜 가운데 열한 달을 살고 한 해를 마무리하는 첫 주일 생각하면 모든 것이 하나님의 은혜요 감사 감격한 일들이었습니다.

그러나 "선을 행하려다가 고난을 받는 것을 하나님께서 아름답게 여기신다."(벧전 2:20)는 약속의 말씀을 망각하고 원망하며 불평 속에 살았던 허물을 용서하여 주옵소서.

그러함에도 믿음이 부족한 저희들에게 예수님께서 이 땅에 재림하실 것을 믿고 사모하는 믿음을 주신 하나님께 감사합니다.

사악한 이 땅에 메마른 우리의 심령에 공평과 의로 "아멘 주 예수여 오시옵소서."(계 22:20) 기도하는 우리들에게 믿음 소망 사랑으로 주님 다시 오심을 기다리는 마음이 헌신으로 나타나게 하옵소서.

교회의 본질이 위기에 처한 오늘 하나님 나라가 아직도 완전히 성취 되지 않은 긴장의 나날들 속에서 우리가 붙잡아야 할 사명을 잘 감당하는 교회와 저희들이 되게 하옵소서.

오직 예수님이 세상에 다시오심을 기다리는 믿음으로 서로 섬기며 서로 나누는 초대교회 성도들과 같은 사랑으로 성장하며 성숙하는 주님의 교회가 되도록 인도하여 주옵소서.

우리가 만물의 주인 되시는 하나님을 영화롭게 하는 청지기일 뿐 주님 오시는 날까지 다섯 달란트나 두 달란트 맡은 종들처럼 충성되이 최선을 다하는 일꾼들이 되도록 이끌어 주시기를 기도합니다.

"인자가 올 때에 세상에서 믿음을 보겠느냐?"(눅 18:8) 하신 주님의 말씀대로 사이비 이단들과 거짓 선생들의 악한 영들이 믿는 자를 유혹하며 교회를 어지럽히는 일이 여기저기서 일어나고 있습니다. 바른 복음과 진리로 우리를 무장시키시며 승리하게 하옵소서.

영광스러운 모습으로 주님 다시 오실 그날까지 기름 준비한 지혜로운 다섯 처녀처럼 진리의 등불을 들고 신랑 되신 예수님을 맞이하는 성도들이 다되도록 인도하여 주시기를 기도합니다.

이 시간도 주님의 종을 세워 말씀을 증거하게 하시니 하늘의 만나로 은혜 받는 귀한 시간 되게 하옵소서.

말씀이 증거될 때에 하늘 문을 여시고 저희 영의 귀를 열어 주셔서 진리를 깨닫는 복된 시간 되게 하시고 이 말씀에 순종하여 삶의 변화가 일어나게 하옵소서.

형식과 외식에 사로잡힌 습관적인 예배가 되지 않게 하시고 헬몬 산의 이슬이 산천초목을 적심같이 성령의 충만하심이 우리의 심령을 적시게 하셔서 무엇이 옳고 그른지 무엇이 하나님의 뜻이고 사람의 뜻인지 푸르고 싱싱한 지혜로 분별하는 영을 부어 주시기를 간구합니다.

금년을 마무리하는 마지막 달의 삶에서 이 진리가 저희의 심령을 온전히 다스리게 하옵소서.

오늘도 겸손히 마음과 뜻을 같이하여 드리는 우리의 예배를 기쁘게 받아 주시고 이 자리에 참여한 뭇 성도들에게 풍성한 은혜로 하늘의 신령한 복으로 가득 채워 주시기를 기도합니다.

이 예배에 참석하지 못한 교우들과 특히 몸에 병든 자 실직자 생활이 어려운 교우들을 기억하시고 처지에 따라 은혜 내려 주셔서 다음 시간에는 다같이 기쁜 마음으로 꼭 예배에 참석할 수 있도록 인도하여 주옵소서.

예배의 순서마다 하나님께서 홀로 영광 받으시고 찬양대에 같이하여 주셔서 저들이 심령에서 우러나오는 뜨거운 감사의 찬양을 드림으로 하나님께 영광 돌리며 우리 모두에게 은혜가 되게 하옵소서.

이 모든 말씀을 세상을 심판하러 오실 우리 구주 예수 그리스도의 이름으로 기도드립니다. 아멘.

12월 둘째 주일

성서주일

우리 교회는 "오직 성경으로", "오직 은혜로",
"오직 믿음으로"라는 위대한 개혁자들의 신앙을
계승하여 이를 초석 삼아 부흥하는 교회가 되게 하옵소서.

지혜와 지식의 근본이 되신 하나님 아버지,
하나님의 형상과 모양대로 우리 인간을 창조하시고 생명의 생기를 불어넣어 주심으로 인격과 지혜를 갖게 하시며 언어와 글자를 주신 하나님의 놀라우신 섭리에 찬송과 영광을 돌립니다.
오늘은 한국교회 전체가 교파를 초월하여 성서주일로 지키게 하시고 하나님의 말씀인 성경을 읽고 묵상하며 생명의 양식으로 접하게 하신 은총을 감사합니다.
조선 왕조의 명운이 바람 앞에 등불처럼 시들어 갈 때 한국에 복음의 씨앗을 뿌리기 위하여 19세기 말 스코틀랜드의 존 로스 목사와 매킨타이어 목사로 하여금 만주에 한국 선교의 전진기지를 세우게 하시고 역사의 전환기를 이루게 하신 성령 하나님께 영광을 돌립니다.
복음이 조선 반도에 들어오기 전 하나님께서는 이미 믿음의 선진 이응찬

등의 도움으로 누가복음과 요한복음 그리고 훗날 마가복음을 번역하는 등 말씀을 준비시키시고 조국으로 유입하게 하셨으며 선교사들을 사용하셔서 "성경전서"를 출간하게 하였습니다. 한문을 숭상하던 전통을 깨고 우리의 글을 되찾는 문화적 자존심을 일깨워 주신 하나님의 오묘하신 섭리를 잊을 수가 없습니다.

당시 기득권층의 전유물이었던 한자문화를 일반적으로 천시당하였던 한글문화로 개혁하게 하시고 모든 백성으로 신문명에 눈을 뜨게 하셔서 정치 사회 문화 모든 분야에 일대혁신을 가져오게 하시는 한편 복음의 역사를 일으켜 경이로운 교회부흥을 일으키신 하나님의 깊으신 섭리와 은혜에 무엇으로 보답하겠습니까?(시 116:12)

19세기 말 조선 왕조의 쇄국주의 정책과 20세기 초 일본의 조국 침탈로 인하여 기독교 복음은 환난과 핍박의 연속이었고 순교의 피는 전국을 적시는 처절한 상황이었습니다.

이러한 상황에서도 하나님의 말씀인 성경의 권위는 황폐한 영혼들을 구원하는 능력 있는 "성령의 검"(엡 6:17)으로 세계가 바라보는 오늘의 한국교회를 이루게 하셨습니다.

세월이 지나면서 한국교회와 저희들은 크고 놀라우신 하나님의 은혜를 잊어버렸고 우리의 신앙은 영적인 무력감에 빠져 있어 성경의 권위도 긴장감도 기도와 찬송의 능력도 없음을 부끄러워하며 참회의 기도를 드립니다.

우리는 하나님의 은혜와 사랑을 받을 만한 가치가 없으나 성경 말씀으로 하나님을 경외하는 자의 모든 악조건을 극복하게 하시고 우리를 회개에 이르게 하시며 우리의 삶의 방향을 전환시켜 하나님에게로 돌아서게 하셨습니다.

그럼에도 불구하고 아직도 예수를 믿는다고 하면서도 전통적 유교사상과 무속신앙의 영향으로 여전히 세상으로 기울어져 있는 지금의 영적 상태를 불쌍히 여겨 주옵소서.

현재 지구상에는 신앙의 자유가 없어 성경을 비밀리에 반포하거나 숨어서 읽는 국가나 지역이 있는가 하면 언어는 있으나 문자가 없어 성경을 갖지 못하는 부족들이 있습니다.

우리 한국교회는 그들을 위해서 기도하며 방법을 모색하여 도울 책무가 있는 줄 압니다. 우리 스스로 만족하고 있는 자만심을 버리고 우리도 받았으니 그 사랑의 빚을 갚아야 할 사명으로 언어 창조와 성경 번역에까지 도움을 주는 선교하는 교회들이 되게 하옵소서.

신앙의 자유가 얼마나 가치 있는 행복인 것인지를 알고 살아가게 하심을 감사합니다.

특별히 우리 교회는 "오직 성경으로" "오직 은혜로" "오직 믿음으로" 위대한 개혁자들의 신앙을 계승하기를 철저하게 가르치며 이를 초석 삼아 질적으로 양적으로 부흥 성장하심은 하나님의 놀라우신 축복이며 은혜입니다.

각 교육기관마다 성경을 체계적으로 교육하게 하셔서 오직 하늘에 계신 내 아버지의 뜻대로 행하는(마 7:21) 천국 일꾼으로 자라게 하심을 감사합니다.

그리하여 "비가 내리고 창수가 나고 바람이 불어 그 집에 부딪히되 무너지지 않는"(마 7:25) 주초가 튼튼한 말씀에 순종하는 교회로 세상 끝 날까지 지켜 보호하여 주옵소서.

이 모든 감사가 희석되지 않고 날마다 생명력 있게 자라서 열매 맺는 주님의 복된 교회로 부흥 성장하도록 인도하여 주시기를 기도합니다.

한편으로는 일부 교회와 지도자들이 교회의 양적 물적 성장과 성공 지상

주의에 빠져 경건의 능력도 모양도 상실한 안타까운 현실이 되어 가고 있습니다.

종교다원주의의 변질된 신앙으로 인하여 성경의 정경성이 무너져가는 이 때에 우리교회는 철저한 초대교회 순교자적인 신앙의 바탕위에 든든히 서가게 하옵소서.

하루속히 이 땅에 저 16세기의 종교개혁이 다시 일어나 말씀과 사랑의 능력으로 예수님이 가르쳐 주시는 방법으로 세상을 변화시키는 새 역사가 일어나도록 인도하여 주옵소서.

우리교회부터 먼저 교역자들과 당회원들이 말씀에 붙잡혀 낮아지며 섬김의 정신으로 작은 그리스도가 되어 맡은바 직분을 잘 감당하도록 힘과 능력을 더하여 주시기를 기도합니다.

교육기관에서 헌신하는 교사들과 피교육자들까지 양식이 없어 기갈이 아니라 하나님의 말씀이 없어 피폐하다고 탄식했던 예언자들의 절규를 오늘에 되살려 교사들로 하여금 성경을 체계적으로 교육하는 풍성한 은혜가 넘치게 하옵소서.

우리교회에 속한 각부 주일학교 모든 학생들이 세속적인 문화와 대중음악과 유행에 오염되지 않고 "악은 모양이라도 버리라."(살전 5:22)는 성경 중심의 신앙으로 바른길 가도록 성령께서 다스려 주시기를 기도합니다.

이 시간도 귀히 쓰시는 주님의 종을 말씀의 대언자로 세워 주심을 감사합니다.

종을 통하여 전해지는 생명의 말씀이 저희들 삶에 이정표가 되게 하여 주시며 말씀을 통하여 책망을 받는 자 회개하게 하시고 믿음이 연약한 자 권면받게 하시며 위로받을 자 마음에 평안을 누리게 하옵소서.

이 시간 예배에 참석한 우리 모두가 은혜 받고 감사 감격하는 마음으로 교회 문을 나설 때에 세상과의 영적 싸움에서 흔들림이 없이 승리하게 하옵소서.
　"보라 내가 속히 오리니 두루마리의 예언의 말씀을 지키는 자는 복이 있으리라"(계 22:7)는 말씀을 항상 묵상하며 신앙생활하게 하옵소서.
　찬양대가 찬양으로 하나님의 위대하심을 노래합니다.
　가사 한구절 한구절이 우리의 신앙 고백이 되게 하시고 정성을 다해 부르는 아름다운 찬양이 하나님께 영광을 돌리며 예배에 참석한 모든 성도들에게 은혜가 되게 하옵소서.
　날마다 말씀으로 개혁되기를 원하시며 우리를 죄악에서 구원하여 주신 예수 그리스도의 이름으로 기도합니다. 아멘.

| 12월 셋째 주일 |

내일 무슨 일이 일어날지 모르는 불확실한
세상 중에서도 지금까지 지켜 주신 것 감사합니다.

사랑 많으신 하나님 아버지,
베풀어 주시는 은혜를 진심으로 감사합니다.
　금년도 두 주일을 남겨 놓고 한 해를 영원한 과거로 돌려 보내면서 온 성도들을 주님의 몸 된 교회에 불러 주셔서 전능하신 창조주 하나님께 예배를 드리게 하시니 감사합니다.
　만물보다 깨끗하지 못하며 정직하지도 못하고 미물보다 의롭지 못한 부족하고 허물 많은 저희에게 지난 일 년 동안 베풀어 주신 은혜를 생각하면 만 입이 있어도 그 입 다 가지고 감사와 찬송을 드릴 수 없습니다.
　이 시간 공의로우신 하나님 앞에 나아와 설 때 우리의 지난날의 불신앙적인 행위를 생각하면 두렵고 떨리는 마음 금할 수 없습니다. 우리를 불쌍히 여겨 주옵소서.
　죄와 허물로 죽었던 죄인들을 구원하시고자 하늘나라 영광의 보좌를 내어 놓으시고 십자가의 보혈로 죄인들을 구속하여 주신 예수님의 그 높고 위대하신 사랑을 감사합니다.

격동과 변화로 다사다난했던 한 해를 돌아볼 때 국내외적으로 크고 작은 사건들이 끊임없이 이어지면서 많은 재산과 인명 피해가 있었습니다.
내일 또 무슨 일이 일어날지 모르는 위태롭고 불확실한 세상 중에서도 우리를 지켜 보호해 주시는 은혜로 지금 여기까지 지켜 주신 에벤에셀의 하나님께 진심으로 감사와 영광을 돌립니다.
하나님의 형상대로 지음 받은 저희는 금년 한 해를 돌이켜 볼 때 그리스도인답게 살지 못했던 게으름과 원망과 허물이 많았음을 고백합니다.
주님을 섬긴다고 하면서도 직위와 신분을 앞세워 교만했던 때도 있었으며 사랑하라 권하면서도 부정했고 소금과 빛이 될 것을 다짐하면서도 체면과 세상풍조에 편승했던 위선을 회개합니다.
세상 사람들은 연말연시를 들뜬 기분으로 성탄절을 악용하며 방탕함과 술 취함과 음란한 퇴폐적 오락으로 소란스럽게 보내고 있습니다.
저희들의 허물과 이 무지한 백성들의 죄를 용서하시고 인류 구원의 역사를 이루시고자 평화의 왕으로 세상에 오신 예수 그리스도를 영접하여 마음을 다해 구주로 믿게 하옵소서.

지금 우리가 살고 있는 이 세대는 과학문명의 발달로 피조물인 인간이 하나님의 창조질서에 도전하는 현대판 바벨탑을 쌓고 교만을 부리며 참 살기 좋은 세상이라고 말합니다.
과학기술과 인간의 이성으로 모든 것이 가능하다고 믿는 어리석은 교만과 자연환경의 변화와 천재지변은 물론 문명의 진보와 발전 배후에 있는 간교한 사탄의 역사로 테러와 전쟁 등이 인류 종말의 시기를 앞당기는 듯 합니다.

특히 핵 문제와 세계 여러곳에서 계속적으로 일어나고 있는 극단주의자들의 테러와 인명 살상은 세상 마지막 때를 예고하는 포악성과 잔학성을 보여 주고 있는 것이 오늘날의 현실입니다.

거룩해야 할 교회마저도 하나님의 말씀을 외면하고 인권과 자유화를 내세워 동성애를 인정하고 성직자 안수와 교회 직분을 허용하며 남자와 여자를 두사람으로 성경까지 수정해야 한다는 타락한 교단들과 점점 세속화되어 가는 교회들이 미국을 비롯하여 세계 도처에서 확산되고 세상문화로 받아들이고 있는 실정에 이르렀습니다.

"예루살렘아! 예루살렘아! 네가 하늘에 닿을 듯 싶더냐?"

많은 선지자들을 피 흘리게 했던(마 23:37-39, 24:1-2) 멸망할 도성을 향하여 탄식하셨던 예수님께서 빛과 소금의 역할을 다하지 못하는 오늘날 이 땅의 타락한 교회들과 맡겨진 사명을 잘 감당하지 못하는 교회 지도자들을 비롯하여 저희를 향하여 눈물 지으시는 모습을 볼수 있는 눈을 갖기를 원합니다.

이러한 때에 우리 한국교회가 어떤 위치에 있는지 말씀에 비추어 돌아보게 하셔서 하나님의 창조 질서를 해치거나 하나님이 없다 망령되이 행하며 파괴를 일삼거나 성경을 부정하는 자유주의신학 불건전한 신비주의 열광주의 세속주의 기복신앙을 추구하는 사탄의 유혹에 빠지지 않도록 영적무장을 하게 하옵소서.

오직 우리를 믿음으로 말미암아 의롭다 하심을 인정하신 "우리 주 예수 그리스도로 말미암아 하나님으로 더불어 화평을 누리게"(롬 5:1) 하옵소서.

아무리 세상이 어지럽고 예수님의 이름을 빙자하여 어떠한 이단사상이 미혹한다 할지라도 조금도 흔들림 없이 굳건한 신앙으로 이 시대에 맡겨진 사명을 잘 감당하는 교회로 세워 주시고 세상 끝날까지 천지는 변하여도 영원히 변함없는 성경말씀대로 행하게 하옵소서.

나라에 장래의 희망과 기둥이 될 청소년들의 범죄 행위는 그 어느 때보다 위험 수위를 넘고 있다는 언론의 보도가 있지만 다니엘과 세 친구들과 요셉처럼 뜻을 정하고 말씀과 진리를 붙잡고 신앙생활을 하는 주님의 자녀들을 양육하는 교회가 되게 하옵소서.
우리교회를 비롯하여 주님의 자녀 된 청소년들을 보호하시며 세속적인 대중음악과 유행에 물들지 않게 하시고 하늘의 진리로 시대를 분별할 줄 아는 지혜로운 영을 부어 주셔서 성경적 세계관과 가치관을 지니고 올바른 판단과 정의로운 행동으로 사랑과 공의로 차세대를 위해 책임지는 지도자로 세워 주옵소서.

이 시간 주님의 종을 말씀의 대언자로 세워 주심을 감사합니다.
세상사에 시달리고 상처 받은 심령들에게 신령한 진리의 말씀으로 은혜 받는 귀한 시간 되도록 성령께서 주장하여 주옵소서.
말씀을 받는 저희들은 목마른 사슴이 목숨을 걸고 시냇물을 찾는 심정으로 영원히 목마르지 않는 생명의 말씀을 받아 깨닫게 하시고 끝까지 그 말씀에 순종하며 신앙생활 잘 하게 하옵소서.
종의 건강을 항상 지켜 주시며 교회를 위하여 민족을 위하여 세계 선교를 위하여 노심초사 눈물로 기도하며 섬기고 있습니다. 종의 기도를 들어 응답하여 주시기를 기도합니다.
오늘도 방방곡곡에서 주의 이름으로 모이는 주님의 몸된 교회와 특별히 북한 공산 치하에 있는 성도들을 기억하시고 하루속히 자유롭게 예배드릴 수 있는 날을 허락하여 주옵소서.

우리 교우들 중에 병마에 시달리거나 가정과 사업에 어려움으로 고난 받는 형제자매들이 있습니다.

그들을 친히 찾아 주셔서 위로하여 주시고 고난 가운데에서도 하나님의 은혜에 감사하는 굳건한 믿음의 성도들이 되게 하여 주옵소서.

이 시간 예배의 순서 순서마다 하나님께서 홀로 영광을 받으시고 특히 찬양대의 찬양을 통하여 부르는 자나 듣는 자들이 다 함께 은혜 받게 하옵소서.

이 모든 말씀을 우리를 죄악에서 구원하여 주신 예수 그리스도의 이름으로 기도합니다. 아멘.

12월 넷째 주일
성탄주간

인류를 구원하시기 위하여 평화의 왕으로 오신 예수
그리스도의 탄생을 경배하게 하심을 감사합니다.

　죄와 사망으로 죽었던 인류를 대속하기 위하여 구약의 언약대로 독생 성자 예수 그리스도를 이 땅에 보내 주신 사랑의 하나님,
　죄의 그늘에 눌렸던 죄인들에게 구원의 빛으로 강생하신 그 놀라우신 주님의 은혜에 영광을 돌립니다.
　말씀이 육신이 되어 우리 가운데 거하신 주님께서 인간의 몸을 입으시고 우리 인간의 연약함을 친히 체험하신 하나님의 구속사역을 생각할 때 성탄절이 갖는 의미가 얼마나 크고 심오한지 말로 다할 수 없는 기쁨과 감사로 모든 영광을 주님께 돌립니다.
　하나님께서는 자신의 약속을 결코 변개치 않으시고 아들 메시아로 말미암아 인간 구원의 역사를 이루셨습니다.
　예수님의 탄생으로 인해 "지극히 높은 곳에서는 하나님께 영광이요 땅에서는 기뻐하심을 입은 사람들 중에 평화"(눅 2:14)가 된 참 자유와 그 언약의

성취를 찬송합니다.

　예수님께서 세계 역사의 중심이 되셔서 그리스도를 믿든 안 믿든 주님 강생 이전을 '주전' (BC)이라 하고 주님 강생 이후를 '주후' (AD)라 칭하게 된 데에도 하나님의 크고 오묘하신 뜻이 계셨음을 깨달을 때 그 놀라우신 섭리를 찬양할 수밖에 없습니다.

　예수 그리스도의 동정녀 탄생이 성경적으로 역사적으로 이처럼 깊은 진리를 함축하고 있기에 저희 믿는 그리스도인들은 예수님을 인생의 주인으로 모시고 살며 주님을 중심으로 모든 가치관과 인생관을 정립시켜 주님의 성품을 닮아 가는 삶이 되게 하여 주옵소서.

　다시 한 번 예수 그리스도의 구속의 은혜를 기억하며 다짐하게 하심을 감사합니다.

　그러나 우리는 육신의 안목에 매여 체면과 타성에 젖은 신앙생활을 하고 하나님의 진리를 자신의 구미에 맞추어 편리한 대로 살아온 죄인들입니다.

　지금 우리는 나 자신의 눈의 들보를 보지 못한 채 주변의 체면과 형식과 외식에 매여 사는 것이 신앙생활의 전부인 것처럼 생각하고 남의 티만을 보고 분노하고 비난했던 어리석음을 고백합니다.

　짐승의 구유에까지 낮아지신 예수님,

　넓고 크신 하나님의 사랑 앞에 저희는 교만하였으며 강보에 싸여 누우신 만왕의 왕은 안중에 없고 세상의 물질과 권세 앞에 비열했던 저희의 교활함을 용서하여 주옵소서.

　성령 하나님께서 우리를 정결케 하시며 겸손하고 진실한 주님의 자녀로 성숙된 신앙으로 바로 세워 주옵소서.

　세상은 연말연시와 성탄절을 핑계 삼아 돈벌이와 방종과 쾌락의 죄악으로 얼룩진 삶을 살아가고 있는데 저희들도 그 중심 자리에 있지 않은지 되돌아보게 하옵소서.

　이러한 상황에서 우리교회부터 주님께서 이 땅에 오신 구속사역의 참뜻을 바로 깨닫고 믿어 목자들처럼 겸손하고 검소하게 주님을 경배하며 찬송하게 하시고 흑암 속에 고통으로 신음하는 이웃들에게 기쁨의 좋은 소식을 전하며 몸소 사랑을 실천하는 손길들이 되게 인도하여 주옵소서.

　은혜로우신 하나님 아버지,
　비록 우리의 심령이 누추하고 죄에 때 묻은 냄새나는 상태이오나 예수님 친히 오셔서 생명의 은총으로 풍성하게 채워 주시기를 기도합니다.
　영광의 빛으로 오신 주님께서 이 백성들을 주장하셔서 불의와 횡포와 무력과 오만함을 심판하시고 여호와 하나님의 사랑과 예수 그리스도의 은혜와 성령 하나님의 인도하심을 따라 바르고 반듯하게 살아가게 하옵소서.
　가라 하실 때에 가지 않았으나 이제는 가게 하시고 외치라 하실 때에 외치지 못했으나 외치게 하옵소서.
　일하라 하실 때에 핑계를 많이 댔으나 순종하며 일하게 하시며 인내를 요구하실 때에 성급했으나 오래 참게 하옵소서.
　십자가가 다가올 때에 주님을 배반했으나 구레네 사람 시몬처럼 희생의 십자가를 당당히 지게 하옵소서.
　주권자가 손을 벌렸을 때에 외면했으나 이제는 손을 펴서 사랑을 나누고 섬기는 넉넉한 마음 갖게 되기를 원합니다.
　시므온이 주님의 구원을 보고 이방을 비추는 빛이라고 찬송했던 그 빛이 저희들의 눈과 귀를 열게 하셔서 만유의 주님이시요 통치자이신 예수 그리스도를 알지 못하는 만방을 향하여 복된 기쁜소식을 전하는 교회와 저희들이 다 되게 하여 주옵소서.

주님께서 강생하신 이날은 바로 구원의 날이요 생명의 날이요 평화의 날이며 흑암이 사라진 광명의 날임을 온 세상이 알게 하옵소서.

동방 박사와 요셉과 마리아의 찬미와 순종과 믿음을 저희도 본받기를 원합니다.

오늘 예배에 참석한 성도들로 기뻐하게 하시고 겸손하게 하시며 모든 만민이 찬송하게 하옵소서.

해마다 돌아오는 성탄절이지만 언제나 새롭게 주님을 만나고 거듭될수록 더 깊은 진리를 깨달아 살아가게 하시고 개인이나 국가의 명절이 아니라 온 인류의 명절에 감사와 기쁨과 소망이 넘치기를 간절히 간구합니다.

저희 심령의 빈 방에 주님 오셔서 좌정하시고 우리의 일생을 다스려 주옵소서.

"영접하는 자 곧 그 이름을 믿는 자에게는 하나님의 자녀가 되는 권세를 주신"(요 1:12) 하나님의 이름이 이 백성들로 높임을 받는 새로운 변화가 우리교회로부터 일어나기를 간절히 기도합니다.

어둠이 깊을수록 빛을 간절히 사모하듯이 우리의 주변이 비록 불의와 폭력 미움 시기 질투 욕심으로 가득 찬 어둠의 세상이라 할지라도 빛 되신 예수님의 탄생 소식을 듣고 밤길을 달려서 베들레헴을 찾아간 목자들처럼 "믿음의 주요 온전케 하시는 이인 예수님만을 바라보고"(히 12:2) 평화의 왕을 경배하는 우리 모두가 되게 하여 주옵소서.

오늘도 주님의 종을 세우셔서 양 무리를 위하여 말씀과 눈물의 기도와 그리스도의 인격으로 양육시켜 주심을 감사합니다.

하나님의 본체이시나 사람이 되셔서 종의 모양으로 오시어 자신을 낮추신 그리스도의 마음을 품을 수 있도록 말씀을 증거하게 하옵소서.

인류 구원의 역사를 이루신 주님의 강생하심이 절망에 빠진 뭇 영혼들에게 복된 소식으로 들리게 하시고 연약한 자들에게는 위로가 되게 하옵소서.

우리가 비록 많은 것을 갖지 못하고 귀한 것을 바치지 못하지만 주님을 사랑하는 마음으로 오늘 한 날을 살게 하시고 주님의 사랑으로 이웃을 기억하고 긍휼을 나누는 손길들이 되게 하여 주시기를 기도합니다.

이 시간 하나님께 드리는 성탄연보와 예배가 신령과 진정으로 드려지므로 주님의 존귀와 영광이 나타나게 하옵소서.

오늘 특별히 성탄주간에 그동안 땀 흘리며 시간을 바치며 준비한 연합찬양대의 찬양을 받아 주시고 수고한 지휘자 반주자를 비롯하여 모든 찬양대원들에게 복을 내려 주옵소서.

찬양하는 이들이나 이에 동참하는 저희에게 구주 탄생의 기쁨과 함께 하나님께 영광을 돌리게 하옵소서.

우리를 구원하시기 위해 평화의 왕으로 강생하신 우리 구주 예수 그리스도의 이름으로 간절히 기도합니다. 아멘.

| 12월 다섯째 주일 |

송구영신

의의 면류관이 약속된 결승점에
서게 하신 주님의 권능과 권세 앞에
감사함으로 무릎을 꿇을 수밖에 없습니다.

자비로우시고 거룩하신 하나님 아버지,
지난 일 년 동안 저희를 사랑하시고 진리의 말씀과 사랑의 보호하심 가운데 지금 여기까지 인도하여 주신 하나님의 크신 은혜를 감사합니다.
이 시간 주님의 몸 된 교회에 나아와 금년 마지막 주일예배에 참석하여 하나님께 영광과 존귀와 찬송을 돌립니다.

저희들을 지키시고 보호하시는 하나님 아버지,
다사다난했던 한 해를 회고해 볼 때 국가적으로 사회적으로 개인적으로 말로 다 할 수 없는 시련과 격동의 연속이었습니다.
"오직 의인은 믿음으로 살리라" 하신 그 믿음 하나로 '의의 면류관'이 약속된 올해의 결승점에 서게 하신 하나님의 권능과 권세 앞에 연약한 저희들이 주앞에 나아와 머리를 숙이며 예배를 드립니다.

우리가 하나님을 알 지 못할 때에 하나님이 우리를 부르셨고 주님과 원수 되었을 때에 주님은 십자가로 참 사랑을 계시해 주셨으며 믿음이 연약했을 때에 오직 주님의 강한 팔로 우리를 붙드셔서 진리의 말씀과 복음의 능력으로 선한 싸움 싸우게 하시고 달려갈 길 달리게 하신 주님의 사랑을 찬송합니다.

특별히 우리교회는 주님의 종을 영적 지도자로 세우셔서 사랑과 진리로 복음을 사수하는 일에 전도하는 일에 세계 선교와 교육과 봉사하는 일에 그리고 세상을 향하여 정의가 바로 서게 하며 조국의 통일에 대비하여 북한 선교에 힘을 기울이도록 영력을 주셔서 주님이 기뻐하시는 교회로 부흥 성장시키신 하나님의 섭리에 감사합니다.

자비로우신 하나님 아버지,

저희들이 금년을 맞이했을 때에는 말씀과 기도 생활에 열심을 다하고 바로 믿고 바로 살며 하나님의 영광과 그리스도와 그 교회를 위하여 충성하고 세상의 소금과 빛이 되겠다고 결심하며 다짐하였습니다.

그러나 믿음이 연약하여 결심대로 살지 못했으며 지키지도 못했던 허물을 부끄러운 심정으로 고백합니다.

우리는 주님의 십자가와 부활을 통하여 대속해 주신 은혜를 알면서도 세상의 정욕과 육신의 안목과 세상의 자랑과 체면으로 살아왔던 죄악을 자복합니다. 주님의 보혈로 속량하여 주옵소서.

금년 한 해 동안 주님은 저희에게 많은 것을 주셨습니다.

가시덤불과 같은 험한 세상에 살지만 시험에 빠지지 않게 주님의 지팡이와 막대기로 인도해 주셨으며 흔들리는 세대에 살지만 지금까지 믿음을 지켜 오게 하신 은혜가 얼마나 큰지 말로 다 표현할 수 없습니다.

하지만 때로는 광야를 헤매던 이스라엘 백성처럼 아무것도 받지 못한 자처럼 절망하고 원망했으며 외아들을 주시기까지 용서해 주신 하나님의 은혜 안에 살면서도 이웃을 향하여서는 인색하고 외면하였던 부끄러움을 고백합니다.

저희 각자에게 주신 은사와 귀중한 기회는 소홀히 하고 이미 잃어버린 기회를 생각하며 후회와 낙담과 세상을 원망하며 살아온 불신앙을 예수님의 십자가의 보혈로 깨끗이 씻어 주옵소서.

오늘을 나의 마지막 날로 알고 주님께서 나를 부르신다면 주님 앞에 서기에 너무나도 허물이 많은 죄인들입니다.

이처럼 별 수 없는 저희들이지만 용납하시고 오래 참으시며 금년 마지막 주일예배에 불러 모으셔서 한 해를 돌아보면서 잘한 것은 감사드리고 잘못한 것은 철저히 회개하고 새로운 역사를 시작하게 하신 주님의 사랑에 감사합니다.

금년 한 해 동안에도 이름도 빛도 없이 오직 하나님의 영광을 위해 땀흘리며 수고한 각 기관에서 헌신한 일꾼들을 통하여 주님의 몸 된 교회가 든든히 서 가게 하여 주신 은혜를 감사합니다.

교육 봉사 전도 행정 문서선교기관 등에서 헌신하는 교역자를 비롯한 일꾼들과 어려운 환경 속에서도 자신의 나약함을 극복하고 기도와 말씀과 전도와 섬김으로 충성한 주님의 자녀들에게 위로의 성령께서 함께하셔서 이전보다 교회를 바로 섬기며 더욱 주님과 이웃을 사랑하며 열심을 품고 헌신하게 하옵소서.

불꽃같은 눈으로 세상을 다스리시는 전능하신 하나님 아버지,
우리가 살고 있는 이 세상은 성경말씀대로 주님께서 다시 오실 종말의

징조가 곳곳에서 나타나고 있습니다.

각종 재난이 끊이지 않고 있으며 성도들까지도 교묘히 미혹하려는 악의 세력과 이단의 배교사상이 난무하고 있습니다.

전쟁의 소문과 세상 지식의 발달에 따른 지능적 범죄의 증가와 테러와 지진과 기근과 이상기온 경제적 빈곤 인류를 위협하는 각종 질병 등 암담한 실상이 세계를 휩쓸고 있습니다.

노아 홍수 때와도 같이 롯의 때와도 같이 도덕적 타락도 극에 달하고 있는 실정입니다.

말세에 믿음을 보겠느냐고 탄식하셨던 주님의 음성을 듣습니다.

우리교회 성도들은 큰 능력과 영광으로 재림하셔서 우리를 주님 영광의 자리로 불러 주실 것을 약속하신(마 24:30-31) 말씀대로 등불 들고 신랑을 맞이할 다섯 처녀와도 같은 믿음으로 오실 주님을 맞이하며 준비하는 저희들이 다 되게하여 주시기를 간절히 기도합니다.

주님께서 우리교회에게 맡기신 세계선교와 민족복음화 그리고 새 예배당 완공에 박차를 가하도록 모자람이 없이 새 힘을 공급하여 주옵소서.

주님의 몸 된 교회가 온 정성을 다하여 이 세상을 기독교 정신으로 개혁하고 섬기게 될 주일학교 학생들을 차세대 천국 일꾼으로 바르고 반듯하게 교육하는 데 최선을 다하는 교회 되게 하옵소서.

이 시간 주님의 종이 말씀을 증거합니다. 성령께서 주장하여 주셔서 하늘의 만나와 같은 진리의 말씀으로 우리의 영혼을 풍성하게 채워 주옵소서.

말씀에 굶주린 뭇 심령에게는 생명의 양식으로 광야와 같은 세상에 목말라 애타는 영혼들에게는 이 시대의 필요한 생명수가 되는 시간 되기를 간절히 기도합니다.

육신의 질병으로 고생하는 이들과 시험에 들어 방황하는 이들과 여러 모양으로 어려움에 처한 이들에게 치유의 능력과 고통으로부터 자유를 회복하는 말씀이 되게 하옵소서.

말씀을 듣는 자마다 큰 은혜 받고 마음에 평안의 감격을 누리면서 금년 한 해를 잘 마무리하고 소망의 새해를 신실한 일꾼으로 섬기는 결단의 첫 걸음을 내딛게 하옵소서.

이 시간 신령과 진리로 드리는 우리의 예배를 받아 주시는 하나님께 존귀와 영광과 위엄과 권력과 권세가 영원무궁토록 충만하기를 간구합니다.(유 25)

하나님의 성호를 노래하는 찬양대와 예배를 위하여 순서를 맡은 종들의 헌신을 받아 주옵소서.

특별히 지난 일년 동안 땀흘리며 시간을 바쳐 수고한 찬양위원회와 지휘자 반주자 오케스트라 모든 찬양대원들의 헌신을 받아주시고 하늘에 신령한 복으로 가득채워 주옵소서.

이 모든 말씀을 처음과 나중되시며 우리를 죄악에서 구원하여 주신 예수 그리스도의 이름으로 간절히 기도드립니다. 아멘.

Appendix *Part*

1 헌신예배 기도문
2 특별 기도문
3 역사에 남는 명기도문

헌신예배 기도문

1. 남전도회 헌신예배
2. 여전도회 헌신예배
3. 대학 청년부 헌신예배
4. 찬양대 헌신예배

남전도회 헌신예배

선한 일에 열매 맺으며 성령의 역사를 따라
힘을 다하여 복음을 전하며 헌신하는
우리 남전도회가 되게 하여 주옵소서.

우리의 기쁨이 되시고 소망이 되신 하나님 아버지,
복음을 위하여 일꾼 된 우리 남전도회가 새롭게 결단하는 헌신예배를 하나님께 드리게 됨을 진심으로 감사합니다.
저희 남전도회 회원들이 마음과 정성을 다하여 하나님께 헌신을 새롭게 다짐하고 맡겨진 사명을 잘 감당하기 위해 헌신예배로 모였습니다. 하나님, 영광 받아 주시고 한없는 은총을 베풀어 주옵소서.
우리는 십자가의 은혜로 대속해 주신 예수님의 크신 사랑을 감사하며 산다고 하면서도 지난 한 해의 사역을 돌이켜 보면 하나님 일꾼답게 바르게 살지 못하였으며 그리스도의 몸 된 교회를 위하여 헌신적으로 섬기지 못한 부족한 점도 있었습니다.
주님께서 저희 남전도회를 주님의 복음을 땅 끝까지 전하기 위하여 세워 주셨지만 그 목적에 부합한 선교적 사명을 잘 감당하지 못하고 월례회 출석도 제대로 하지 못했던 불충한 저희들이었습니다.

지난 한 해 동안 어려운 여건 속에서도 남전도회의 부흥 발전을 위하여 기도와 물질과 시간과 열정으로 봉사하였던 임원들에게 위로의 성령께서 함께하여 주시기를 기도합니다.

금년도 새로이 선임된 일꾼들과 함께 회원 모두가 한뜻을 향하여 하나님의 영광을 드러내기에 부족함이 없도록 성령님의 능력으로 인도하여 주옵소서.

그리하여 데살로니가교회에 일어났던 "믿음의 역사와 사랑의 수고와 소망의 인내"(살전 1:3)가 우리 가운데 풍성히 임하게 하옵소서.

복음의 일꾼 에바브로디도처럼 그리스도의 일을 위하여 죽기까지 이르러서도 자기 목숨을 돌아보지 않는 신실한 그리스도의 군사로 다시 태어나는 남전도회가 되게 하여 주시기를 기도합니다.

매사에 주님 보시기에 합당하게 행하여 주님을 기쁘시게 하고 선한 일에 열매 맺으며 성령의 역사를 따라 힘을 다하여 수고하는 우리 남전도회가 되게 하여 주옵소서.

가정에서는 믿음의 가장으로 교회에서는 선한 청지기로 일터에서는 성실한 직업인으로 사회에서는 당당한 사회인으로 섬기며 성령충만하게 하셔서 하나님께서 주시는 지혜와 창의력으로 주님의 일에 앞장서며 일터마다 최선을 다하는 우리 회원들 다 되게 하옵소서.

우리 회원들이 있는 곳마다 복음으로 새로워지는 변화가 일어나게 하여 주시기를 기도합니다.

이 시대의 불의와 부도덕에 민감하게 반응하며 오직 하나님의 공의와 사랑이 강같이 흐르게 하는 일에 하나님 나라의 청지기가 되게 하옵소서.

우리 남전도회의 금년도 사업을 통하여 모든 사람에게 구원을 주시는 하나님의 은혜가 나타나게 하시고 그러기 위하여 저희 남전도회가 더욱 모이기에 힘쓰는 하나님께 인정받는 일꾼들 되게 하옵소서.

저희로 하여금 이 땅의 자유와 통일을 위하여 썩어지는 밀알이 되게 하시고 평화의 도구로 쓰임 받는 남전도회가 되게 하여 주시기를 기도합니다.

이 시간 주의 귀한 종을 말씀의 대언자로 세워 주심을 감사합니다.

능력 있는 말씀을 증거하게 하시고 그 말씀에 힘입어 우리 남전도회 회원들과 이 예배에 참석한 온 성도들의 심령 깊숙이 새로운 도전을 받는 귀한 은혜의 시간 되게 하옵소서.

이 예배를 위하여 찬양으로 영광 돌리는 찬양을 받으시고 우리에게는 은혜의 찬송이 되게 하옵소서.

이 모든 말씀 우리 주 예수 그리스도의 이름으로 기도합니다. 아멘.

여전도회 헌신예배

교회를 섬기며 봉사하는 일과 소외된 이들을
예수님의 사랑으로 돌보는 일과 이웃에게 복음을
전하고 구제하는 일에 앞장서게 하옵소서.

저희의 연약함을 아시고 언제나 능력의 손길로 인도하시는 하나님 아버지, 베풀어주시는 은혜와 사랑에 감사와 찬양을 드립니다.
 이 시간 저희 여전도회가 마음을 다하고 뜻을 다하여 옥합을 깨뜨려 자신을 온전히 주님께 드린 마리아와 같은 심정으로 헌신예배를 드리게 하시니 감사합니다.
 "고운 것도 거짓되고 아름다운 것도 헛되나 오직 여호와를 경외하는 여자는 칭찬을 받을 것이라"(잠 31:30)는 말씀대로 여전도회 회원들이 뜻을 같이하여 하나님께 예배를 드립니다. 비록 질그릇 같은 연약한 저희들이지만 우리의 헌신을 온전히 받아 주옵소서.

자비로우신 하나님 아버지,
우리 여전도회에 특별한 사명과 책임을 감당하게 하심을 감사합니다.

예수 그리스도의 복음이 이 땅에 들어와 음지에 있던 여성들을 역사의 한복판으로 이끌어 내어 당당하게 사회의 주역으로서 활동하게 하신 여성의 지위 향상은 물론 교회에서도 전도와 봉사에 힘쓰며 궂은 일 어려운 일을 마다하지 않고 열심히 주의 몸 된 교회를 섬기게 하신 은혜를 감사합니다.

이 시간 우리 여전도회가 이 헌신의 대열에 동참하고 그 생명을 계승함으로써 하나님 아버지께 우리의 헌신과 영광을 돌립니다. 이 예배를 받아 주옵소서.

그러나 저희에게는 허물이 많았음을 고백합니다.

마르다와 같이 분주하였으나 자신이 드러나는 일에 열심이었고 사람들의 칭찬과 평가에 민감하였던 때도 있었습니다.

숨겨진 작은 일이나 영육이 가난하고 약한 지체들을 바로 세우는 일에 소홀했던 잘못을 회개하오니 불쌍히 여기시고 용서하여 주옵소서.

원하옵기는 이름만 여전도회가 아닌 일평생 전도하고 봉사하는 여전도회로 헌신하게 하셔서 오직 완전하시고 공평하신 하나님께서 인정하는 꼭 필요한 교회의 기관이 되도록 이끌어 주옵소서.

사랑하는 가족을 주신 하나님,

가족들을 믿음으로 굳게 세워 주시고 가정마다 주님만 섬기는 복된 안식처가 되게 하옵소서.

부모를 공경하고 남편을 주님처럼 섬겼던 룻과 같은 현숙한 딸이요 아내가 되게 하시고 자식을 온전히 하나님께 의탁한 한나와 같은 사무엘의 어머니가 되게 하시며 루디아와 같이 주님의 종을 모시고 주님의 몸 된 교회를 섬기는 일에 열심을 다하는 우리 여전도회 회원들이 되게 하옵소서.

세계선교 사역에 평생 수고했던 사도 바울을 한결같이 도왔던 겐그레아 교회 뵈뵈(롬 16:1-2)와 같은 일꾼들이 많이 출현하는 복을 내려 주옵소서.

아직도 우리가정에 교회 밖에 있는 남편이나 가족이 있습니까?

십자가에서 주님의 지극하신 순종과 강한 믿음과 희생적인 사랑을 배우게 하셔서 삶으로 복음을 제시하여 구원받는 기적이 일어나게 하여 주시기를 기도합니다.

우리의 주위에는 할 일이 너무 많습니다.

교회를 섬기며 봉사하는 일과 소외된 이들을 예수님의 사랑으로 돌보는 일과 이웃에게 복음을 전하며 구제하는 일과 나라와 민족 선교를 위해 기도와 물질로 후원하는 일 등을 잘 감당할 수 있도록 믿음과 지혜와 능력을 더하여 주옵소서.

회장과 임원들에게 믿음과 물질 모든 것을 채워 주시고 교회를 섬기는 일에 부족함이 없는 여전도회가 되게 하여 주옵소서.

우리 여전도회 회원들이 하나님을 섬기고 예배드리는 것이 일상생활의 우선 순위로 삶의 목표가 되게 하옵소서.

영적 나태와 도덕적 타락에 빠져 있는 오늘날의 기독교인들의 무관심을 깨우쳐 전도하게 하옵소서.

말씀을 전하실 귀한 종을 세워 주시니 감사합니다.

우리 여전도회가 믿음으로 세워지는 생명력 넘치는 말씀을 증거하게 하옵소서.

마음을 다스리시는 성령의 인도하심 따라 우리의 삶 전체가 예수 그리스도께서 나를 주관하시고 다스려 주셔서 세상을 이길 수 있는 승리자들이 되게 하여 주옵소서.

　찬양으로 수고하는 여성 찬양대에 같이하셔서 하나님께서 영광 받으시고 우리 모두에게 은혜가 되게 하옵소서.

　이 모든 말씀을 우리를 죄악에서 구원하여 주신 예수 그리스도의 이름으로 기도합니다. 아멘.

대학 청년부 헌신예배

젊은 지성인들을 기독교문화로
굴절된 이 사회를 개혁하고
한 알의 밀알로 사용하여 주옵소서.

지혜와 지식의 근본이 되시는 하나님 아버지,
 인생에서 가장 소중한 시기를 십자가의 열정으로 의미 있게 다듬어 가고 있는 우리 젊은이들이 하나님을 경외하며 그리스도 복음의 일꾼으로 쓰임 받고자 이 시간 마음을 새롭게 다짐하는 헌신예배로 모이게 하신 주님을 찬송합니다.
 디모데와 같이 거짓 없는 믿음으로 바로 서서 주님께서 분부하신 복음사역을 저들이 속한 캠퍼스와 일터에 능력 있게 전파하게 하시고 진리가 자유케 하심을 몸으로 증거하는 일꾼으로 부르신 은혜에 감사합니다.
 이처럼 그리스도의 일꾼으로 영육 간에 능히 감당해야 할 사명과 쌓아 가야 할 지혜와 지식의 축적이 그 어느 때보다 긴요한 시기입니다.
 세상풍조에 밀려 기독청년으로서의 분별력을 잃거나 미혹케 하는 사탄의 악령에 넘어지거나 이기적이며 성공지향적인 욕망으로 바울의 동역자였던 데마처럼 세상을 사랑하며 떠나가는(딤후 4:10) 젊은이들이 점점 늘어가는 안타까운 현실이 되어 가고 있습니다.

성경에 대한 무지와 영적 무질서 그리고 교회의 상대주의 사상과 빠른 속도로 확산되고 있는 부도덕성과 많은 그리스도인조차 세상과 구별되지 못한 채 세속화의 길을 걷고 있는 젊은이들이 너무나 많습니다.

우리는 급변하는 세상 속에서 어떻게 성경적인 기독교윤리와 가치관으로 살아가야 할지 하나님께 지혜를 구하고 영안의 눈을 뜨게 하셔서 남녀 이성문제나 모든 면에있어서 불꽃같은 눈으로 보고 계시는 하나님 앞에서 부끄러울것이 없는 깨끗한 신앙생활 하게 하옵소서.

때로는 부딪쳐야 할 어두움에 찬 시련도 많을 줄 압니다. 저들에게 이 모든 유혹과 죄악을 이겨 낼 수 있는 굳건한 믿음 허락하여 주옵소서.

"청년이 무엇으로 그 행실을 깨끗게 하리이까 주의 말씀 따라 삼갈 것이니이다."(시 119:9)라는 말씀을 항상 깊이 묵상하며 믿음 생활 잘하게 하옵소서.

우주 만물을 다스리시는 하나님 아버지,

세계는 21세기를 바라보면서 그 어느 때보다 과학과 인간의 이성을 숭상하는 풍조와 사회 전반적으로 디지털 시대의 영향아래 있습니다.

그러나 일찍이 지혜자는 "여호와를 경외하는 것이 지식의 근본이라."(잠 1:7)는 말씀대로 우주의 창조자이시며 영원한 주권자이신 하나님의 존재를 알고 순종하며 섬기는 영적 지성과 역사적 시대정신을 확립하여 굴절된 이 사회를 기독교 문화로 개혁하는 한 알의 밀알로 사용하여 주시기를 간절히 기도합니다.

그러기 위해서 "믿음에 굳게 서서 남자답게 강건하여"(고전 16:13) 각자의 미래를 성실하게 준비하되 주권자이신 하나님께 무릎 꿇는 겸손함과 서로 섬기며 협력하는 마음 주셔서 정치 경제 사회 예술 문화 등 모든 분야에서 하나님 보시기에 아름다운 세상을 만들어 가는 기초가 되기를 원합니다.

예루살렘을 끌어안고 울던 느헤미야처럼 포로로 잡혀간 상황에서도 조국을 위하여 창문을 열어 놓고 하루 세 번 기도한 다니엘처럼 가나안의 야빈을 물리쳤던 드보라처럼 스코틀랜드로 달려가 울부짖던 존 낙스처럼 이 젊은 희망의 등불들이 그렇게 살도록 준비하게 하옵소서.

자비하신 하나님 아버지,

우리 기독청년들이 학업에 열중하는 데 경제적 어려움이 있거나 진학과 진로에 고뇌가 있는 학생이 있습니까?

복음의 전선이 될 직장을 구하지 못해 방황하거나 각종 고시와 임용 준비와 결혼문제 등 어려움을 겪고 있는 남녀 청년들이 있습니까?

국방의 의무를 수행하는 믿음의 형제들이 적응하지 못하는 고통이 있습니까?

우리의 머리털 하나까지도 세시는 주님께서 이들에게 불안과 갈등과 위기를 말씀과 기도로 극복하게 하시고 갈 길을 열어 주셔서 전능하신 하나님만 의지하고 이 모든 환경과 악조건을 믿음으로 극복하는 기독청년들이 다 되게 하여 주시기를 기도합니다.

무한경쟁 시대에 맑은 이성과 냉철한 판단력과 바른 분별력으로 사회 각 분야에서 선교적 사명을 다하는 귀한 지도자가 배출되게 하시며 이들이 말씀으로 다져지고 기도로 무장된 선한 군사로 열방을 향한 그릇들이 되도록 인도하여 주시고 성공자들이 다 되게하여 주옵소서.

특히 삶이 고단하고 희망을 접은 약한 우리 청년들에게 재기할 수 있는 새 힘과 소망을 주시고 주님이 걸어가신 길을 따라 걸어갈 수 있는 용기를 주시며 승리하게 하옵소서.

　말씀을 듣고 서신 주님의 종이 계시의 말씀을 증거할때에 그 말씀이 삶의 이정표가 되게 하옵소서.
　우리가 하나님께 예배드리며 말씀을 들음으로써 거듭난 심령으로 말씀대로 실천하여 주님의 뜻을 이루는 데 섬김의 본을 보이게 하옵소서.
　우리 앞에 끊임없이 도전해 오는 타락한 세속적인 문화와 시대적인 골리앗을 물리칠 수 있도록 힘과 능력과 믿음 더하여 주옵소서.
　예배의 순서마다 성령께서 주장하여 주시며 이 자리에 참석한 온 성도들이 "청춘으로 독수리같이 새롭게 하시는"(시 103:5) 주님만을 바라보게 하옵소서.
　찬양을 부르는 청년 찬양대에 같이하셔서 우리 모두가 은혜 받고 하나님께 영광이 되게 하옵소서.
　예배를 마치는 시간까지 성령님께서 함께하여 주시며 우리를 죄악에서 구원하여 주신 예수님의 이름으로 기도드립니다. 아멘.

찬양대 헌신예배

솔로몬 왕이 성전을 봉헌할 때 찬양대가
"선하시도다 그 자비하심이 영원히 있도다"라고 찬양하며
여호와의 전에 영광의 구름이 가득했던 역사를 기억하게 하옵소서.

영광과 존귀와 찬송을 영원토록 받으시기에 합당하신 하나님 아버지, 베풀어 주시는 은혜를 진심으로 감사드립니다.
이 시간 각부 찬양대가 연합하여 마음과 뜻과 정성을 다하여 창조자이신 하나님을 높여 찬양하는 참된 의미를 되새기며 새롭게 결단하는 헌신예배를 드리게 됨을 감사합니다.
찬양대가 같은 마음 같은 뜻으로 연합하여 드리는 이 예배를 기쁘게 받으시고 오직 하나님 앞에 흠이 없이 전심으로 영광 돌리는 구별된 찬양대로서의 믿음과 사명을 오늘에 되살려 초지일관 찬양으로 예배를 드리는 헌신자로 하나님께 영광 돌리게 하옵소서.

"이 백성은 내가 나를 위하여 지었나니 나의 찬송을 부르게 하려 함이라."(사 43:21) 말씀하신 창조주 하나님,

찬양대의 찬양이 하나님을 기쁘시게 하고 오직 하나님만을 향한 찬양이어야 함에도 불구하고 자신의 음악성과 인간적 기교를 살려 사람의 귀만 즐겁게 하는 연주를 하거나 감성적 노래로 분위기를 띄움으로써 성령을 근심케 하는 왜곡된 음악을 노래했던 허물은 없습니까?

부정한 입술과 세속적인 사고에 물든 마음으로 십자가와 부활의 감격도 없이 한갓 노래를 불렀던 불신앙으로 인하여 "찬미의 제사를 하나님께"(히 13:15) 드리지 못함으로 주님의 이름을 증거하는 입술의 열매를 맺지 못했던 찬양을 했다면 용서하여 주옵소서.

우리를 지으신 이가 하나님이시요 우리를 부르신 이가 하나님이시며 우리를 일꾼 삼으신 것도 하나님이심을 다시 고백하게 하셔서 그리스도의 구속을 받은 신실한 자녀로서 세상의 안일함과 모든 명예 버리고 주님이 맡기신 귀한 직분을 감사하는 마음으로 감당하는 찬양대원들이 다 되게 하옵소서.

찬송 중에 거하시는 하나님 아버지,

솔로몬 왕이 성전을 봉헌할 때 찬양대가 "선하시도다. 그 자비하심이 영원히 있도다."라고 찬양하매 여호와의 전에 영광의 구름이 가득했던 역사를 기억하게 하셔서(대하 5:12-14) 우리교회 찬양대가 찬양할 때에도 성령의 감동하심 속에 영광이 충만하게 나타나 천국을 움직이는 변화가 일어나게 하여 주옵소서.

그런 찬양대가 되기 위하여 지휘자와 반주자와 대원들이 사명감으로 일치하여 신앙과 음악적 훈련을 받는 일에 열심을 내게 하시고 많은 성도들 가운데 하나님을 찬송하는 영적 레위 지파의 직분자로 선택되었다는 확신과 기쁨으로 그 사명을 감당하는 경건하고 영성 있는 찬양대원이 되도록 책임감과 성실함과 협동심과 기도의 능력을 부어 주옵소서.

　찬양대 각자의 생활에 늘 감사의 찬양이 넘치게 하시고 말씀과 기도로 준비함으로써 가사 한 구절 한 구절이 신앙고백이 되게 하시며 마음 깊이 감격에 넘쳐서 하나님을 높이는 찬양으로 신령한 예배가 되게 하여 주시기를 기도합니다.

　찬양대의 각 파트가 서로 다른 음을 내는데도 그 음들이 화음을 이루어 아름다운 찬양이 되듯이 우리교회 모든 성도들과 각 기관들이 맡은 위치에서 조화롭게 일을 잘 감당함으로써 협력하여 선을 이루는 영화로운 주님의 교회 되게 하옵소서.

　이 시간 주의 종을 세우셔서 복된 헌신의 말씀을 증거할 때에 생명의 말씀이 강물처럼 흘러서 찬양대원들에게는 새로운 사명감을 일깨우게 하시고 예배에 참석한 저희 모두에게는 기쁨으로 새 힘을 얻는 찬양의 능력을 경험하게 하옵소서.

　우리가 드리는 예배와 찬송을 통하여 주님 홀로 영광받아 주옵소서. 이 모든 말씀을 우리를 죄악에서 구원하여 주신 예수그리스도의 이름으로 간절히 기도합니다. 아멘.

특별 기도문

1. 선교사 파송예배
2. 한국 교회를 위하여
3. 나라와 민족을 위하여
4. 목회자들을 위하여
5. 부흥사경회를 위하여
6. 사회적 약자를 위하여
7. 수능시험을 앞두고 있는 자녀들을 위하여
8. 국군 장병들을 위하여
9. 세계 평화를 위하여(1)
10. 세계 평화를 위하여(2)

┃ 선교사 파송예배 ┃

우리 한국교회가 선교에 대한 비전과 사명감으로
온 세계에 복음이 전파되는 그날까지 우리에게
맡겨진 몫을 잘 감당하여 주님의 뜻을 이루게 하옵소서.

거룩하신 만군의 주 여호와 하나님 아버지,
베풀어 주시는 은혜를 진심으로 감사합니다.
오늘 우리교회가 총회 선교부 주관으로 저 머나먼 아프리카 탄자니아로 선교사를 보내는 파송예배를 드리게 하심을 감사합니다.
우리나라는 피압박 민족으로 모진 가난과 전쟁의 폐허와 남북 분열의 아픈 역사를 겪는 가운데 미국을 비롯하여 우방 여러나라의 도움으로 고난을 극복하며 살아온 민족이었습니다.
우리나라를 긍휼히 여기신 하나님께서 이 땅의 황무함을 거두시고 신앙의 자유와 경제적으로 잘사는 나라를 세워 주신 것은 전적으로 하나님의 은혜인 줄 믿습니다.
이제는 선진 한국의 면모를 세계 앞에 드러나게 하시고 우리 한교회가 부흥 성장하여 세계에서 두 번째로 많은 선교사를 5대양 6대주에 파송하는 놀라운 기적의 역사를 이루어 주신 하나님께 감사를 드립니다.

복음을 받은 한국교회가 이제는 복음을 주는 교회로 세계를 향하여 예수 그리스도를 증거하게 된 것은 하나님의 뜻이 있는 줄 압니다.

우리 교회가 1970년 초 인도네시아로 선교사를 파송한 이래 오늘에 이르기까지 이집트 이스라엘 독일 홍콩 일본 아르헨티나 브라질 등 선교사를 파송할 수 있도록 감당할 수 있는 환경과 여건을 만들어 주셨으니 감사합니다.

하나님께서는 오늘 선교사로 파송받는 종을 택하셔서 일찍이 선교적 사명을 갖게 하시고 신학교육과 선교사훈련 과정을 마치고 여러 나라에 단기선교를 통하여 열방을 향한 복음사역에 경험을 갖게 하셨습니다.

이제 아프리카 대륙을 향해서 헐벗고 굶주리는 뭇 백성들에게 선교사로 파송하게 되었습니다. 온 교회가 시간과 기도와 물질로 동참하게 하시고 앞으로 더 많은 선교사를 파송할 수 있도록 힘과 능력을 더하여 주옵소서.

이 시간 파송을 받는 선교사 가족들에게 성령께서 함께하여 주시기를 기도합니다.

언어와 피부색이 다르고 풍토와 관습이 전혀 다른 미지의 나라를 향하여 복음 들고 갑니다. 열악한 환경과 종교 문화적 이질감이 강한 나라일지라도 주님께서 친히 동행하여 주셔서 그리스도의 증인으로 많은 열매를 맺어 하나님께 영광 돌리게 하옵소서.

"오직 성령이 너희에게 임하시면 너희가 권능을 받고 예루살렘과 온 유대와 사마리아와 땅 끝까지 이르러 내 증인이 되리라."(행 1:8)라고 하셨습니다.

가는 곳마다 고난과 아픔과 조롱과 악령의 세력들이 앞을 가로막을지라도 예수님의 사랑과 순결과 인내와 겸손으로 그 고통 가운데 "다 이루었다"

(요 19:30)고 하심으로 승리하신 주님의 말씀을 깊이 묵상하며 이 시대의 진정한 전도자로 사명 잘 감당하게 하옵소서.

"이 산지를 내게 주소서 그들을 쫓아내리이다."(수 14:12)라고 했던 갈렙과 같은 믿음으로 가는 곳마다 주를 영접하는 사람들이 날로 더해지며 우상과 사탄의 악한 것들이 무너지게 하시며 허무맹랑한 미신에 매여 사는 백성들과 그 지역이 하나님 나라를 이루는 변화의 기적이 일어나게 하옵소서.

이미 파송받아 선교사역을 하고 있는 종들을 위하여 기도합니다.

말씀을 증거하다가 건강을 잃거나 타문화권에서 고통을 당하며 너무 지쳐서 영적 침체에 빠졌거나 자녀들의 교육환경으로 통한의 눈물을 흘리는 선교사 가족도 있습니다.

하나님 아버지, 이들을 위로하여 주옵소서. 저들의 심령에 복음의 증거자로서 사명을 충실히 감당할 수 있도록 모든 악조건을 극복하게 하시고 부족함이 없도록 채워 주옵소서.

보냄을 받은 선교사 가족과 파송하는 우리교회와 성도들이 한마음 한뜻으로 "누구든지 주의 이름을 부르는 자는 구원을 받으리라 아름답도다 좋은 소식을 전하는 발이여 함과 같으니라."(롬 10:13-15)라고 외쳤던 사도 바울의 고백이 오늘 저희들의 진솔한 고백이 되게 하옵소서.

우리교회가 선교에 대한 비전과 사명감으로 온 세계에 복음이 전파되는 그날까지 우리에게 맡겨진 몫을 감당하며 주님의 뜻을 이루게 하옵소서.

복음을 증거하다가 선교 현지에서 순교를 당한 선교사도 있습니다. 건강 때문에 어려움에 처한 선교사들도 있습니다. 공산권에서 이슬람권에서 박해를 당하고 있는 선교사들에게 옥에 갇혔던 베드로를 헤롯의 손에서 벗어나게 하신(행 12:6-12) 이적을 저들에게도 베풀어 주시기를 기도합니다.

말라리아 등 풍토병이 비켜가도록 보호하여 주시고 현지의 좋은 동역자들을 발굴하여 효과 있게 활동할 수 있도록 인재양성에 심혈을 기울이는 데 물질적으로 모자람이 없도록 채워 주옵소서.

결단코 인간적인 환상과 의욕을 앞세우거나 조급함으로 인해 성령을 근심케 하는 일이 없게 하시고 선교 전략을 잘 세워 성공적으로 많은 열매를 맺어 좋은 소식을 전해 들을 수 있도록 인도하여 주옵소서.

오늘 예배순서를 맡은 총회와 노회 임원들과 교회 선교위원회와 수고한 모든 종들의 헌신을 받아 주옵소서.

말씀을 증거하실 종의 입술을 주장하셔서 파송받는 선교사에게 맡겨진 사명 잘 감당할 수 있는 능력의 말씀이 선포되게 하옵소서.

말씀을 듣는 모든 성도들이 "땅 끝까지 이르러 내 증인이 되라." 하신 예수님의 대사명의 말씀에 순종하여 은혜 받아 실천하는 우리 모두가 되게 하옵소서.

예배의 모든 순서를 통하여 하나님 영광받아 주시고 길이요 진리요 생명이 되신 예수 그리스도의 이름으로 기도합니다. 아멘.

한국 교회를 위하여

각계각층의 부정부패와 죄악으로 얼룩진
이 사회를 향해 우리 한국 교회가 진리의
향유를 부어 주는 사명을 감당하게 하옵소서.

우주 만물을 창조하시고 통치하시는 전능하신 하나님 아버지,
이 나라 이 민족을 사랑하셔서 어두움에 싸였던 우리 조국을 예수 그리스도의 생명의 빛으로 구원하시며 새 이스라엘이 되게 하신 하나님의 은총을 진심으로 감사합니다.
이 땅에 그리스도의 복음이 전해진 지 130년의 짧은 세월 동안 세계 기독교 역사상 그 유례를 찾아볼 수 없는 민족 복음화의 기적을 이루게 하신 하나님의 놀라우신 섭리와 사랑에 감사와 영광을 돌립니다.
국운이 쇠약하여 풍전등화와 같은 우리 조국의 역사 현장에 친히 임하신 하나님께서는 선교사를 보내어 주셔서 황무한 이 땅에 새로운 교육기관과 병원과 교회를 방방곡곡에 세우게 하시고 사회개혁을 통한 기독교문화를 꽃피우게 하신 은혜를 감사합니다.
현대적인 교육제도와 교수방법으로 남녀 누구에게나 공평하게 교육의

기회가 주어져 많은 인재를 양성하였습니다.

　당시 우리나라에 만연 된 전통적인 악습인 반상 계급과 축첩행위 초혼의 폐단 도박 술과 담배를 타파하고 여성의 지위 향상과 묻혀 있던 한글로 성경을 반포함으로써 문맹퇴치와 인간의 존엄성과 평등성을 회복하게 하셨으며 한국문화를 세계화시킴으로써 전 국민의 의식을 선진화하는 기적을 베풀어 주셨음을 감사합니다.

　한국 초대교회는 교세는 비록 약했지만 참과 거짓이 싸울 때 순교자의 피를 따라 진리 편에 바로 서는 확고한 신앙과 국가관으로 기미 3.1운동은 물론 8.15해방을 비롯하여 근대 우리민족이 역사의 현장에 동참하게 하심도 교회가 감당해야 할 몫인 것을 알고 실천했습니다.

　하나님께서 우리나라의 위기와 고난과 시련의 순간마다 새 힘을 주시고 놀라운 복을 내려 주셔서 교회가 부흥 성장하여 오늘에 이르게 된 것도 한국 교회를 향하신 하나님의 크신 계획과 뜻이 있는 줄 압니다.

　한편으로는 한국교회가 경이로운 양적성장은 했으나 세월이 지나면서 정통신학과 신앙이 변질되어 성경의 진리를 인문학적으로 왜곡하거나 부인하는 자유주의 신학과 신앙이 교회를 어지럽게 하고 있으며 연합사업이라는 명목으로 모든 종교는 같다고 하는 종교다원주의 사상과 사회적 시류에 물들어 가고 있습니다.

　십자가의 신학과 신앙만을 선포해야 할 강단이 세속정치와 일부 부흥사들의 저속한 용어와 값싼 복음을 외치는 자리가 되어 인간의 기호에 맞춘 욕망과 허영심을 부추김으로 세상 권세와 물질적 성취를 하나님의 축복으로 맹신하는 어리석음도 있습니다.

　또한 예수님의 이름을 교묘히 빙자하여 교회와 교인들을 미혹하는 이단

세력들이 "우는 사자와 같이 두루 다니며"(벧전 5:8) 삼킬 자를 찾아 유혹하고 있는 실정입니다.

"가만히 들어온 사람이 있음이라"(유 1:4)라는 말씀과 같이 오늘날 교회 안에 참 교인으로 위장하여 가만히 들어와 교회를 어지럽게 하는 이단자들로 인하여 피해를 보는 교회들이 속출하고 있는 현실을 그냥 두지 마시고 이단의 패역을 물리쳐 주옵소서.

우리 한국 초대교회가 1907년 평양 대각성 회개운동으로 거듭났던 것처럼 세상이 감당치 못하는 바른신학 바른신앙 바른교회로 성경 말씀으로 돌아오는 오늘의 교회들이 되게 하옵소서.

이 땅에 교회가 바로 서서 일하기를 원하시는 하나님 아버지,

민족의 고난을 짊어지고 하나님 앞에 나아갔던 모세와 같은 심정으로 우리 조국의 역사를 책임지는 애국적인 주의 종들과 지식인들이 많이 양성되어 한국교회와 도덕적으로 타락해 가는 이 사회를 이끌어 가게 하옵소서.

우리 한국교회 지도자들을 비롯하여 예수 믿는 위정자들과 공직자들이 하나님을 두려워하며 국민을 섬기는 정신으로 나라의 진로를 제시하는 선지자적 역할을 잘 감당함으로 하나님의 영광을 드러나게 하옵소서.

하루속히 하나님의 방법으로 평화적 남북통일이 이루어져서 북녘 땅에 무너진 교회를 세우게 하시고 남북이 서로 손에 손을 잡고 "시온의 영광이 빛나는 아침 어둡던 이 땅이 밝아오네" 찬송을 부르는 평화의 대로를 허락하시고 삼천리 금수강산이 하나님 나라가 되게 하옵소서.

이 모든 말씀을 우리를 죄악에서 구원하신 예수 그리스도의 이름으로 기도합니다. 아멘.

나라와 민족을 위하여

번영하는 나라, 정직한 나라를 이루어 가는 복된 나라를
우리 후손들에게 물려주어 자손대대에 복을 누리며
사는 나라가 될 수 있도록 축복하여 주옵소서.

우주를 창조하시고 인류 역사를 지배하고 계시는 하나님 아버지,
 고난과 역경 중에서도 우리나라를 지켜 주시고 예수 그리스도의 구원의 복음이 전래되어 하나님 나라가 확장되어 가는 놀라운 은혜를 베풀어 주심을 감사합니다.
 오랜 세월 동안 어려움과 시련 가운데서도 우리 조국을 짧은 기간 동안 눈부신 성장과 발전으로 세계 경제대국으로 이끄신 하나님의 섭리는 오병이어의 기적의 은총임을 믿고 감사와 영광을 돌립니다.
 믿음의 역사와 사랑의 수고와 소망의 인내로 환난을 극복하며 경제성장을 이루게 하심은 한국교회의 기도의 능력에 힘입음이요 하나님의 긍휼하신 사랑의 결과인 줄 믿고 감사를 드리지 않을 수 없습니다.
 우리 민족은 오랜 역사 선상에서 가난과 압박 가운데서 살았고 피지배 민족의 설움 속에서 지내왔으나 하나님의 은혜로 오늘날과 같은 자유와 기

쁨을 누리며 하나님을 마음껏 섬기며 예배드리며 복음을 전할 수 있는 자유민주주의 국가로 우뚝 서게 하심을 감사합니다.

이 모든 것이 하나님의 섭리와 은혜인 줄 믿고 영광을 돌립니다.

옛날 이스라엘 백성은 출애굽 과정에서 홍해를 건너고 만나와 메추라기로 양식을 공급 받고 모세의 지팡이로 반석을 쳐서 물이 솟아나는 이적을 바로 눈앞에서 체험하면서도 지도자 모세를 원망하고 금송아지를 만들어 우상까지 섬겼습니다.

오늘날 우리도 이 놀라운 은혜를 감사하지 못하고 물질의 풍요로 인해 방종하며 자기 소욕을 좇아 사는 어리석은 백성임을 고백합니다.

사회 전 분야에 만연 된 부정부패와 여러 형태의 갈등과 분열의 모습들은 이 나라를 암담하게 하고 있습니다.

정치가는 국가와 국민의 안전보다 당파싸움으로 전략적 야욕만을 위하여 정치함으로 그 어느 때보다도 국민에게 불신과 지탄을 받고 있으며 경제인은 기업 윤리를 망각하고 욕망만을 충족시키는 데 급급하고 교육자는 올바른 인성교육을 포기한 지 오래이며 종교인은 주님을 닮은 고상한 품격을 잃었습니다.

우리 한국교회는 신앙노선이 같음에도 분열을 거듭하여 수많은 교파와 연합기관들이 난립함으로 오히려 세상으로부터 지탄을 받고 있습니다.

하나님의 백성 된 우리의 잘못과 죄과가 너무나 큽니다. 용서하여 주시고 이 나라 이 민족과 교회가 다시 일어설 수 있도록 회개의 영을 부어 주셔서 이 모든 인간적인 죄악의 여리고 성이 무너지게 하옵소서.

나라와 민족과 교회가 살길은 하나님 앞에 철저하게 회개하고 돌아서는 길밖에 없음을 깨닫게 하옵소서.

열방의 대주재이신 하나님 아버지,
우리나라의 대통령과 입법 사법 행정부를 위하여 기도합니다.
　먼저 행정수반인 대통령에게 지혜를 내리셔서 이 나라가 당한 위기를 잘 극복하게 하시고 다윗 같은 하나님 중심의 지도자가 되게 하여 주옵소서.
　겸손함과 인자함을 주셔서 바른 판단력으로 항상 국민의 소리에 귀를 기울이며 가난하고 소외 된 백성들을 더욱 사랑하고 평등과 공의로 나라를 잘 섬기는 통치자가 되게 하옵소서.
　특별히 남북 대치 상황에서 국방 외교 안보 문제를 하나님의 방법대로 잘 대처해 나갈 수 있도록 지혜와 능력을 더하여 주시기를 기도합니다.

　입법부 수장인 국회의장과 3백여 명의 국회의원을 위하여 기도합니다.
　이들이 국민의 대의기구로서 민의에 귀를 기울이고 반영하며 애국애족하는 마음으로 바른 정치를 함으로 하나님의 공의와 자유가 강물처럼 넘쳐 흐르는 깨끗하고 건강한 나라의 기관이 되게 하옵소서.
　정파에 얽매이지 않고 정직한 마음과 바른 생각으로 국정을 잘 다스릴 수 있는 입법기관으로서 그 책임과 소임을 다하게 하옵소서.

　사법부 수장인 대법원장을 비롯한 모든 재판관들을 위하여 기도합니다.
　사법부가 독립기관임에도 때로는 정치적으로 억울한 형벌을 받게 한 부끄러운 판결도 있었으며 도저히 이해할 수 없는 재판도 있었습니다.
　솔로몬 왕이 이스라엘 백성을 다스림에 있어서 공명정대한 재판을 할 수 있는 지혜를 하나님께 구함으로 공의가 넘쳐 흐르는 태평성대를 이루었던 것처럼 우리 사법부도 이를 교훈 삼아 바른 판단으로 국가 기강이 바로 서며 오직 공법이 물같이 정의가 하수같이 흐르는(암 4:24) 공정한 사회를 이루는 데 진력하게 하옵소서.

의인 다섯을 찾아 멸망할 성읍을 구원하기를 원하시는 하나님 아버지,

먼저 우리 한국교회의 천만 성도들이 하나님과 역사 앞에 부끄러움 없는 신앙으로 살게 하시고 이 나라를 새롭게 하는 데 한 알의 밀알이 되게 하옵소서.

사회 각계각층에 걸쳐 팽배해 있는 죄악의 요소들이 제거되게 하시고 하나님께서 원하시는 공평과 정의와 질서와 사랑이 뿌리내리게 하옵소서.

하나님 아버지,

아직도 분단된 우리 조국이 민족통일의 문이 열리지 않고 있습니다. 이 민족을 불쌍히 여기시고 하루속히 통일의 길을 열어 주옵소서.

자유를 빼앗긴 지옥과도 같은 환경 속에서 굶주림과 고통으로 죽어 가는 북녘 동포들에게 복음의 능력으로 출애굽의 역사를 경험하게 하옵소서.

한국 교회 모든 주의 종들에게 성령의 능력을 더하셔서 진리의 말씀만을 온전히 증거하게 하시고 저희들 모두가 말씀 따라 바른 신앙생활을 함으로 이 사회와 불신자들에게 모범을 보이는 기독교인들이 되게 하옵소서.

대통령을 비롯하여 입법 사법 행정 모든 기관장들이 하나님을 알고 나라를 사랑하며 국민을 섬길 수 있는 넉넉한 마음을 갖게 하옵소서.

"여호와를 자기하나님으로 삼는 백성은 복이 있도다."(시 144:15)라는 말씀대로 번영하는 나라 정직한 나라를 이루어 가는 행복한 나라를 우리 후손들에게 물려주어 자자손손이 주 안에서 복을 누리며 사는 나라와 민족이 될 수 있도록 인도하여 주옵소서.

이 모든 말씀을 우리를 죄악에서 구원하신 예수 그리스도의 이름으로 간절히 기도합니다. 아멘.

| 목회자들을 위하여 |

구약시대의 선지자들도 세례 요한도 베드로, 사도 바울도
백성들에게 죄를 책망하며 회개하기를 외쳤던 것처럼
오늘날 한국교회도 이와 같은 강력한 복음이 전해지게 하옵소서.

우주만물을 지으시고 기쁘신 뜻대로 다스리고 계시는 하나님 아버지, 그리스도의 피로 값 주고 사신 교회를 세우시고 이 특별한 믿음의 공동체를 통하여 이 땅에 하나님의 영광의 나라를 선포하고 확장하게 하시는 삼위일체 하나님을 찬송합니다.

이 귀한 일을 위하여 친히 목회자를 택하시고 부르시고 기름 부어 세우시어 주님의 구속 사역을 맡기셔서 주의 몸 된 교회를 섬기고 영혼을 살리는 영광스러운 직분을 주신 하나님께 감사를 드립니다.

우리 교회에도 담임목사를 비롯하여 귀한 사역자를 세우시고 적재적소에서 말씀과 기도와 섬김으로 헌신하게 하셔서 주님의 몸 된 교회가 사랑과 진리의 터 위에 든든히 서 가게 하심을 감사하며 모든 영광을 하나님께 돌립니다.

한국 초대교회는 주의 종들이 순교자적인 신앙으로 목회함으로써 피 흘

리기까지 목숨을 걸고 철저하게 맡은바 귀한 사명을 감당하였습니다.

안타깝게도 세월이 지날수록 점점 변질되어 오늘날처럼 교회가 세상으로부터 지탄과 조롱을 받는 때가 없는 듯합니다.

물론 목회자들의 아픔과 맡겨진 일이 너무 무거워 그 짐을 내려놓고 쉬기를 원하는 고통도 있을 줄 압니다.

때로는 우리 위해 고난당하신 예수님에 비해 너무도 사소한 가시의 찔림에도 고통을 이기지 못하여 눈물을 흘릴 때도 있을 줄 압니다.

목회 현장에서 진리보다 인간적 갈등으로 십자가의 사랑보다 그 사랑을 나누지 않는 배부름으로 믿음의 공동체인 교회가 사람의 흥함으로 주님이 쇠해 가는 현실 속에서 갈등과 분쟁을 겪는 경우가 많음을 고백합니다.

일등주의의 잘못된 세계관이 주님이 머리 되신 몸 된 교회에까지 번영신학이라는 가면을 쓰고 들어와 세상적 성공을 향한 경쟁심리를 부추기는 한편 오히려 교회가 사회적 도덕 수준으로부터 영향을 받는 슬픈 현실을 바라볼 때 심판주 하나님 앞에 두려운 마음 금할 수 없습니다.

우리가 살고 있는 이 세상은 죄악이 날이 갈수록 성난 파도와도 같이 우리의 영혼과 주님의 몸 된 교회를 위협하나 오직 말씀과 기도와 믿음으로 십자가의 신학과 신앙을 드러내는 교회로 세워 가도록 주의 종들에게 능력과 영력을 더하여 주옵소서.

오늘날과 같이 이 어려운 때에 목회자로 부르신 이는 누구시며 무엇을 하는 자이며 목회자의 목적이 무엇인지를 자각하고 사역에 임하는 주의 종들임을 한순간도 잊지 않고 목양하게 하옵소서.

목회자는 하나님의 비밀을 맡은 "그리스도의 일꾼"들이요(고전 4:1-2), "하나님의 동역자"(고전 3:9)들이기에 목회자가 맡은 사명이 천하에 그 무엇과도 바꿀 수 없는 귀한 사역임을 자긍하면서 결코 낙심하지 않도록 성령께서 이끌어 주옵소서.

목회자의 영광은 바로 예수님의 구원의 대상을 위해 일생을 바친 종이라는 사실을 잊어버리지 않게 하옵소서.

지금 이 순간에도 세상의 따가운 시선과 비판을 받는 일들이 다소 있을지라도 주 안에서 겸손한 마음으로 겸허히 교정할 수 있는 비판을 받아들이면서 스스로를 개혁해 나가는 목회자로 바로 세움 받게 하옵소서.

먼저 나 자신이 누구이며 어떤 소명을 받고 교회를 섬기며 이 세상을 변화시키며 섬기고 있는지 목회자로서의 정체성을 잃지 않으며 스스로를 다스리는 절제된 삶을 살아가게 하옵소서.

원수까지도 긍휼히 여기시는 예수님의 우주적 사랑만이 진정한 평화를 세울 수 있음을 역설하시며 친히 십자가에서 피 흘리기까지 온몸으로 실천하셨던 예수 그리스도의 복음의 삶을 온 성도들과 함께 감당하는 빛이요, 소금으로서의 교회를 세워 나가는 주의 종들이 다 되게 하옵소서.

이것이 사랑과 평화와 공의의 가치를 하늘에서처럼 이 땅에서 이룩하라 당부하셨던 예수 그리스도를 의지하는 믿음인 것을 확신합니다.

이 땅의 모든 교역자들이 교회와 가정에서의 삶 속에서 샤론의 꽃 예수의 향기가 풍겨나게 하시고 "우리의 만족은 오직 하나님으로부터 났다."고 고백했던(고후 3:4-5) 사도 바울의 은혜 넘쳤던 사역을 따르게 하옵소서.

결단코 천하고 비열한 욕심의 방법으로 출세와 물질과 값싼 번영의 승리주의자로 군림하지 않게 하시고 유대적이고 바리새적 권위주의의 교만한 유혹에 빠지지 않도록 지켜 보호하여 주옵소서.

오늘날 일부 교역자들의 불미스러운 문제로 인하여 사회가 보는 한국교회와 불신하는 목사의 신뢰도가 최하위권이라는 비판과 탄식의 소리가 여기저기서 들리고 있습니다. 이렇게 된 데에는 그 원인이 돈과 명예와 교만에서 야기된 때문인 줄 압니다.

심는 대로 거두시는 하나님 아버지,
저 먼지 나는 여리고 언덕을 초라하게 나귀 새끼를 타고 예루살렘에 입성하셨던 예수님의 겸손한 전인격이 선포되는 말씀과 무릎의 기도와 옥문을 열게 했던 찬송의 능력으로 맡겨진 사명을 잘 감당하여 주 앞에 설 때에 잘했다 칭찬 들으며 상급 받는 주의 종들이 다 되게 하옵소서.
"보라 내가 속히 오리니 내가 줄상이 내게 있어 각사람에게 그 행한대로 갚아주리라."(계 22:12) 말씀하셨습니다.
오늘날과 같이 성경의 가르침보다 현실 생활을 더 중요시하는 현대교회와 일부 목회자들이 사회참여운동을 내세워 신학적인 검증도 없이 무분별한 연합운동으로 신앙적 혼란을 야기하고 있는 실정입니다.
설교와 기도는 짧게 하고 말씀 위주보다 현대 복음송으로 격렬하게 박수치고 손과 몸을 흔들며 열광주의 신앙을 강조하는 예배가 점점 일반화되어 가고 있는 추세입니다. 경건의 모양조차도 잃어버렸습니다.
또한 불미스러운 일로 인하여 주의 종들이 세상 법정 판사들 앞에서 고개를 숙이고 재판을 받는 일이 없게하여 주옵소서.
교회가 국가와 사회에 양심이 되어야 함에도 세상으로부터 지탄을 받고 있는 안타까운 일들을 볼 때 오히려 전도의 문을 가로막는 일들이 아닌가 하나님 앞에서 두렵고 떨리는 마음 금할 수 없습니다. 하루속히 너도나도 철저히 회개하게 하옵소서.

오늘날의 한국교회가 잘못을 회개하지 않고 계속 이대로 간다면 하나님의 영광의 촛대는 그 자리에서 옮겨지고 그 결과 비참해질 수밖에 없다는 사실을 깨닫게 하옵소서. (계 2:4-7)

성경의 역사를 돌이켜 보면 왕이 음란하고 타락하면 백성이 망하고 종교지도자들이 바로 서지 못하면 나라가 망하고 백성들이 타락하고 우상을 섬기면 하나님께서 무서운 전쟁이라는 징계를 내리셨습니다.

구약시대의 선지자들도 세례 요한도 베드로와 사도 바울도 복음을 전할 때 죄를 책망하며 회개하기를 외쳤던 것처럼 오늘날 한국교회 강단에서도 이와 같은 강력한 복음이 전해지게 하옵소서.

지혜와 계시의 영을 주의 종들에게 부어 주셔서 강하게 붙드시고 허락하신 약속의 분깃을 붙잡고 일생 동안 끝까지 겸손한 자세로 귀한 사명 잘 감당하게 하옵소서.

사회적으로도 목회현장에서도 존경받는 주의 종들이 되게 하시고 사람에게 의존하거나 지배받는 자가 아니라 하나님께 지배받는 선한 목자가 되게 하여 주옵소서.

우리나라의 형편과 백성들의 아픔을 아시는 하나님,

분단의 고통 속에 있는 우리 조국 대한민국을 불쌍히 여기시고 백성들의 아픔을 십자가의 보혈로 치유하시며 하나 되는 회복의 역사를 이루게 하옵소서.

다문화사회를 지향하는 새로운 세대에 교회가 앞장서서 헬라인이나 유대인이나 모두가 하나님 안에서 세상을 초월하는 참된 능력과 지혜로 아름다운 세상을 가꾸어 가도록 사용하여 주옵소서.

초대교회 성도들이 성령 충만하여 사도들의 가르침을 받아 서로 교제하고 떡을 떼며 오로지 기도하기를 힘썼던(행 2:42) 아름다운 모습을 우리도 본받아 주의 종들의 가르침을 따라 복음을 전하며 사랑과 봉사와 교제로 생명력 넘치는 교회가 되게 하옵소서.

특별히 어려운 환경에서 농어촌이나 산간벽지 교회에서 고생하며 목회하는 주의 귀한 종들에게 위로하시고 하나님의 임재를 경험하게 하옵소서.

주님께서 기름 부어 세우신 주의 종들을 붙드셔서 주어진 모든 일들을 능히 감당하며 말씀과 기도로 온 성도들을 사랑과 인내로 보살피도록 성령 충만함과 능력을 더하여 주시고 오직 하나님께만 영광을 돌리는 주의 종들이 다 되게 하옵소서.

우리의 선한 목자이신 예수 그리스도의 이름으로 기도합니다. 아멘.

부흥사경회를 위하여

이번 부흥회를 통하여 큰 은혜 받아 성숙한
믿음으로 바르게 행하여 이 세상에서
빛과 소금의 역할을 감당하게 하옵소서.

만복의 근원 되시는 하나님 아버지,
　세상 분주함 속에 살고 있는 저희들을 불러 모으셔서 부흥성회를 갖게 하신 하나님의 은총에 진심으로 감사를 드립니다.
　저희들의 연약한 심령을 아시는 주님께서 이번 기회에 하늘의 말씀 잔치를 배설케 하시고 저희들의 시든 영혼을 새롭게 하시는 기회를 갖게 하시니 하나님의 은혜입니다.
　우리의 모든 죄악을 사하시며 생명을 파멸에서 구속하시고 영원한 것으로 우리 소원을 만족케 하시는 말씀 중심의 하늘잔치가 되어 큰 은혜 받는 귀한 시간 되도록 성령께서 주장하여 주옵소서.

생명의 근원이신 하나님 아버지,
　먼저 우리 심령이 완악함을 고백합니다.

이 세상에서 영원히 살 것처럼 옛사람의 구습을 버리지 못하고 자아와 고집으로 성령님을 근심케 했던 허물을 자복합니다.

세상을 의지하고 내 능력을 앞세우며 주님의 자녀다운 삶을 살지 못했던 죄악을 회개하오니 이번 부흥회가 우리의 묵은 마음의 밭을 갈아엎고 성숙된 믿음으로 새로워지는 회복의 기회가 되게 하여 주옵소서.

불꽃 같은 눈으로 살피시며 저희들의 모든 것을 아시는 주님,

내일 무슨 일이 일어날지 모르는 불확실한 시대에 매여 사는 저희들에게 이번 부흥회로 인하여 은혜받고 의로우신 하나님 앞에서 반듯한 신앙생활을 할 수 있도록 인도하여 주옵소서.

일찍이 하나님께서는 아모스 선지자를 통하여 통렬히 말씀하셨던 "내가 기근을 보내리니 양식이 없어 주림이 아니며 물이 없어 갈함이 아니요 여호와의 말씀을 듣지 못한 기갈이라."(암 8:11) 하셨던 그 현상이 오늘날 저희들에게 너무나 꼭 맞는 말씀인 줄 압니다.

홍수 때 가장 귀한 것이 마실 물이듯이 오늘날 말씀은 홍수를 이루고 있지만 정작 마실 만한 생명의 물은 기갈 상태이며 마실 물이 있다 하더라도 이에 무관심한 영혼들의 공허함이 갈증이요 기갈임을 고백하지 않을 수 없습니다.

이와 같은 저희들의 영적 황무함을 잘 아시는 주님께서 말씀의 영적 각성을 일으키시고 광야에서 물이 솟고 사막에서 시내가 흐름같이(사 35:6) 새 생명으로 변화를 받는 심령을 허락하신 은혜에 응답하는 부흥회가 되도록 인도하여 주옵소서.

지금까지 예수 그리스도의 십자가의 사랑으로 저희들을 감싸 주셨고 보혜사 성령님으로 함께하셔서 풍파 많은 세상을 살아가는 데 늘 동행하여

주심으로 지금 여기까지 인도하여 주셨습니다.

믿음이 연약한 저희들은 그 크신 은혜를 깨닫지 못하고 스스로 힘과 인간적인 지혜와 방법으로 극복하거나 때로는 낙심하기도 하며 체면과 명분 따라 생활해 왔던 허물을 용서하여 주옵소서.

주신 재능과 물질을 하나님께 바치며 이웃을 위하여 나누는 삶을 살았는지 생각하면 그리스도인으로서 주 앞에 부끄럽고 송구스러운 마음뿐임을 고백합니다.

이번 기회를 통하여 은밀하게 지은 죄까지 다 아시는 하나님 앞에서 회개하며 그리스도인답게 바른 신앙생활을 하겠다고 결심하도록 성령께서 우리의 마음을 감화 감동하게 하셔서 남은 여생 주님의 뜻을 이루는 참된 성도들이 다 되게 하여 주옵소서.

하나님 앞에서는 우리의 모든 것이 감추임 없이 드러나는 알고도 지은 죄와 모르고 지은 죄를 자복하고 새롭게 태어나기를 결심하는 귀한 시간 되도록 인도하여 주옵소서.

진리의 성령께서 우리를 다스려 주심으로 말씀을 통하여 가물어 메마른 땅에 단비를 흡족하게 내리듯이 저희들의 답답하고 컬컬한 심령에 성령의 단비를 내려 주셔서 영육 간에 치료함을 받으며 행함이 따르는 믿음으로 신앙생활 잘 하게 하옵소서.

그동안 교회에 무관심했던 것과 하나님께 헌금하는 일에 인색했던 것과 바쁘다는 핑계로 공예배에 참석하지 못한것과 이웃의 아픔을 외면하고 기도와 찬송부르는 생활을 멀리했던 허물과 부족함을 용서하시고 새롭게 하시는 하나님의 은혜가 넘치게 하옵소서.

그리하여 주님께서 친히 가르쳐 주신 마음을 다하고 뜻을 다하고 목숨을 다하여 하나님을 사랑하고 우리의 이웃을 내 몸과 같이 사랑하며 언어와 인격까지도 변화되어 참된 그리스도인으로 주님의 뜻을 이루게 하옵소서.

이번 부흥회를 통하여 우리교회가 말씀과 성령이 충만한 교회로 하나가 되어 믿음의 역사와 사랑의 수고와 소망의 인내를 다시금 확인하고 초대교회 공동체의 모습으로 말씀과 사랑과 은혜가 넘치는 복된 교회가 되게 하여 주시기를 기도합니다.

또한 이 시대에 애국애족하는 마음으로 그리스도인의 사명을 깨닫고 나라와 민족을 위해 각자 맡은 분야에서 열심을 다하여 건강한 시민의식으로 바르게 행하며 이 세상에서 소금과 빛의 생활로 불신자들에게 모범을 보이는 그리스도인들이 다 되게 하여 주옵소서.

"영접하는 자 곧 그 이름을 부르는 자에게는 하나님의 자녀가 되는 권세를 주신다."(요 1:12)는 약속의 말씀이 이번 부흥회로 인하여 진리 안에서 감격과 감사의 은혜가 충만하게 하옵소서.

질병으로 고생하는 자 치유케 하시고 여러 가지 문제를 안고 이 자리에 참석한 성도들에게 위로와 자유함과 해결의 기적을 체험하는 성령의 역사하심의 놀라운 은혜가 넘치게 하옵소서.

다시금 기도합니다.

이번 기회에 이 자리에 참석한 우리 모두가 너도나도 은혜 받아 지난날의 지은 죄를 깨닫고 겸손히 회개할 마음 주셔서 새사람으로 거듭나서 세상 사는 날 동안 주님과 동행하는 삶을 살도록 인도하여 주시기를 기도합니다.

이번 부흥회 강사로 세우신 종을 통하여 능력 있는 말씀으로 우리의 심령을 갈아엎는 메시지를 증거하게 하옵소서.

주의 종의 건강을 지켜 주셔서 영육이 강건하여 성령에 사로잡힌 열정적인 말씀으로 이 시대에 꼭 필요한 진리만을 증거하게 하시고 듣는 저희들의 영적 눈과 귀가 열려서 우리 모두가 큰 은혜 받아 주님의 성품을 닮아가기에 부족함이 없는 이 시대의 사명자들로 열심을 품고 주를 섬기게 하옵소서.

  이 부흥성회를 마치는 마지막 시간까지 악령의 세력의 방해가 없게 하시고 성령의 역사하심이 시간 시간마다 나타나게 하옵소서. 이 모든 말씀을 우리 구주 예수 그리스도의 이름으로 기도합니다. 아멘.

▮ 사회적 약자를 위하여 ▮

절망하는 이들에게 희망을
보여 주는 하나님의 사랑을 실천하는
한국 교회와 나 자신이 되게 하옵소서.

인자하심과 선하심이 영원하신 하나님 아버지,
베풀어 주시는 은혜와 사랑을 감사합니다.
　우리를 죄에서 구원하시려고 유일하신 아들 예수 그리스도를 십자가에 내어 주심으로 우리가 구속의 은총을 누리게 하신 하나님께 찬송하며 영광을 돌립니다.
　보혜사 성령께서 우리와 늘 함께하셔서 위로하여 주시고 진리 가운데로 이끄시며 알게 하실 뿐만 아니라 깨닫게도 하시고 믿게 하시고 행하게 하심을 감사합니다.

　긍휼이 풍성하신 하나님 아버지,
　하나님의 불꽃 같은 눈 앞에서는 우리의 모든 것이 감추임 없이 은밀하게 지은 죄까지도 드러날 수밖에 없습니다.

우리의 차갑고 불결한 심령과 이웃에 대한 무관심과 지키지 못한 약속과 뉘우치지 못한 완악한 허물을 고백합니다.

하나님의 은혜를 생각하면 한없이 감사하지만 예수님 앞에 선 나 자신의 모습을 볼 때에는 행함이 없는 믿음으로 너무나 초라하고 부끄러움이 많은 죄인들입니다.

잠시 있다가 없어지는 아침이슬과 나그네와 같은 세상인 줄 알면서도 세상에서 영원히 살 것처럼 현실에 매여 살면서 하나님을 의지하지 않고 스스로 교만하거나 때로는 절망하며 불신앙적으로 살았던 모든 허물과 죄악을 불쌍히 여기시고 용서하여 주옵소서.

부족한 저희들은 할 수 있을 때에 하지 못하고 행하여야 할 때 선한 일을 기피하며 내일로 미루고 나만을 위하여 현대판 바벨탑을 쌓기에 동분서주하며 살아왔습니다.

이제는 이 이기적인 생각에서 돌아서게 하시고 나만을 위한 자만심을 버리고 하나님의 뜻을 먼저 생각하며 주님께서 친히 가르쳐 주신 이웃을 내 몸과 같이 사랑하는 선한 사마리아 사람과 같은 자비와 사랑이 넘치는 성도로 쓰임 받게 하옵소서.(눅 10:25-37)

자비로우신 하나님 아버지,

우리 주위에 너무 가난하여 하늘을 우러러 탄식하며 고통 받고 있는 사회적 약자들을 불쌍히 여기시고 이들에게 자비를 베풀어 주옵소서.

우리가 사는 세상은 죄가 들어온 이후부터 모든 인류가 다 같이 행복하게 살지 못하는 왜곡된 세상이 되어 버렸습니다.

이 땅 위에는 풍요를 누리며 사는 사람보다 가난하여 고통을 겪으며 어렵게 살아가는 사람들이 너무나 많습니다.

그 옛날 하나님께서는 출애굽 2세들에게 "땅에는 언제든지 가난한 자가 그치지 아니하겠으므로 내가 네게 명령하여 이르노니 너는 반드시 네 땅 안에 네 형제 중 곤고한 자와 궁핍한 자에게 네 손을 펼지니라."(신 15:11)고 하셨습니다. 이 말씀을 깊이 묵상하게 하옵소서.

언론에서는 지금 세계 도처에서 7초마다 어린이 한 생명이 굶주림과 병으로 죽어 가는 현실을 일컬어 '지구적 질병'이라고 말하고 있습니다.

열악한 환경에서 얻은 질병이요 부조리한 사회 구조로 극심한 경제적 곤경에 빠졌거나 가난하여 어쩔 수 없어 가족 동반자살자가 계속 이어지고 있는 안타까운 사회가 되어 가고 있습니다.

이러한 상황에서 가난하고 약한 자의 이웃을 향하여 눈물을 닦아 주는 교회와 먼저 나 자신이 그리스도의 사랑을 실천하게 하옵소서.

이 순간에도 북한을 비롯한 이 지구상의 독재국가에서는 기득권 세력의 끝없는 탐욕으로 인간이 마땅히 누려야 할 신앙의 자유와 기본권과 생존권마저 박탈당하고 부자유와 빈곤의 늪에서 헤어나지 못하는 백성들의 신음 소리가 하늘을 찌르고 있습니다.

하나님 아버지, 이들을 불쌍히 여기시고 절망과 탄식의 고통에서 자유와 평등의 현대적 출애굽의 기적을 보여 주옵소서.

그리하여 젖과 꿀이 흐르는 약속의 땅 가나안으로 회복되는 하나님 나라가 이루어지는 기적의 역사하심이 나타나게 하옵소서.

은혜가 풍성하신 하나님 아버지,

우리 이웃에는 장애와 질병을 안고 태어나거나 사고로 인하여 평생 고통을 겪으며 생활하는 장애인과 그 가족들이 있습니다. 그들이 겪는 아픔과 어려움을 위로해 주시고 하나님의 임재를 경험하는 놀라운 은혜가 넘치게 하옵소서.

　돌보는 이 없이 가난과 질병으로 하루하루 살아가는 독거노인들과 부모 없이 사랑에 메마른 불쌍한 어린 고아들과 어렵게 살아가는 소년소녀 가장들도 있습니다. 이들에게 자비를 베풀어 주옵소서.

　사회로부터 따가운 시선을 받는 미혼모들과 조국과 가족을 떠나 한국에서 가정을 이룬 다문화가족이 받는 차별도 심각합니다. 가족 간에 불화로 상처를 받거나 사업의 실패로 절망 상태에서 고통을 겪는 이들도 있습니다.

　한편 우리 주변에는 동성애자들 정신이상자 우울증에 시달리는 자 컴퓨터 전화 음란한 비디오 영화 텔레비전 광적인 음악을 비롯하여 도박 마약 술 담배 등 악령에 사로잡혀 중독되어 치료받아야 할 자들이 너무나 많습니다. 이들에게 긍휼을 베푸셔서 하루속히 악령의 사슬에서 벗어나게 하옵소서.

　이와 같은 모든 이웃들에게 예수 그리스도의 구원의 복음을 전하며 기도와 물질을 나눔으로써 그들이 예수 믿고 하나님께로부터 주시는 진정한 평안을 누리게 하옵소서.

　자기를 부인하고 자기 십자가를 지고 주님을 따르는 그리스도인으로 구원받은 자의 삶을 새롭게 경험하는 희생과 봉사하는 심령들로 세워 주시고 절망하고 있는 이들에게 희망을 보여 주는 한국 교회가 되게 하여 주옵소서.

　이 불평등하고 불의한 세상에 하나님께서 "오직 공법이 물같이 정의를 하수같이 흐르게"(암 5:24) 하셔서 억울함과 가난함과 고통당하는 이웃들에게 자비를 베풀어 주옵소서.

　믿음으로 궁핍한 자에게 "네 손을 펼지니라."(신 15:7)라고 말씀하심으로 이 세상의 왜곡된 구조가 쉽게 고쳐지지 않는 현실을 분명하게 의식하고 그 문제 해결에 노력할 것을 성경에서 가르쳐 주고 있습니다.

우리의 이웃을 향하여 금과 은이 아니라 구원의 주 예수 그리스도의 복음으로 재탄생하는 기쁨이 있게 하여 주시기를 기도합니다.

공평케 하시는 하나님의 사랑을 힘입어 회복함으로 평강을 누리게 하옵소서.

온 인류가 하나님께서 베푸신 은혜 안에서 새로운 소망을 가지며 우리 주님의 핏값으로 사신 주님의 교회를 건강하고 온전하게 이룸으로써 하나님 나라의 자유와 평강을 나누며 누리는 세상이 되게 하옵소서.

잃어버린 예수 그리스도를 다시 찾고 십자가에 달리신 주님께 시선을 집중시키는 변화의 역사가 일어나게 하옵소서.

버림받고 소외된 자들의 이웃이 되신 우리 구주 예수 그리스도의 이름으로 기도합니다. 아멘.

수능시험을 앞두고 있는 자녀들을 위하여

그동안 배우고 닦은 실력으로 마음을 다하여
시험을 치르게 하시며 좋은 성적으로 원하는
학교에 진학할 수 있도록 인도하여 주옵소서.

세상을 말씀으로 창조하시고 다스리시는 전능하신 하나님 아버지,
그 능력과 권세 앞에 존귀와 영광을 돌립니다.
 빛과 어두움 낮과 밤 해와 달 만물과 인간을 창조하시고 "보시기에 참 좋았더라."라고 반복적으로 감탄하신 하나님의 솜씨를 찬송합니다.
 특별히 사람을 하나님의 형상대로 지으시고 아름다운 가정을 세우시고 자녀의 복을 주셔서 다음 세대의 일꾼으로 양육하게 하시니 감사합니다.
 이처럼 우리를 향하신 하나님의 주권과 위대하심이 너무도 크시기에 하나님의 경륜 앞에 머리를 숙일 수밖에 없습니다.

 우리 부모에게 내리신 가장 큰 선물은 자녀인 줄 압니다. 이 자녀들이야말로 하나님의 축복이요 은혜의 통로임을 믿고 감사를 드립니다.
 이제 이들이 훌쩍 자라서 인생의 기초교육을 마치고 대학입시라는 어려

운 고비 앞에 섰습니다.

우리의 자녀들이 큰 고통의 시간을 보냈던 지난날을 생각할 때 저희 부모가 일방적으로 몰아붙였던 무지함도 있었습니다.

오직 "그리스도 예수의 마음"(빌 2:5)으로 하나님께서 주신 지혜와 총명을 되살려 이 땅 위에 하나님 나라를 세워 나가는 차세대에 천국 일꾼으로 자라게 하는 것이 우선순위의 바른 교육임을 깨달아 알게 하옵소서.

그러나 막상 현실은 그렇지 못하며 부모의 의지와 희망에 따라 성공지향주의의 시류에 편승하지 않았는지 살펴보는 부모로서의 마음가짐이 되게 하옵소서.

우리의 자녀들은 늘 주눅이 들고 무엇을 하든지 완벽해야 한다는 불안한 강박관념에 시달리며 성장했습니다.

이제는 대학입시가 인생의 목적이 아니라 하나의 과정으로서 삶의 긴 여정 속에 실수나 실패를 두려워하지 않는 그 경험이 오히려 하나님의 선물인 것을 알게 하옵소서.

하나님께서 자녀에게 주신 아름다운 달란트를 정금과 같이 다듬어서 오직 하나님의 영광을 위해 살아가야 하는 원칙을 놓치지 않도록 강한 의지력과 믿음으로 함께하여 주옵소서.

우리 부모들은 밤낮으로 눈물로 기도하면서 자녀들의 필요를 발견하게 하시고, 그들의 아픔을 이해하며 자녀들에게 주신 하나님의 은사를 순종하는 역동적인 순기능이 살아나게 하시며 하나님의 놀라우신 은혜로 가정이 회복되게 하옵소서.

모세의 어머니 요게벳처럼 사무엘의 어머니 한나처럼 세례 요한의 어머니 엘리사벳처럼 어거스틴의 어머니 모니카처럼 기도와 신앙교육으로 자녀를 위하여 참된 눈물의 소유자로 하나님을 온전히 기쁘시게 하는 부모들이 되게 하옵소서.

　이처럼 자녀들을 위해 기도하는 어머니들의 크고 지극한 기도의 눈물이 한국교회와 한국사회의 미래를 깨우는 힘 있는 동력이 되게 하여 주시기를 기도합니다.

　총체적 위기에 처한 나라에서 무너져 가는 공교육을 회복시키기 위해 저희 부모들의 기도가 시대의 대안인 것을 확신하고 쉬지 말고 기도하며 주님이 주신 강인한 생명력으로 자녀들을 향한 하나님의 뜻을 분별하는 지혜의 영을 부어 주옵소서.

　그동안 배우고 닦은 실력으로 마음을 다하여 시험을 잘 치르게 하시며 좋은 성적으로 원하는 학교에 진학할 수 있도록 도와주옵소서.

　경우에 따라 가슴 아파 울며 좌절하고 실망한 자녀들도 있을 줄 압니다. 대학이 인생의 전부가 아닌 것을 알게 하시고 재도전을 위해 진리의 성경을 읽어 주며 기도로 꿈과 용기를 북돋아 주는 미래지향적 소망을 심어 주는 부모가 되기를 간구합니다.

　내 자식만 잘되기를 바라는 기도가 아니라 교회에 속한 모든 입시생들을 위한 기도가 되게 하시고 더 많은 열매를 맺는 기쁨이 있게 하옵소서.

　'무한경쟁'이라는 단어가 한없이 슬프게 하는 이 험한 세대에 하나님의 진리로 모든 자녀들의 삶 자체가 소중하고 가치가 있음을 서로 나누게 하시고 사회적 약자들까지도 함께 보듬어 예수님의 성품을 닮아 정직하고 반듯하게 살아가는 깨끗한 관계가 맺어지기를 기도합니다.

　남보다 내 자녀만 잘 키워 성공시켜야 한다는 욕심을 내려놓고 이들이 믿음으로 강하여지고 지혜가 충만하여 이 세상의 빛과 소금의 사명을 온전히 감당하는 주님의 자녀들로 성장할 수 있도록 기도하는 부모가 되게 하옵소서.

그리하여 우리 자녀들이 신앙으로 잘 양육받아 교회에서는 기둥감으로 학교에서는 모범생으로 가정에서는 부모의 자랑감으로 사회에서는 무너져 가는 윤리적 도덕성과 불법과 무질서를 추방하는 데 개혁하는 리더로 세움 받아 하나님께 영광 돌리는 진정한 그리스도인들이 다 되게 하여 주옵소서.

"나의 행보를 주의 말씀에 굳게 세우시고 아무 죄악이 나를 주장 못하게 하소서."(시 119:133)라는 말씀대로 우리 자녀들이 이 험악하고 죄악된 세상을 살아갈 때에 말씀에 굳게 서서 간교한 사탄의 유혹과 죄악을 이기는 성공자들이 다 되게 하여 주옵소서.

자녀들로 인하여 눈물 흘리며 가슴 치는 가정과 부모가 한 사람도 없도록 주님께서 함께하여 주시기를 간절히 기도합니다.

이 모든 말씀을 길이요 진리요 생명이 되신 우리 구주 예수 그리스도의 이름으로 기도합니다. 아멘.

┃ 국군 장병들을 위하여 ┃

우리 국군을 통하여 요소요소마다 취약한 안보가
든든히 서 가게 되기를 간절히 기도합니다.

우리의 요새시요 방패이시며 견고한 산성이신 하나님 아버지,
여호와로 인하여 우리가 마음껏 하나님을 찬송하며 예배를 드릴 수 있는 자유와 평안을 허락하신 은총을 진심으로 감사합니다.
지나온 우리의 역사를 돌이켜 볼 때 그 모진 질곡과 수난의 역경 중에서도 지켜 주시는 하나님의 보호하심이 있었기에 이 땅 위에서 유일한 분단 국가임에도 불구하고 지금까지 인도하여 주신 은혜를 생각할 때 감사하지 않을 수가 없습니다.

우리나라를 사랑해 주시며 지켜 주시는 하나님 아버지,
1948년 대한민국 건국의 감격도 잠시 북한 공산 집단의 6.25 남침은 구한말의 비운과 더불어 국가를 수호하고 방위하는 군사력이 얼마나 중차대한지를 깨닫게 하였습니다.

돌이켜 보면 우리 국군은 일제에 항거한 광복군의 빛나는 전통을 이어받아 민족의 군대로 발전하여 오늘에 이르렀습니다.

이와 같이 하나님의 뜻이 계셔서 우리나라에 군대를 창설케 하시고 세계가 주목하는 막강한 60만 우리 국군이 이 순간에도 육지와 바다와 하늘에서 국토 방위에 매진하고 있습니다.

또한 유엔 평화 유지군으로 분쟁 지역에 파병되어 의료 교육 재건 치안 유지 등 세계 평화에도 기여하고 있음을 감사합니다.

한국전쟁을 계기로 군목제도가 도입되어 군복음화로 인하여 십자가 군병으로 재탄생하게 하신 하나님의 놀라우신 섭리에 감사를 드리지 않을 수 없습니다.

전방에서 후방에서 나라를 지키기에 유념이 없는 육해공군 장병들에게 그리스도의 복음으로 지도하고 있는 군목들의 기도와 동역하는 군종 장병들에게 성령의 능력을 더하셔서 군복음화 사역이 결실을 맺을 수 있도록 인도하여 주옵소서.

무엇보다 본질적인 문제는 "여호와께서 성을 지키지 아니하시면 파수꾼의 깨어 있음이 헛되도다."(시 127:1)라는 말씀대로 하나님을 의지하는 신앙으로 준비된 장병들로 세움 받게 하옵소서.

복음의 황금어장이라는 군대에 아직도 하나님을 알지 못하는 자들에게 구원의 복음이 하루속히 전해져서 욕망의 노예에서 벗어나 그리스도인으로 거듭나는 장병들로 군복무를 잘 마칠 수 있도록 인도하여 주시기를 기도합니다.

한국교회가 보다 더 군복음화운동에 적극적인 열심을 갖고 특수상황에서 복음을 전하는 군목들을 물심양면으로 도우며 기도하게 하옵소서.

만왕의 왕이 되시는 하나님 아버지,

특별히 군을 지휘하고 있는 장교들이 "믿음에 굳게 서서 장부답게 강건하여"(고전 16:13) 여호수아처럼 굳게 선 용장으로 다윗과 같은 백전백승의 지휘관으로 세움 받아 부하 장병들의 선두에 서는 모범적인 장교들이 되게 하옵소서.

장병들의 군생활이 결코 인생의 공백기가 아니라 장차 사회생활의 정신력이 되게 하시고 어려운 환경을 잘 극복할 수 있는 힘과 용기와 지혜를 주셔서 국가에 부름 받은 군복무 기간이 좋은 경험의 기회가 되게 하옵소서.

매사에 긍정적이며 적극적인 성품으로 "악을 선으로 갚지 않고 선으로 악을 이기는"(롬 12:17, 21) 성숙한 청년으로 국가의 미래요 희망이 되게 하여 주시기를 간구합니다.

그리하여 일정기간의 병영생활이 사회 공동체의 일원으로서 전인적 체험의 교육장이 되어 사회에 나아가서 이를 잘 활용하여 사회 정의와 맡은 일에 최선을 다하는 성공자들이 다 되게 하옵소서.

자비로우신 하나님 아버지,

남북이 분단되어 동족끼리 서로 가슴에 총부리를 겨누며 대치하고 있는 지가 벌써 70여년이 되었습니다.

북한의 백성들은 인간 이하의 처참한 삶을 살고 있는데도 인간을 우상화하여 신으로 섬기며 적화통일의 망상을 버리지 못한 채 국제사회가 경제제재까지 하면서 반대하는 군비 증강과 핵무기 개발로 무모하게 도발적인 위협을 계속하고 있습니다.

한국의 예루살렘이라고 불리던 평양이 붉은 용의 심장부가 되어 모범적인 교회들과 기독교 학교 선교기관들이 다 유린당하고 말았습니다.

이렇게 된 것은 과거 일본 제국주의에 동조하여 총회와 교회 지도자들이 신사참배를 결의하고 우상을 섬겼던 죄악을 철저히 회개하지 않은 결과인 줄 압니다.

　오늘의 한국은 경제발전에 편승한 물질만능주의 풍조에 취한 노아 홍수 때와 소돔 고모라와 같은 죄악의 결과로 남북통일의 문이 열리지 않았는지 반성하며 깨닫게 하옵소서.

　광복군 6.25 참전용사 학도병 재향군인회 상이용사군경회 국가 유공자를 비롯하여 나라를 위해 목숨 바친 장병들을 영원히 기억하게 하시고 유가족들에게 위로하여 주옵소서.

　우리 군을 통하여 요소요소마다 취약한 나라의 안보가 든든히 서 가게 되기를 간절히 기도합니다.

　지금도 나라를 위하여 젊음을 바쳐 군복무 중에 있는 모든 장병들에게 건강 지켜 주시고 불의의 사고당하지 않도록 보호하여 주옵소서.

　이 모든 말씀을 요새와 방패가 되시는 예수 그리스도의 이름으로 기도합니다. 아멘.

세계 평화를 위하여(1)

주님께서 오직 사랑과 섬김으로 은혜의
평강을 이루셨던 본을 받아 저희들 모두가
순종하며 따르는 새로운 질서를 열어 주옵소서.

우주의 창조자이시며 인류 역사를 다스리시고 주관하시는 하나님 아버지, 평화의 왕으로 세상에 오신 예수 그리스도로 말미암아 이 땅에 하나님 나라가 임하게 하시고 혼돈과 무질서의 공허한 세상을 다시 사랑과 질서로 재창조하신 하나님의 은총을 찬송하며 영광을 돌립니다.

행복을 누리던 에덴 동산이 첫 아담의 범죄로 인하여 타락함으로써 이 세상은 시작부터 인간도 자연도 끊임없는 갈등과 전쟁으로 이어져 내려오고 있습니다.

선민 이스라엘 백성마저 우상숭배와 음행과 배도로 하나님을 떠나 살 때 예수 그리스도께서 구약성경의 약속대로 "하늘에는 영광 땅에는 평화"(눅 2:14)를 내려 주신 구속의 사랑을 감사하며 찬송합니다.

예수님의 초림으로 이 땅에 하나님 나라가 임하셨음을 믿사오나 아직 완성하지 않은 긴장 속에서 하나님 아버지의 보좌에서 통치하시는 예수님이 심판주로 다시 오실 것을 약속하셨습니다.

남은 자 된 우리가 언제나 산 소망을 가지고 완전한 하늘의 평화가 이루어질 것을 믿으며 신실한 삶을 살도록 성령께서 인도하여 주심을 감사합니다.

우리 인간은 하나님과 동행하도록 지음 받은 존재요, 이웃과는 "뼈 중의 뼈요 살 중의 살"(창 2:23)의 친밀한 관계였으며 하나님의 손길이 담긴 만물을 주님의 선하신 뜻을 따라 돌보고 섬기는 평화의 대리자였으나 간교한 사탄은 이 바른 관계를 깨뜨렸습니다.

이처럼 사탄의 유혹에 무릎 꿇은 첫 아담이 하나님처럼 되려는 치명적인 범죄로 말미암아 인간의 고상한 존재감은 상실되고 하나님의 진노와 저주를 자초함으로써 이 땅에 평화는 거두어졌습니다.

이로 인하여 자연계의 쇠퇴는 물론 인류의 삶은 고통과 고난의 형벌이요 죽음의 대가를 치르며 살아갈 수밖에 없는 역사로 얼룩져 오고 있습니다.

저주 아래 있는 인류사회는 인간의 끝없는 탐심으로 빼앗고 빼앗기는 갈등과 경쟁 속에 죄악된 쾌락과 전쟁문화로 이어져 오면서 강자의 평화가 강조되어 왔습니다.

20세기의 상징인 냉전시대의 붕괴와 미국에서 일어난 9.11테러를 거친 세계 질서 역시 회복이라는 명분으로 종교 간의 분쟁 문명 충돌과 영토와 자원 선취를 위한 국가 간의 갈등이 전쟁으로 이어지는 불안한 세상입니다.

어리석고 무지한 반기독교적인 세상 권세자들과 이에 추종하는 세력들의 탐심을 불쌍히 여기시고 하나님을 믿고 두려워하며 이 모든 악에서 돌아서게 하셔서 하늘의 평화를 찾게 하옵소서.

하나님께서는 의인을 보아서 세상을 살리며 오직 예수 그리스도의 십자가의 내어 주심과 그의 희생으로 참된 평화가 임하시는 사랑의 진수를 온 인류가 깨달아 알게 하옵소서.

일찍이 하나님께서는 예레미야 선지자를 통하여 "너희는 예루살렘 거리를 빨리 왕래하며 그 넓은 거리에서 찾아보고 알라 너희가 만일 공의로 행하며 진리를 구하는 자를 한 사람이라도 찾으면 내가 이 성읍을 용서하리라."(렘 5:1)고 하셨는데 바로 나 자신이 그 한 사람이 되는 신실한 성도로 쓰임 받게 하여 주옵소서.

불과 반세기 전만 하더라도 세계에서 가장 가난했던 나라 중에 속했던 우리 조국을 경제 규모 세계 10위권으로 급성장시키신 하나님의 은총을 감사합니다.

미국과 우방국의 원조가 아니면 보릿고개를 넘지 못하던 굶주림과 가난의 대물림을 그치게 하시고 이제는 도움받는 나라에서 도움과 나눔을 실천하는 나라로 세워 주셨습니다.

이념과 대치 관계를 뛰어넘어 인도적 차원에서 다방면으로 북한 동포를 도우며 평화적 공존을 도모하게 하심을 감사합니다.

레바논과 아프가니스탄 등 전쟁과 분쟁의 후유증으로 고통을 당하고 있는 곳에 유엔 평화유지군으로 파견되어 의료와 교육과 재건사업에 힘쓰게 하시고 소말리아 해협에까지 진출하여 자유 수호에 힘쓰는 나라로 당당히 세워 주셨습니다.

천재지변과 재난이 있는 곳이면 세계 어느 곳이건 찾아가 그들의 아픔에 동참하고 치유에 참여하는 사랑의 실천자로 헌신하게 하심을 생각할 때 놀라우신 하나님의 은혜입니다.

예수님께서 노예나 죄인과 창기와 세리 등 사회적 약자를 용납하셨고 지극히 작은 자까지도 용납하셨던 십자가의 사랑으로 몸으로 실천하는 나라로 성장시켜 주신 은혜가 너무나도 감사하기 그지없습니다.

  이방인은 물론 타민족까지도 끌어안으시고 이들을 통하여 말씀으로 통합하셨고 이들의 힘을 성장 동력으로 삼아 온 천하에 예수님의 우주적 사랑을 보이셨던 평화의 가치를 한국교회를 중심으로 온 세계에 미치게 하옵소서.

  평화의 왕이신 하나님 아버지,

  이처럼 그리스도를 우리 구주로 고백한 저희들로부터 자신을 핍박하던 원수들까지도 용서하며 관용하는 예수님의 마음을 갖게 하시고 약자를 용납하는 포용의 미덕을 갖게 하셔서 세계 평화를 회복하는 기적에 힘쓰는 교회와 나라가 되게 하옵소서.

  예수님께서는 왕의 직분을 감당하신 방법으로 권력과 지배가 아니라 오직 사랑과 섬김으로 은혜의 평강을 이루셨던 것을 본받아 우리 모두가 순종하며 따르는 새로운 평화의 질서를 열어 주옵소서.

  이 땅 위에 교회와 먼저 믿는 그리스도인들이 평화의 도구가 되어 어둠이 있는 곳에 빛이 되게 하시고 분열이 있는 곳에 믿음을 심게 하시며 오류가 있는 곳에 진리가 바로 서는 새 세상을 이루어 가게 하옵소서.

  인류를 죄악에서 구원하시기 위하여 평화의 왕으로 강생하신 우리 구주 예수 그리스도의 이름으로 기도드립니다. 아멘.

세계 평화를 위하여(2)

오직 예수 그리스도의 십자가의
사랑으로 진정한 평화가 임한다는
하늘의 진리를 깨달아 알게 하옵소서.

영원한 주권자이시며 인류 역사를 임의대로 다스리고 계시는 전능하신 하나님 아버지,
엿새 동안 하루하루 우주 만물을 지으실 때마다 "보시기에 참 좋았더라."(창 1:10)고 스스로 감탄하시며 인류 역사를 주관하고 계시는 대주재 하나님께 영광을 돌립니다.
하나님의 사랑은 위대하셔서 자신의 형상대로 지은바 된 인간으로부터 영광을 받으시고자 온갖 생명이 살아 숨쉬는 에덴 동산을 두시고 평화롭게 만물을 다스리고 지키며 살아가도록 하셨습니다.
이처럼 하나님께서는 인류 최초의 평화로운 행복을 주셨으나 간교한 사탄의 유혹에 빠져 첫 아담의 치명적인 불순종의 죄로 인하여 에덴 동산에서 쫓겨나면서 하나님의 진노와 저주와 비극을 자초하고 말았습니다.
이로 인하여 자연계의 쇠퇴는 물론 이 땅 위의 인류의 삶은 죄와 고통과

고난의 형벌과 죽음의 대가를 치르며 살아갈 수밖에 없는 상황에 이르렀습니다.

이 순간에도 인류는 죄악된 문화를 발전시키며 전쟁이라는 무서운 잔악성을 정당화하고 세속적 쾌락과 탐욕을 재생산하여 하나님의 이름을 망령되게 행하며 우상을 섬기는 일들로 세계사는 얼룩져 왔습니다.

지금 이 순간에도 국가 간에 영토 문제와 종교 간의 전쟁이며 테러와 빈곤 나라마다 핵 문제와 무력 증강에 혈안이 되어 가고 있는 무서운 세상입니다. 하나님 아버지, 이 지구상의 인류를 불쌍히 여겨 주옵소서.

제2차 세계대전이 끝난 1945년 10월 24일 51개국 가맹국으로 하여 발족한 유엔 총회는 국제 평화와 안전 유지를 위하여 창립이 되었고 모일 때마다 평화를 부르짖고 있습니다.

현대와 근대사에 있었던 사건들을 돌이켜보면 나치 독일의 6백만 유대인 학살사건을 강행했던 독일의 아우슈비츠 수용소, 일본 히로시마 나가사키에 원자폭탄 투하, 한국의 6.25전쟁, 헝가리 폭동, 도미니카 전쟁, 베트남전쟁, 소련의 체코 침공, 중동전쟁, 미국에서 일어난 9.11테러 등으로 수많은 사람들이 희생되었고 그 후유증은 말로 다 표현할 수가 없습니다.

평화를 외치고 있는 유엔은 아무것도 해결하지 못하고 비난성명만 발표할 뿐 평화는 오지 않고 오히려 날이 갈수록 세계 질서는 더 혼란스러워 가고 있는 것이 오늘날의 현실입니다.

지금 세계 인류는 불안과 공포에 떨고 있으며 어떤 시대 어떤 국가와 국민이라도 평화를 갈망하고 있습니다.

이 패역하고 죄악의 연고로 멸망을 자초하고 있는 세상을 살피며 참된 평강을 누리게 하는 것은 과학이나 경제나 정치 권력과 같은 세상의 논리와 방법으로는 평화를 이룰 수 없다는 사실을 온 세상이 알게 하옵소서.

오직 인류를 구원하시기 위해 평화의 왕으로 세상에 오신 예수 그리스도에 십자가의 사건으로 진정한 평화가 임한다는 성경의 진리를 온 인류가 깨달아 알게 하옵소서.

일찍이 하나님께서는 선지자 예레미야를 통하여 "너희는 예루살렘 거리를 왕래하며 진리를 구하는 자를 한 사람이라도 찾으면 내가 이 성읍을 용서하리라."(렘 5:1)고 하셨습니다.

먼저 우리 기독교인들이 바로 나 자신이 그 한 사람이 되는 신실한 믿음의 그리스도인들로 쓰임 받게 하옵소서.

예루살렘은 그 한 사람이 없어 멸망했던 그 슬픈 역사를 오늘날 이 땅 위에 있는 모든 교회와 그리스도인들이 뼛속 깊이 깨달아 하나님께서 주시는 영원한 참된 평화가 이루어지게 하옵소서.

"의인은 종려나무같이 번성하여 레바논의 백향목같이 성장하리로다."(시 92:12)라는 시편의 찬송이 세계의 온 인류가 갈망하는 평화의 노래가 되게 하여 주시길 간절히 기도드립니다.

이 땅의 모든 그리스도인들이 통한의 눈물로 "마음을 찢고 어찌할꼬?" 하는 회개로 거듭나게 하셔서 개인 가정 교회 나라마다 주님께서 주시는 영원한 참된 평화를 경험하게 하옵소서.

"주께서 십자가 견고한 자를 평강에서 평강으로 지키시리니 그가 주를 의뢰함이니이다."(사 26:3)라는 선지자 이사야의 권면을 묵상하며 행하게 하옵소서.

나라와 민족 사이에도 위협이 무력으로 사용하는 일이 일어나지 않도록 지구상의 인간들의 완악함을 소멸시켜 주시기를 간구합니다.

"무리가 그 칼을 쳐서 보습을 만들고 그들의 칼을 쳐서 낫을 만들 것이며 이 나라와 저 나라가 다시는 칼을 들고 서로 치지 아니하며 다시는 전쟁을

연습지 아니하리라."(사 2:4)는 말씀대로 전쟁이 없는 평화의 꿈이 이 땅 위에 이루어지게 하옵소서.

인간들의 탐심과 복수심으로 뿌리내린 모든 불의와 반기독교적인 악한 것들을 제거하게 하시고 십자가의 사건으로 완성될 때 비로소 참된 평화가 임한다는 성경의 진리를 알게 하옵소서.

예수님은 왕의 직분을 감당하실 때에 권력과 지배가 아니라 오직 사랑과 섬김을 통하여 은혜로 이루셨습니다.

이 땅 위에 기독교인들을 비롯하여 모든 인류가 생명은 하나님의 것이라는 자기 잃음의 자리에서 겸손히 예수 그리스도를 믿음으로 섬길 때에만 참된 평화가 이루어진다는 성경의 진리를 확신하게 하옵소서.

성경에서는 "이리와 어린 양이 함께 먹을 것이며 사자가 소처럼 짚을 먹을 것이며 뱀은 흙을 식물로 삼을 것이니 나의 성산에는 해함도 없겠고 상함도 없으리라."(사 65:25)고 예언하신 그 에덴의 꿈이 이 땅에 실현되는 새 하늘과 새 땅의 나라가 이루어지게 하옵소서.

개인과 교회와 국가도 화평을 얻으려고 할 것이면 예수 그리스도의 의의 길로 돌아오는 길밖에 없다는 진리를 알고 하나님께서 주시는 영원한 참된 평화를 누리게 하옵소서.

지구상에 유일한 분단국가인 우리나라가 갈망하고 있는 평화통일도 사도 바울이 외쳤던 "하나님과 더불어 화평을 누리는"(롬 5:1) 평화가 이루어지기를 간절히 기도드립니다.

이 모든 말씀을 인류를 죄에서 구원하시기 위하여 평화의 왕으로 세상에 오신 우리 구주 예수 그리스도의 이름으로 기도합니다. 아멘.

역사에 남는 명기도문

1 제헌 국회 기도문
2 언더우드의 기도 - H. G. 언더우드
3 자녀를 위한 기도 - 더글라스 맥아더 장군

| 제헌 국회 기도문 |

임시의장(이승만)

"대한민국 독립민주국 제1차 회의를 여기서 열게 된 것을 우리가 하나님에게 감사해야 할 것입니다. 종교, 사상 무엇을 가지고 있든지 누구나 오늘을 당해 가지고 사람의 힘으로만 된 것이라고 우리가 자랑할 수 없을 것입니다. 그러므로 하나님에게 감사를 드리지 않을 수 없습니다. 나는 먼저 우리가 성심으로 일어서서 하나님에게 감사를 드릴 터인데 이윤영 의원 나오셔서 간단한 말씀으로 하나님에게 기도를 올려 주시기를 바랍니다."

이윤영 의원 기도(일동 기립)

이 우주와 만물을 창조하시고 인간의 역사를 섭리하시는 하나님이시여, 이 민족을 돌아보시고 이 땅에 축복하셔서 감사에 넘치는 오늘이 있게 하심을 주님께 저희는 성심으로 감사하나이다.

오랜 시일 동안 이 민족의 고통과 호소를 들으시고 정의의 칼을 빼서 일제의 폭력을 굽히시사 하나님은 이제 세계 만방의 양심을 움직이시고 또한 우리 민족의 염원을 들으심으로 이 기쁜 역사적 환희의 날을 이 시간에 우리에게 오게 하심은 하나님의 섭리가 세계 만방에 성시하신 것으로 저희는 믿나이다.
　하나님이시여, 이로부터 남북이 둘로 갈리어진 이 민족의 어려운 고통과 수치를 신원(伸寃)하여 주시고 우리 민족 우리 동포가 손을 같이 잡고 웃으며 노래 부르는 날이 우리 앞에 속히 오기를 기도하나이다.

　하나님이시여, 원치 아니한 민생의 도탄은 길면 길수록 이 땅에 악마의 권세가 확대되나 하나님의 거룩하신 영광은 이 땅에 올 수밖에 없을 줄 저희는 생각하나이다.
　원컨대 우리 조선 독립과 함께 남북통일을 주시옵고 또한 우리 민생의 복락과 아울러 세계 평화를 허락하여 주옵소서.
　거룩하신 하나님의 뜻에 의지하여 저희는 성스럽게 택함을 입어 가지고 글자 그대로 민족의 대표가 되었습니다.
　그러하오나 우리의 책임이 중차대한 것을 저희는 느끼고 우리 자신이 진실로 무력한 것을 생각할 때 지와 인과 용과 모든 덕의 근원이 되시는 하나님 앞에 이러한 요소를 저희가 간구하나이다.
　이제 이로부터 국회가 성립이 되어서 우리 민족의 염원이 되는 모든 세계 만방이 주시하고 기다리는 우리의 모든 문제가 원만히 해결되면 또한 이로부터 우리의 완전 자주독립이 이 땅에 오며 자손만대에 빛나고 푸르른 역사를 저희가 정하는 이 사업을 완수하게 하여 주옵소서.

하나님, 이 회의를 사회하시는 의장으로부터 모든 우리 의원 일동에게 건강을 주시옵고 또한 이겨서 양심의 정의와 위신을 가지고 이 업무를 완수하게 도와주시옵기를 기도하나이다.

　역사의 첫걸음을 걷는 오늘의 환희와 감격에 넘치는 이 민족적 기쁨을 다 하나님에게 영광과 감사를 올리나이다.

　이 모든 말씀을 주 예수 그리스도 이름을 받들어 기도하나이다. 아멘.

- 이 기도문은 1948년 5월 31일 제헌 국회 제1차 본 회의록에 속기된 것으로서 임시 의장을 맡으신 이승만 박사는 단상 의장석에 등단하여 전 국회의원에게 먼저 하나님께 기도하자고 제의하여 이윤영 목사의 기도로 시작된 제헌 국회 기도문이며, 이 기도문은 국회 의사당 현관 벽에 걸려 있다. 이 기도문 기재를 이승만 박사 기념사업회로부터 허락받았음을 밝혀 둔다.

언더우드의 기도

H. G. 언더우드

주여!
지금은 아무것도 보이지 않습니다.
주님, 메마르고 가난한 땅
나무 한 그루 시원하게 자라 오르지 못하고 있는 땅에
저희들을 옮겨와 심으셨습니다.
그 넓고 넓은 태평양을 건너왔다는 그 사실이 기적입니다.

주께서 붙잡아 뚝 떨어뜨려 놓으신 듯한 이곳
지금은 아무것도 보이지 않습니다.
보이는 것은 고집스럽게 얼룩진 어둠뿐입니다.
어둠과 가난과 인습에 묶여 있는 조선 사람뿐입니다.
그들은 왜 묶여 있는지도 고통이라는 것도 모르고 있습니다.
고통을 고통인 줄 모르는 자에게 고통을 벗겨 주겠다고 하면

의심부터 하고 화부터 냅니다.
조선 남자들의 속셈이 보이지 않습니다.
이 나라 조정의 내심도 보이질 않습니다.
가마를 타고 다니는 여자들을 영영 볼 기회가 없으면 어쩌나 합니다.
조선의 마음이 보이지 않습니다.
그리고 저희가 해야 할 일이 보이질 않습니다.

그러나 주님, 순종하겠습니다.
겸손하게 순종할 때 주께서 일을 시작하시고 그 하시는 일을
우리들의 영적인 눈이 볼 수 있는 날이 있을 줄 믿나이다.
"믿음은 바라는 것들의 실상이요 보지 못하는 것들의 증거니…"
라고 하신 말씀을 따라
조선의 믿음의 앞날을 볼 수 있게 될 것을 믿습니다.

지금은 우리가 황무지 위에 맨손으로 서 있는 것 같사오나
지금은 우리가 서양귀신 양귀자라고 손가락질받고 있사오나
저희들이 우리 영혼과 하나인 것을 깨닫고
하늘나라의 한 백성 한 자녀임을 알고
눈물로 기뻐할 날이 있음을 믿나이다.

지금은 예배드릴 예배당도 없고 학교도 없고
그저 경계의 의심과 멸시와 천대함이 가득한 곳이지만
이곳이 머지않아 은총의 땅이 되리라는 것을 믿습니다.

주여! 오직 저의 믿음을
붙잡아 주소서.
아멘.

• 언더우드(Horace G. Underwood, 1859-1916) 목사는 1885년 우리나라 최초의 미국 북장로회 선교사로 입국하여 31년간 종교, 교육, 문예, 자선 등 한국 개화기에 지대한 영향을 끼쳤다. 그가 발간한 최초의 찬송가는 서양 음악의 시효가 되었고, 경신중고등학교, 연세대학교 세브란스병원 등을 설립했다. 언더우드 가문은 4대에 걸쳐 119년간 한국 선교에 헌신하였다.

자녀를 위한 기도

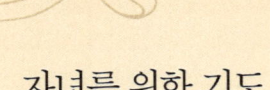
더글라스 맥아더 장군

주여, 저의 자식을
이러한 인간이 되게 하소서.
약할 때에 자기를
잘 분별할 수 있는 힘과
두려울 때 자신을
잃지 않을 용기를 가지고
정직한 패배에
부끄러워하지 않고 태연하며
승리에 겸손하고
온유할 수 있는
사람이 되게 하소서.

그를 요행과 안락의 길로

인도하지 마시고
고난과 고통의 길에서
항거할 줄 알게 하시고
폭풍우 속에서도
일어설 줄 알며
패한 자를 불쌍히
여길 줄 알도록 하여 주소서.

그의 마음은 깨끗하고
목표는 높게 하시고
남을 다스리기 전에
자신을 다스리게 하시며
미래를 지향하는 동시에 과거를 잊지 않게 하소서.

그 위에 유머를 알게 하시며
인생을 엄숙히 살아가면서도
삶을 즐길 줄 아는 마음과
자기 자신을 너무 드러내지 않고
겸손한 마음을 갖게 하소서.

그리고 참으로 위대한 것은
소박한 데 있다는 것과
참된 힘은 너그러움에
있다는 것을

항상 명심하도록 해 주소서.
그리하여 그의 아비인 저는
헛된 인생을 살지 않노라고
나직이 속삭이게 하소서.